Juristische ExamensKlausuren

Weitere Bände in der Reihe http://www.springer.com/series/3939

Christian Armbrüster

Fallsammlung zum Gesellschaftsrecht

12 Klausuren und 380 Prüfungsfragen

4. Auflage

Springer

Christian Armbrüster
FU Berlin FB Rechtswissenschaft
Berlin
Deutschland

ISSN 0944-3762
Juristische ExamensKlausuren
ISBN 978-3-662-56191-1 ISBN 978-3-662-56192-8 (eBook)
https://doi.org/10.1007/978-3-662-56192-8

Die Deutsche Nationalbibliothek verzeichnet diese Publikation in der Deutschen Nationalbibliografie; detaillierte bibliografische Daten sind im Internet über http://dnb.d-nb.de abrufbar.

Springer ist Teil von Springer Nature
Die eingetragene Gesellschaft ist Springer-Verlag GmbH Deutschland
Die Anschrift der Gesellschaft ist: Heidelberger Platz 3, 14197 Berlin, Germany

Vorwort

Das Gesellschaftsrecht erfreut sich als Schwerpunktmaterie großer Beliebtheit. Dies hat gute Gründe: Gesellschaftrecht ist spannend und dynamisch, es weist vielfältige Bezüge zum Bürgerlichen Recht auf (von der Rechtsgeschäftslehre über die Stellvertretung bis hin zum Sachenrecht), und nicht zuletzt: Qualifizierte Gesellschaftsrechtler/innen werden in der Praxis stets gesucht. Die Materie ist freilich nicht einfach. Das vorliegende Buch soll es ermöglichen, das vorhandene Grundwissen zu wiederholen, zu vertiefen und praktisch umzusetzen.

Hierzu dienen im 1. Teil des Buches zwölf Klausuren, die alle das Niveau einer Abschlussklausur haben und von denen einige Original-Prüfungsfällen nachgebildet sind. Die Lösungshinweise sind keine „Musterlösungen“. Sie sollen vielmehr dazu anregen, eigene Standpunkte zu entwickeln, denn eine gelungene Argumentation lebt von der eigenständigen und engagierten Auseinandersetzung und nicht davon, dass „Muster“ reproduziert werden. Einige Hinweise zu Schrifttum und Rechtsprechung erleichtern die Vertiefung; sie sind aber bewusst knapp gehalten.

Auf die Klausuren folgen im 2. Teil über 380 Fragen mit Antworten. Sie sollen eine komprimierte Überprüfung des aktuellen Wissensstands ermöglichen und zugleich auf die mündliche Prüfung einstimmen.

Für nützliche Hinweise möchte ich meinem Wiss. Mitarbeiter *Hendrik Witsch* danken. Die 4. Auflage bringt das Werk auf den Stand von September 2017.

Ein Werk wie dieses lebt in ganz besonderer Weise davon, dass es den Bedürfnissen seiner Adressaten bestmöglich gerecht wird. Der Autor freut sich daher über Anregungen (c.armbruester@fu-berlin.de).

Berlin
im September 2017

Christian Armbrüster

Inhaltsverzeichnis

Teil I

Klausurfälle

Privatklinik mit Altlasten 1

1.1 Sachverhalt

Die Frauenärztin F und der plastische Chirurg P betreiben seit 2006 unter der Bezeichnung „Frauenklinik F & P" eine kleine Privatklinik. Schon bald benötigen sie größere Räume. In unmittelbarer Nachbarschaft der Klinik befindet sich die leer stehende, geräumige Villa des vor kurzem pensionierten Chirurgen C. Dieser verfügt über einen hervorragenden Ruf und konnte während seiner Berufstätigkeit Kontakte zu zahlreichen Privatpatientinnen knüpfen.

F und P gelingt es, den C unter Hinweis auf ihre Fachkompetenz von den Vorteilen einer Zusammenarbeit zu überzeugen. In einer schriftlichen, mit „Beitrittsvertrag" überschriebenen Vereinbarung vom 25.03.2017 kommen F, P und C überein, dass sie die Privatklinik ab dem 01.05.2017 in der Villa des C unter der Bezeichnung „Frauenklinik F, P & C" betreiben wollen. C, der sich verpflichtet, der Privatklinik seine Villa für zehn Jahre zur Verfügung zu stellen, darf die vorhandene Praxiseinrichtung von F und P mitbenutzen. Einen Verlustanteil hat C nicht zu tragen.

Nachdem die Klinik ihren Betrieb in den neuen Räumen aufgenommen hat, meldet sich am 25.05.2017 eine Frau M bei C und verlangt Zahlung von 30.000 €. Es stellt sich heraus, dass M im Jahr 2015 wegen eines schweren Behandlungsfehlers ein rechtskräftiges Urteil in dieser Höhe gegen die „Frauenklinik F & P" erstritten hat. Zudem sind in diesem Jahr noch zwei weitere inzwischen rechtskräftige Urteile wegen Behandlungsfehlern im Gesamtumfang von 50.000 € gegen die Klinik ergangen. Die Berufshaftpflichtversicherung von F und P deckt diese Verbindlichkeiten nicht ab. Auf Nachfrage des C rechtfertigen sich F und P damit, dass den Urteilen unberechtigte Vorwürfe zugrunde lägen, sodass sie keine Veranlassung gehabt hätten, C darauf hinzuweisen.

C schreibt F und P daraufhin am 26.05.2017, er wolle die Vereinbarung vom 25.03.2017 wegen der verschwiegenen Behandlungsfehler nicht gelten lassen. Er fordert sie auf, die Villa bis spätestens 01.07.2017 zu räumen und dafür Sorge

C. Armbrüster, *Fallsammlung zum Gesellschaftsrecht*, Juristische ExamensKlausuren,
https://doi.org/10.1007/978-3-662-56192-8_1

zu tragen, dass keine Ansprüche ihrer Patienten gegen ihn erhoben werden können. Für die Nutzung der Villa im Monat Juni 2017 verlangt er (angemessene) 10.000 €.

F und P meinen, dass ihre Patienten ohnehin keine Ansprüche gegen C erheben können. Die behaupteten Behandlungsfehler hätten schließlich allenfalls sie zu verantworten. Zur Räumung der Villa und zur Zahlung eines Nutzungsentgelts seien sie nicht verpflichtet. Immerhin habe C ihnen die Räume für zehn Jahre überlassen und im Gegenzug ihre Praxiseinrichtung mitbenutzen dürfen. Damit habe es auch künftig sein Bewenden.

Welche Ansprüche hat C gegen die „Frauenklinik F & P“ und gegen F und P persönlich?

Bearbeitervermerk:
Die Vorschriften des ärztlichen Berufsrechts sind nicht heranzuziehen. Abfindungsansprüche bleiben außer Betracht. Ein auszugleichender Fehlbetrag besteht nicht.

1.2 Lösungshinweise

Teil 1: Ansprüche gegen die „Frauenklinik F & P“
I. Anspruch des C gegen die „Frauenklinik F & P“ auf Räumung der Villa gem. § 738 Abs. 1 S. 2 Fall 1 BGB

1. Gesellschafterstellung des C
Ein Anspruch des C gegen die „Frauenklinik F & P“ auf Räumung der Villa gem. § 738 Abs. 1 S. 2 Fall 1 BGB setzt voraus, dass C Gesellschafter der BGB-Gesellschaft „Frauenklinik F & P“ war und ausgeschieden ist.

a) BGB-Gesellschaft
Zunächst muss es sich bei dem Zusammenschluss um eine GbR handeln. F und P haben sich 2001 zu einer Berufsausübungsgemeinschaft zusammengetan und sich damit gegenseitig zur Verfolgung eines gemeinsamen Zweckes verpflichtet (vgl. § 705 BGB). Zweifel daran, dass diese Gesellschaft als GbR einzustufen ist, könnten sich allenfalls daraus ergeben, dass der Betrieb einer Frauenklinik einen in kaufmännischer Weise eingerichteten Geschäftsbetrieb erfordert.

In Betracht kommt daher auch eine Einordnung als OHG gem. § 105 Abs. 1 i. V. mit § 1 HGB. Dies setzt voraus, dass der Zweck der Gesellschaft auf den Betrieb eines Handelsgewerbes unter gemeinschaftlicher Firma gerichtet ist. Indessen üben Ärzte eine freiberufliche und mithin keine gewerbliche Tätigkeit aus, sodass kein Handelsgewerbe im Sinne des § 1 Abs. 2 HGB vorliegt.

Daher handelte es sich bereits bei dem Zusammenschluss von F und P um eine GbR. Der etwaige Beitritt des C (s. dazu sogleich) ändert daran nichts.

b) Wirksamer Beitritt des C

Zudem muss C Gesellschafter der GbR geworden sein. Nach dem Wortlaut der Vereinbarung vom 25.03.2017 ist C der Gesellschaft beigetreten. Sowohl im Innen- als auch im Außenverhältnis ist C vereinbarungsgemäß als echter Mitunternehmer der BGB-Gesellschaft aufgetreten. Seine Beitragsleistung kann jedenfalls darin gesehen werden, dass er der Gesellschaft seinen guten Namen zur Verfügung gestellt hat. Ob auch die Nutzungsmöglichkeit der Villa für zehn Jahre als Einlage des C anzusehen ist, kann hier dahinstehen. C ist mithin der „Frauenklinik F & P“ als Gesellschafter beigetreten.

Wenn der Beitrittsvertrag nach § 311b Abs. 1 S. 1 BGB der notariellen Beurkundung bedurfte, die hier nicht erfolgt ist, so ist er gem. § 125 BGB – vorbehaltlich der Regeln über den fehlerhaften Beitritt – nichtig. Eine Formbedürftigkeit nach § 311b Abs. 1 S. 1 BGB kommt unter dem Gesichtspunkt der Einbringung des Villengrundstücks des C in Betracht. C hat das Grundstück allerdings der Gesellschaft nicht übereignet, sondern es allenfalls zur Nutzung in die Gesellschaft eingebracht (quoad usum). Somit bedurfte der Beitrittsvertrag nicht der notariellen Beurkundung. Er ist folglich nicht formnichtig.

Der Beitrittsvertrag zwischen C und den übrigen Gesellschaftern ist möglicherweise jedoch gem. § 142 Abs. 1 BGB infolge wirksamer Anfechtung als von Anfang an nichtig anzusehen.

Als Anfechtungsgrund kommt eine arglistige Täuschung gem. § 123 Abs. 1 Fall 1 BGB in Betracht. F und P haben C von der Gesellschaftsgründung unter Hinweis auf ihre Fachkompetenz überzeugt. In Wahrheit war die Gesellschaft im Jahr 2015 mehrfach wegen schwerer Behandlungsfehler verurteilt worden, die nicht nur Zweifel an den fachlichen Fähigkeiten von F und P aufkommen lassen, sondern erhebliche finanzielle Belastungen für die Klinik mit sich bringen.

Wegen der Rechtskraft der Urteile kommt es dabei nicht darauf an, ob den Entscheidungen berechtigte Vorwürfe zugrunde lagen, ob die Urteile also materiell „richtig“ sind. Unabhängig davon, ob C für diese Schulden haftet, hätten F und P ihn auf die Haftungsfälle schon deshalb hinweisen müssen, weil im Außenverhältnis ein gemeinsamer Auftritt geplant war. Der „gute Ruf“ ist für einen freiberuflich tätigen Arzt von hoher Bedeutung. Bei einem gemeinsamen Außenauftritt besteht die nicht unbeträchtliche Gefahr, dass der Ruf aller Beteiligten unter der mangelhaften Arbeit eines Mitgesellschafters leidet. Eine Täuschung i. S. des § 123 Abs. 1 Fall 1 BGB liegt mithin vor.

Hinweis:
Die Täuschung durch F und P ist der Gesellschaft weder nach § 31 BGB noch nach § 166 BGB zuzurechnen. Der Beitritt neuer Gesellschafter ist nämlich grundsätzlich keine Gesellschaftsangelegenheit; der Beitrittsvertrag kommt mit den Mitgesellschaftern und nicht mit der Gesellschaft zustande.

In der Erklärung des C, er wolle die Vereinbarung vom 25.03.2017 nicht gelten lassen, ist eine Anfechtungserklärung zu sehen. Die Anfechtungsfrist des § 124 BGB wurde eingehalten.

Die Unwirksamkeit des Beitrittsvertrages kann jedoch dann nur mit Wirkung für die Zukunft geltend gemacht werden, wenn die Regeln über die fehlerhafte Gesellschaft eingreifen. Jene Regeln dienen dem Gläubigerschutz und der Vermeidung von Rückabwicklungsschwierigkeiten im Innenverhältnis. Sie gelten auch für den fehlerhaften Beitritt.

Voraussetzung ist, dass ein Beitrittsvertrag geschlossen und der Beitritt in Vollzug gesetzt wurde. Der Beitrittsvertrag muss ferner unter einem Fehler leiden, der nach den allgemeinen Regeln zur rückwirkenden Nichtigkeit führen würde. Außerdem darf jener Fehler nicht so schwerwiegend sein, dass seine Nichtbeachtung mit höherrangigen Interessen (insb. dem Minderjährigenschutz) im Widerspruch stehen würde.

Ein Beitrittsvertrag wurde hier geschlossen und in Vollzug gesetzt. Die Anfechtung des Beitritts würde nach allgemeinen Regeln zur rückwirkenden Nichtigkeit gem. § 142 Abs. 1 BGB führen. Der Schutz des arglistig getäuschten Gesellschafters ist regelmäßig kein so schwerwiegender Belang, dass die Grundsätze über den fehlerhaften Beitritt eine Korrektur erfahren müssten.[1]

Hinweis:
Wenn die Nichtanwendung des § 142 Abs. 1 BGB hingegen ausschließlich dem Täuschenden zugute käme, sind die Regeln der fehlerhaften Gesellschaft angesichts ihrer Zwecke nicht anzuwenden.

Die Anfechtung des Beitritts führt nach den Grundsätzen über die fehlerhafte Gesellschaft mithin nicht zu dessen anfänglicher Nichtigkeit.

C ist damit Gesellschafter der GbR geworden.

2. Ausscheiden des C aus der Gesellschaft

C kann die Fehlerhaftigkeit (d. h. hier: den Anfechtungsgrund) mit Wirkung für die Zukunft nach Maßgabe der Regeln geltend machen, die allgemein beim Vorliegen eines wichtigen Grundes für die Lösung von der Gesellschaft gelten. Er kann die Gesellschaft daher nach § 723 Abs. 1 S. 2 BGB fristlos kündigen. Seine Erklärung, er wolle die Gesellschaft nicht gelten lassen, ist – für den Fall, dass die Anfechtung nicht zum Erfolg führt – als Kündigungserklärung auszulegen. Die Kündigung hat dabei – da der Fehler nur den Beitritt des C betrifft – auch ohne eine Fortsetzungsklausel (vgl. 736 Abs. 1 BGB) nicht die Auflösung der Gesellschaft, sondern das Ausscheiden des C zur Folge.[2]

3. Auseinandersetzung als Rechtsfolge des Ausscheidens

Das Ausscheiden von C führt dazu, dass die Gesellschaft ihm gegenüber im Innenverhältnis auseinanderzusetzen ist. In Betracht kommt, dass die Gesellschaft die

[1] *K. Schmidt*, GesR, § 6 III 3 c bb (S.151 a. E.).

[2] *K. Schmidt*, GesR, § 6 V 1 a (S. 160).

Herausgabe des Grundstücks an C schuldet. Nach dem Wortlaut des § 738 Abs. 1 S. 2 BGB sind freilich die Gesellschafter „verpflichtet, dem Ausscheidenden die Gegenstände, die er der Gesellschaft zur Benutzung überlassen hat, nach Maßgabe des § 732 zurückzugeben".

Geht man mit der inzwischen nahezu einhelligen Ansicht[3] davon aus, dass die Außengesellschaft bürgerlichen Rechts selbst Trägerin von Rechten und Pflichten ist, so erscheint dieser Wortlaut missverständlich. Nach jener Ansicht ist allein die Gesellschaft Besitzerin der zur Nutzung eingebrachten Gegenstände, sodass diese zumindest auch zur Rückgabe verpflichtet sein muss. Nach der Gegenansicht, die eine Rechtssubjektivität der GbR prinzipiell ablehnt, sind hingegen ausschließlich die Gesellschafter selbst (Mit-)Besitzer. Jedoch gelingt es dieser Ansicht nicht, ein praktikables und weitgehend widerspruchsfreies Modell für die vom Gesetz (§§ 718–720 BGB) gewollte rechtliche Absonderung des Gesellschaftsvermögens vom Privatvermögen der Gesellschafter zu bieten. Überzeugender ist es deshalb, die Rechtssubjektivität der GbR grundsätzlich zu bejahen, jedenfalls sofern diese – wie hier – als Außengesellschaft auftritt.

Die „Frauenklinik F & P" ist mithin zur Herausgabe der Villa verpflichtet, wenn C diese zur Nutzung in die Gesellschaft eingebracht hatte. Ob die Überlassung der Villa eine Einlageleistung oder ein sog. Drittgeschäft (hier: atypische Miete) darstellt, ist durch Auslegung zu ermitteln. Fehlt eine entsprechende Vereinbarung, besteht für die im Gesellschaftsvertrag festgelegten Leistungspflichten die Vermutung, dass sie gesellschaftsvertraglicher Natur sind. Da C sich im Beitrittsvertrag zur Überlassung verpflichtet hat, ist von einer Einbringung der Villa zur Nutzung (quoad usum) auszugehen.

4. Ergebnis

Die „Frauenklinik F & P" ist zur Herausgabe der Villa an C verpflichtet.

Hinweis:
Ein Zurückbehaltungsrecht gem. § 273 BGB wegen Ansprüchen der Gesellschaft gem. § 739 BGB[4] braucht nicht angesprochen zu werden, da ein auszugleichender Fehlbetrag nach dem Sachverhalt nicht besteht.

II. Anspruch des C gegen die „Frauenklinik F & P" auf Räumung der Villa gem. § 985 BGB

C ist Eigentümer, die teilrechtsfähige „Frauenklinik F & P" ist Besitzerin der Villa. Da mit Ausscheiden des C aus der Gesellschaft deren Besitzrecht aus dem Gesellschaftsvertrag entfallen ist, kann C daher auch aus § 985 BGB Herausgabe der Villa verlangen.

[3] Grundlegend BGHZ 146, 341, 358 = NJW 2001, 1056; krit. *Hadding*, ZGR 2001, 712, 735 ff.

[4] S. dazu BGH NJW 1981, 2802.

III. Anspruch des C gegen die „Frauenklinik F & P“ auf Zahlung von 10.000 € gem. § 546a Abs. 1 BGB

C hat einen Anspruch auf Zahlung von 10.000 € aus § 546a Abs. 1 BGB, wenn zwischen ihm und der Frauenklinik ein wirksamer Mietvertrag über die Villa zustande gekommen ist. Die erfolgte Einbringung zur Nutzung findet ihre Rechtsgrundlage indes allein im Gesellschaftsvertrag. Ein Mietvertrag kam daneben im Zeitpunkt der Nutzungsüberlassung nicht zustande. Man könnte freilich erwägen, ob darin, dass C der Klinik die Nutzung der Villa im Juni 2017 freiwillig belassen hat, ein konkludent geschlossener Mietvertrag liegt. Indessen ist zwischen den Beteiligten keine Einigung über eine Mietzahlung erfolgt. Es ist daher davon auszugehen, dass C seinen (ehemaligen) Mitgesellschaftern damit lediglich eine Räumungsfrist gewähren und so seiner nachvertraglichen Treuepflicht gerecht werden wollte. Da es mithin auch für den Monat Juni 2017 an einem Mietverhältnis fehlt, wird dem C der Besitz nicht i. S. d. § 546a Abs. 1 BGB vorenthalten. Mithin besteht ein Zahlungsanspruch nach dieser Vorschrift nicht.

Hinweis:
Da der Sachverhalt eigens eine Entgeltforderung für die Nutzung der Villa im Juni 2017 thematisiert, muss diese mietrechtliche Anspruchsgrundlage angesprochen werden.

IV. Anspruch des C gegen die „Frauenklinik F & P“ auf Zahlung von 10.000 € aus dem Gesellschaftsvertrag i. V. mit § 242 BGB

In Betracht kommt ferner ein Anspruch des C gegen die GbR aus dem Gesellschaftsvertrag i. V. mit § 242 BGB. Die nachwirkende Treuepflicht[5] kann es einem ausscheidenden Gesellschafter gebieten, der Gesellschaft dringend benötigte Gegenstände vorübergehend noch zu belassen. In diesem Fall steht dem ausscheidenden Gesellschafter nach § 242 BGB grundsätzlich ein angemessenes Benutzungsentgelt als Ausgleich zu.

Im Fall der Kündigung aufgrund arglistiger Täuschung kann eine Pflicht zur Belassung des eingebrachten Gegenstandes zwar grundsätzlich nicht angenommen werden. Belässt der getäuschte Gesellschafter den betreffenden Gegenstand der Gesellschaft dennoch vorübergehend, so ist kein Grund ersichtlich, ihm einen Ausgleich zu verweigern.

C hat gegen die Gesellschaft mithin einen Ausgleichsanspruch in Höhe von 10.000 €.

V. Anspruch des C gegen die „Frauenklinik F & P“ auf Zahlung von 10.000 € gem. § 812 Abs. 1 S. 2 Fall 1 BGB

C hat möglicherweise einen Anspruch gegen die „Frauenklinik F & P“ auf Zahlung von 10.000 € gem. § 812 Abs. 1 S. 2 Fall 1 BGB. Ein solcher Anspruch setzt voraus, dass der Rechtsgrund für die Benutzung der Villa nachträglich entfallen ist. C hat

[5] MünchKomm-BGB/*Schäfer*, § 738 Rn. 7.

die Villa der „Frauenklinik F & P“ indes aufgrund der nachwirkenden gesellschaftsrechtlichen Treuepflicht überlassen und erhält hierfür nach Treu und Glauben (§ 242 BGB) einen Ausgleich (s. vorstehend IV). Für einen bereicherungsrechtlichen Anspruch ist daneben kein Raum.

Hinweis:
Wer keinen Anspruch gem. § 242 BGB annimmt, kommt hier zu einem anderen Ergebnis.

VI. Anspruch des C gegen die „Frauenklinik F & P“ auf Freistellung gem. § 738 Abs. 1 S. 2 Fall 2 BGB

1. Ausgangspunkt: Akzessorische Haftung analog § 128 S. 1 HGB

In Betracht kommt ein Anspruch des C gegen die „Frauenklinik F & P“ auf Freistellung gem. § 738 Abs. 1 S. 2 Fall 2 BGB. Der ausscheidende Gesellschafter ist nach jener Vorschrift von den „gemeinschaftlichen Schulden“ zu befreien. Dies ist unter Zugrundelegung der Rechtsfähigkeit so zu verstehen, dass die Gesellschaft den ausscheidenden Gesellschafter von der akzessorischen Gesellschafterhaftung zu befreien hat, soweit er für Gesellschaftsschulden haftet. Es kommt somit darauf an, ob eine solche Haftung hier besteht.

Für Schulden der Gesellschaft, die nach dem Beitritt des C entstanden sind, ergibt sich eine Haftung analog § 128 S. 1 HGB. Da bereits rechtskräftige Urteile gegen die Gesellschaft vorliegen, kommt es für diese persönliche Haftung des C auch nicht darauf an, ob die den Urteilen zugrunde liegenden Ansprüche (wie dies F und P behaupten) in Wahrheit nicht bestanden. Analog § 129 Abs. 1 HGB könnte C – wenn er persönlich haftet – diesen Einwand nicht geltend machen, da er auch von der Gesellschaft nicht erhoben werden kann.

Allerdings handelt es sich bei den gegen C geltend gemachten Forderungen um sog. Altverbindlichkeiten, die vor seinem Beitritt entstanden sind. Fraglich ist, ob C auch für solche Schulden der Gesellschaft haftet. Dies hängt davon ab, ob § 130 (ggf. i. V. m. § 129) HGB, der für den OHG-Gesellschafter die Haftung für Altschulden anordnet, analog auch auf die GbR angewendet werden kann. Das ist umstritten.

2. Analoge Anwendbarkeit von § 130 HGB

Gegen eine Analogie sprechen folgende Überlegungen:[6] § 130 HGB ist schon in seinem unmittelbaren Anwendungsbereich rechtspolitisch bedenklich. Der verbreitet zur Rechtfertigung herangezogene Schutz der Gesellschaftsgläubiger erfordert nicht zwingend eine Mithaftung der Neugesellschafter für vertragliche Altverbindlichkeiten, da sich die Gläubiger anhand der Registereintragung bei Vertragsschluss Gewissheit darüber verschaffen können, wer Gesellschafter ist.

---

[6] Vgl. im Einzelnen *Armbrüster*, ZGR 2005, 34, 49 ff.

Zudem kommt den Gläubigern der Beitritt eines neuen Gesellschafters auch ohne dessen Mithaftung zugute, da sich das Gesellschaftsvermögen (und damit die Haftungsmasse) um die Einlage des Neugesellschafters vergrößert. Für Personenhandelsgesellschaften lässt sich die Regelung des § 130 HGB daher allenfalls damit rechtfertigen, dass den Beitretenden regelmäßig das Risiko einer Haftung für Altverbindlichkeiten bewusst sein muss und ihnen – anhand der von einer Handelsgesellschaft zu führenden Bücher – Ermittlungen hinsichtlich bestehender Altschulden möglich sind. Das ist bei der GbR wegen der fehlenden handelsrechtlichen Buchführungspflicht anders.

Der BGH[7] hat gleichwohl eine Haftung des eintretenden Gesellschafters für Altschulden der GbR unter verbreiteter Zustimmung des Schrifttums[8] grundsätzlich bejaht. Die Haftung neu eingetretener Gesellschafter für bestehende Verbindlichkeiten folge aus der Eigenart der GbR, die – anders als etwa eine GmbH – über kein eigenes, ausschließlich zur Tilgung ihrer Schulden bestimmtes Vermögen verfügen muss. Da der Gesellschafter ab seinem Eintritt an dem Vermögen der Gesellschaft teilhabe, müsse er im Gegenzug auch eine akzessorische Haftung für alle Gesellschaftsverbindlichkeiten hinnehmen. Die persönliche Haftung sei das Gegenstück zum Fehlen jeglicher Kapitalerhaltungsvorschriften. Dies gelte auch dann, wenn sich Angehörige freier Berufe (wie auch im vorliegenden Fall) in dieser Gesellschaftsform zur gemeinsamen Berufsausübung zusammenschließen.

Die Gesellschafter haften demnach für alle vertraglichen, quasivertraglichen und gesetzlichen Verbindlichkeiten der Gesellschaft unabhängig davon, ob sie vor oder nach dem Beitritt begründet worden sind.

3. Erstreckung auf Berufshaftung

Legt man diese Auffassung zugrunde, so stellt sich die weitere Frage, ob § 130 HGB auch für Verbindlichkeiten aus *beruflichen Haftungsfällen* (um die es auch hier geht) entsprechend gilt. Der BGH hatte dies zunächst mit Hinweis darauf offen gelassen, dass solche Verbindlichkeiten möglicherweise nach der in § 8 Abs. 2 des Partnerschaftsgesellschaftsgesetzes (PartGG) zum Ausdruck kommenden Wertung eine Sonderstellung einnehmen.[9] Inzwischen hat er sich gegen eine analoge Anwendung von § 8 Abs. 2 PartGG ausgesprochen.[10] Gegen die Analogie lässt sich Folgendes einwenden: Der Grund für die in jener Regelung vorgesehene Haftungserleichterung (Beschränkung auf eine „Handelndenhaftung") ist darin zu sehen, dass die Angehörigen der in § 1 Abs. 2 S. 2 PartGG genannten freien Berufe in besonderem Maße persönliches Vertrauen in Anspruch nehmen und eine gewisse Weisungsunabhängigkeit bei der Berufsausübung besitzen. Dies rechtfertigt es, die Haftung für berufliche Pflichtverletzungen auf diejenigen Berufsträger zu beschränken, die im

---

[7] BGHZ 154, 370, 374 = NJW 2003, 1803, 1804.

[8] Vgl. z. B. *Habersack/Schürnbrand*, JuS 2003, 739, 741 f.

[9] BGHZ 154, 370, 377 = NJW 2003, 1803, 1804.

[10] BGH NJW 2012, 2435 Rn. 74; s. bereits *Armbrüster*, ZGR 2005, 34, 55.

Rahmen des konkreten Haftungsfalles tätig geworden sind. Dies trifft in der Sache zwar grundsätzlich auch auf die Freiberufler-GbR zu. Die Haftungsbeschränkung setzt daneben jedoch zwingend die Registereintragung der Gesellschafter voraus und stellt mithin eine Besonderheit der Partnerschaftsgesellschaft dar. Nur jene Eintragung gewährleistet die Publizität, die für einen raschen Zugriff auf die handelnden Partner erforderlich ist. Bei der BGB-Gesellschaft besteht demgegenüber das Risiko, dass der oder die handelnden Gesellschafter nicht auffindbar sind und der Geschädigte seine Ansprüche deshalb nicht realisieren kann.

Hinweis:
Die Gegenansicht ist vertretbar, muss jedoch sorgfältig begründen, wieso eine planwidrige Regelungslücke vorliegen soll.

4. Ergebnis
Die Gesellschaft hat C von der Gesellschafterhaftung auch für Altverbindlichkeiten freizustellen.

VII. Anspruch des C gegen die „Frauenklinik F & P" auf Freistellung gem. §§ 713, 670, 257 BGB
Geht man davon aus, dass auch nicht geschäftsführungsbefugte Gesellschafter einen Anspruch auf Aufwendungsersatz analog §§ 713, 670 BGB haben, so kann sich gem. § 257 BGB ein Anspruch auf Freistellung ergeben. Indes setzt ein solcher Analogieschluss voraus, dass der Anspruchsteller noch Gesellschafter ist. Nach seinem Ausscheiden fehlt es wegen § 738 Abs. 1 S. 2 HGB schon an einer Regelungslücke.

Hinweis:
Die Annahme einer Analogie ist vertretbar.

Teil 2: Ansprüche des C gegen F und P persönlich

I. Anspruch des C gegen F und P auf Räumung der Villa gem. § 738 Abs. 1 S. 2 Fall 1 BGB i. V. m. § 128 S. 1 HGB analog ab 01.07.2017
In Betracht kommt ein Anspruch des C auf Räumung der Villa gem. § 738 Abs. 1 S. 2 Fall 1 BGB i. V. m. § 128 S. 1 HGB analog ab dem 01.07.2017 gegen F und P. Der Anspruch aus § 738 Abs. 1 S. 2 Fall 1 BGB richtet sich zunächst gegen die Gesellschaft. Ob hierfür auch die verbleibenden Gesellschafter haften, ist problematisch. Bei konsequenter Zugrundelegung der Rechtsfähigkeit könnte es nämlich an einer Haftungsnorm fehlen: § 738 Abs. 1 S. 2 BGB richtet sich dann nur gegen die Gesellschaft. Zudem greift § 128 S. 1 HGB analog möglicherweise nicht ein, weil es um eine Sozialverbindlichkeit geht.

Nach überwiegender Ansicht haften die Gesellschafter allerdings auch persönlich für Ansprüche aus § 738 Abs. 1 S. 2 BGB. Es gebe keinen Grund, den ausscheidenden Gesellschafter schlechter zu behandeln als andere Gläubiger der Gesellschaft.[11] Die Einordnung als Sozialverbindlichkeit hindere die Analogie zu § 128 S. 1 HGB nicht. Die für solche Ansprüche aus § 707 BGB (keine Nachschusspflicht) hergeleitete Einschränkung könne einem ausgeschiedenen Gesellschafter nicht mehr entgegengesetzt werden.[12] Dem ist zuzustimmen.

Da sich die Villa allerdings im Besitz der Gesellschaft befindet, kann der Anspruch nur darauf gerichtet sein, auf den jeweils anderen Gesellschafter einzuwirken, die Herausgabe durch die Gesellschaft zu veranlassen.

II. Anspruch des C gegen F und P auf Zahlung von 10.000 €

Je nach herangezogener Rechtsgrundlage (s. o. Teil 1, IV und V) besteht der Anspruch aus § 242 BGB oder aus Bereicherungsrecht (letzteres i. V. m. § 128 S. 1 HGB analog) auf Zahlung von 10.000 € auch gegen die Gesellschafter.

Hinweis:
Wer von einem Bereicherungsanspruch ausgeht, konnte hier kurz die (zu bejahende) Frage ansprechen, ob die Gesellschafter nach (hier: analog) § 128 S. 1 HGB auch für Verbindlichkeiten aufgrund gesetzlicher Ansprüche haften.

Eine Verpflichtung des C, sich zunächst an die Gesellschaft zu halten, wird man nicht annehmen können. Für einen Anspruch aus Bereicherungsrecht ergibt sich dies nach h. M. schon daraus, dass es sich um einen reinen Drittgläubigeranspruch handelt, für den die Gesellschafter nicht subsidiär haften.[13]

Nichts anderes kann im Ergebnis auch für einen Anspruch aus § 242 BGB gelten. Die nachwirkende Treuepflicht gebietet es nicht, einen Gesellschafter, welcher der Gesellschaft in ihrem Interesse und damit auch im Interesse der verbleibenden Mitgesellschafter Gegenstände überlässt, schlechter als einen Drittgläubiger zu behandeln. Zudem kommt eine nachwirkende Treuepflicht jedenfalls dann nicht infrage, wenn dadurch allein diejenigen Gesellschafter begünstigt werden, die das Ausscheiden durch eine Täuschung veranlasst haben.

III. Anspruch des C gegen F und P auf Freistellung gem. § 738 Abs. 1 S. 2 Fall 2 BGB

Da F und P persönlich für den Anspruch aus § 738 Abs. 1 S. 2 Fall 2 BGB haften, müssen sie – ebenso wie die Gesellschaft – für die Freistellung des C von der Gesellschafterhaftung sorgen.

---

[11] *Grunewald*, GesR, § 1 Rn. 144.

[12] MünchKomm-BGB/*Schäfer*, § 738 Rn. 17. [vgl. Fn. 5] Rn. 17.

[13] BGHZ 148, 201 (206 f.) = NJW 2001, 2718; Vgl. MünchKomm-BGB/*Schäfer*, § 705 Rn. 203; a. A. *Walter*, JuS 1982, 85 f.

IV. Anspruch des C gegen F und P auf Freistellung gem. § 426 Abs. 1 BGB
Aufgrund dessen, dass F und P analog § 128 S. 1 HGB als Gesamtschuldner haften, besteht ein Anspruch auf Freistellung gem. § 426 Abs. 1 BGB. Dieser ist, weil C laut Sachverhalt keinen Verlustanteil zu tragen hat, auf jeweils hälftige Freistellung gerichtet.

V. Anspruch des C gegen F und P auf Schadensersatz gem. § 280 Abs. 1 S. 1 i.V. mit §§ 311 Abs. 2 Nr. 1, 241 Abs. 2 BGB
In Betracht kommt schließlich ein Anspruch des C gegen F und P auf Schadensersatz gem. § 280 Abs. 1 S. 1 i. V. mit §§ 311 Abs. 2 Nr. 1, 241 Abs. 2 BGB. Dieser Anspruch setzt voraus, dass zwischen den Beteiligten ein Schuldverhältnis besteht, in dessen Rahmen F und P eine schuldhafte Pflichtverletzung begangen haben, die wiederum zu einem Schaden bei C geführt hat.

Ein Schuldverhältnis besteht. Der Gesellschaftsvertrag zwischen C, F und P ist nicht allein Organisationsvertrag, sondern auch schuldrechtlicher Verpflichtungsvertrag.

F und P haben den C im Rahmen des durch die Vertragsverhandlungen zustande gekommenen Schuldverhältnisses (§ 311 Abs. 2 Nr. 1 BGB) getäuscht. Hierin liegt die schuldhafte Verletzung einer Pflicht i. S. d. § 241 Abs. 2 BGB, sodass C ein Schadensersatzanspruch aus § 280 Abs. 1 S. 1 BGB zusteht. Dieser Anspruch ist auf Freistellung von der Gesellschafterhaftung, die ohne den Beitritt nicht bestehen würde, gerichtet. Die Überlassung der Villa im Juni 2017 beruht dagegen auf einem freien Entschluss des C und nicht auf der Täuschung. Die 10.000 € Nutzungsentschädigung kann C mithin nicht nach § 280 Abs. 1 S. 1 BGB verlangen.

Gesamtergebnis
1. C hat einen Anspruch gegen die „Frauenklinik F & P" auf Räumung der Villa gem. § 738 Abs. 1 S. 2 Fall 1 BGB und aus § 985 BGB. Zudem hat C einen Anspruch gegen die „Frauenklinik F & P" auf Zahlung von 10.000 € aus dem Gesellschaftsvertrag i. V. mit § 242 BGB. Schließlich kann C von der „Frauenklinik F & P" auch Freistellung von der Gesellschafterhaftung gem. § 738 Abs. 1 S. 2 Fall 2 BGB verlangen.
2. Für diese Ansprüche haften F und P als Gesamtschuldner (vgl. § 738 Abs. 1 S. 2 BGB).
3. Daneben besteht ein Anspruch des C gegen F und P auf jeweils hälftige Freistellung von der Gesellschafterhaftung gem. § 426 Abs. 1 BGB. Schließlich kann C die Freistellung auch gem. § 280 Abs. 1 S. 1 i. V. mit §§ 311 Abs. 2 Nr. 1, 241 Abs. 2 BGB verlangen.

2 Filmfonds in Schieflage

2.1 Sachverhalt

Regisseurin P und Produzent S wollen zur Finanzierung ihres neuen Films Gelder von privaten Kapitalanlegern sammeln. Zu diesem Zweck gründen sie die SP-Gesellschaft. P und S sollen jeweils allein zur Geschäftsführung berechtigt sein; die übrigen Gesellschafter werden von der Geschäftsführung ausgeschlossen. Im Gesellschaftsvertrag heißt es unter anderem:

> § 3 Beschränkung der Haftung auf das Gesellschaftsvermögen
> Den Gläubigern der Gesellschaft haftet nur das Gesellschaftsvermögen.
> …
> § 5 Jeder Geschäftsführer kann die Gesellschaft allein vertreten. Die Vertretungsmacht umfasst jedoch nicht den Abschluss von Verträgen, für deren Erfüllung die Gesellschafter den Gläubigern persönlich haften.
> …
> § 17 Aufnahme neuer Gesellschafter
> Die Geschäftsführer werden zur Aufnahme neuer Gesellschafter ermächtigt.

Im April 2011 tritt O der Gesellschaft bei. Kurz darauf spricht S seinen neuen Nachbarn N bei dessen Wohnungseinweihungsparty auf die SP-Gesellschaft an. Er überzeugt den N, der als Malermeister trotz einer unlängst angetretenen Erbschaft in Höhe von 500.000 € von Zeit zu Zeit kleinere Aufträge entgegennimmt, von den steuerlichen Vorteilen eines Gesellschaftsbeitritts. Allerdings hat S die letzte Seite des Vertragsvordrucks über die Widerrufsbelehrung nicht dabei. So notiert er am Ende der vorletzten Seite handschriftlich:

> Ich habe von meinem Widerrufsrecht Kenntnis erlangt. Der Widerruf ist unverzüglich nach Kenntnis des Grundes schriftlich gegenüber der SP-Gesellschaft, Postfach 1804, 82159 Gräfelfing abzugeben.

N unterschreibt den Vertrag, mit dem er der Gesellschaft unter Leistung einer Einlage in Höhe von 50.000 €, die er sogleich bar zahlt, beitritt.

Kurz darauf will S einen Geschäftswagen erwerben. Obwohl P erklärt, dass sie damit nicht einverstanden ist, kauft S namens der Gesellschaft bei Händler D für 250.000 € einen Ferrari. Dem Kaufvertrag liegen die AGB der Gesellschaft

C. Armbrüster, *Fallsammlung zum Gesellschaftsrecht*, Juristische ExamensKlausuren,
https://doi.org/10.1007/978-3-662-56192-8_2

zugrunde, deren § 5 die Regelung in § 3 des Gesellschaftsvertrages wörtlich wiederholt. Nach einer Baranzahlung in Höhe von 50.000 € stundet D der Gesellschaft vorerst die Restsumme.

1. Nach einiger Zeit gerät die Gesellschaft in eine finanzielle Schieflage. D verlangt daher von O die Zahlung des nunmehr fälligen Restkaufpreises. Zu Recht?
2. Als N am 05.01.2013 von der prekären Finanzsituation der Gesellschaft erfährt, will er alles rückgängig machen und verlangt seine Einlage zurück. Steht ihm ein entsprechender Anspruch zu?

2.2 Lösungshinweise

Frage 1: Anspruch des D gegen O aus § 433 Abs. 2 BGB i. V. mit §§ 705, 714 BGB, 128 S. 1 HGB analog

D kann einen Anspruch gegen O auf Zahlung des Restkaufpreises in Höhe von 200.000 € aus §§ 433 Abs. 2 BGB i. V. mit §§ 705, 714 BGB, 128 S. 1 HGB analog haben. Dies setzt voraus, dass es sich um eine GbR handelt, dass § 128 S. 1 HGB auf diese analog anwendbar ist, dass eine Gesellschaftsverbindlichkeit besteht und dass die Haftung nicht ausgeschlossen wurde.

I. Die SP-Gesellschaft als GbR

Die SP-Gesellschaft ist nach § 105 Abs. 1 HGB eine OHG, wenn sie ein Handelsgewerbe i. S. von § 1 Abs. 2 HGB betreibt. Die Gesellschaft ist nur für ein Projekt, nämlich die Realisierung eines einzelnen Films, errichtet worden. Sie ist damit nicht auf Dauer angelegt und betreibt deshalb kein Gewerbe i. S. von § 1 Abs. 2 HGB. Es handelt sich mithin, da die Gesellschaft auch nicht als OHG im Handelsregister eingetragen ist (vgl. § 105 Abs. 2 HGB), um eine GbR.

II. Analoge Anwendung des § 128 S. 1 HGB auf die GbR

Eine analoge Anwendung von § 128 S. 1 HGB auf die SP-GbR kommt nur in Betracht, wenn eine vergleichbare Interessenlage besteht und eine auf die GbR anzuwendende Vorschrift trotz Regelungsbedarf planwidrig fehlt.

Mittlerweile ist es nahezu einhellig anerkannt, dass die (Außen-)GbR selbst Trägerin von Rechten und Pflichten ist. Zudem besteht eine akzessorische Haftung der Gesellschafter für die während ihrer Mitgliedschaft begründeten Gesellschaftsverbindlichkeiten, die derjenigen des § 128 S. 1 HGB bei der OHG entspricht.[1] Da eine entsprechende Vorschrift in den §§ 705 ff. BGB fehlt, ergibt sich die Haftung aus einer Analogie zu § 128 S. 1 HGB.[2]

[1] BGHZ 146, 341, 358 = NJW 2001, 1056; krit. *Hadding*, ZGR 2001, 712, 735 ff.

[2] Oder – so BGHZ 146, 341, 358 – aus einem allgemeinen, in § 128 HGB zum Ausdruck kommenden Rechtsgedanken.

III. Anspruch des D gegen die SP-GbR aus § 433 Abs. 2 BGB

Die Haftung analog § 128 S. 1 HGB setzt voraus, dass eine Gesellschaftsschuld besteht. S hat im Namen der GbR (vgl. § 164 Abs. 1 BGB) mit D einen Kaufvertrag abgeschlossen. Dadurch wurde die GbR zur Kaufpreiszahlung verpflichtet (vgl. § 433 Abs. 2 BGB), wenn S **Vertretungsmacht** hatte (vgl. § 177 Abs. 1 BGB).

Die Vertretungsmacht entspricht nach § 714 BGB im Zweifel der Verteilung der Geschäftsführungsbefugnis.

> **Hinweis:**
> § 714 BGB ist nach heutigem Verständnis, obwohl er nur von der Vertretung der „anderen Gesellschafter" spricht, als Regelung über die Vertretung der Gesellschaft zu verstehen.

S hatte nach § 5 S. 1 des Gesellschaftsvertrages grundsätzlich Einzelvertretungsmacht.

1. Der Widerspruch der P

Zu erwägen ist, ob der Widerspruch der P nach § 711 BGB der Vertretungsmacht des S entgegensteht.

Dagegen spricht, dass § 714 BGB nur an die „nach dem Gesellschaftsvertrag" bestehende Geschäftsführungsbefugnis anknüpft.

Zudem gebietet es der Verkehrsschutz, dass der Widerspruch nicht über das Innenverhältnis hinaus wirkt, weil den Geschäftspartnern der Gesellschaft zwar unter Umständen eine Information über den Inhalt des Gesellschaftsvertrages, nicht aber über das Vorliegen bzw. Fehlen eines Widerspruchs im Einzelfall zumutbar ist.[3] Durch den Widerspruch der P ist daher die Vertretungsmacht im Außenverhältnis unberührt geblieben.

2. Einschränkung der Vertretungsmacht durch § 5 S. 2 des Gesellschaftsvertrages

Nach § 5 S. 2 des Gesellschaftsvertrages hatte S nur Vertretungsmacht zum Abschluss von Verträgen, die eine (wirksame) Beschränkung der Haftung auf das Gesellschaftsvermögen enthalten.

> **Hinweis:**
> Aufbautechnisch ist es auch zulässig, im Folgenden zunächst zu prüfen, ob die Haftungsbeschränkung in § 6 der AGB wirksam ist. Wäre dies zu bejahen, so könnte man die Wirksamkeit der Beschränkung der Vertretungsmacht in § 5 S. 2 des Gesellschaftsvertrages dahinstehen lassen.

[3] MünchKomm-BGB/*Schäfer*, § 711 Rn. 15.

a) Unwirksamkeit analog § 128 S. 2 HGB

In Betracht kommt zunächst, dass § 128 S. 2 HGB analog einer solchen einseitigen Beschränkung der Vertretungsmacht entgegensteht. Indessen wird durch die Vertretungsbeschränkung nicht die Haftung nach § 128 S. 1 HGB ausgeschlossen, sondern es wird bereits die Entstehung einer Gesellschaftsverbindlichkeit verhindert. Zudem zeigt § 126 Abs. 2 HGB, dass § 128 S. 2 HGB nicht ohne weiteres auch Vertretungsbeschränkungen erfasst.

Die Beschränkung der Vertretungsmacht kann jedoch aus anderen Gründen unbeachtlich sein.[4]

b) Unwirksamkeit analog § 126 Abs. 2 HGB

Die Vertretungsbeschränkung könnte nach § 126 Abs. 2 HGB analog unwirksam sein. Dagegen spricht aber entscheidend, dass § 714 BGB abdingbar ist.

c) Unwirksamkeit nach § 307 BGB

Ferner wird die Ansicht vertreten, dass die Beschränkung nach § 307 BGB unwirksam sei. Demnach wird die (interne) Beschränkung dem Vertragspartner zwar nicht einseitig „gestellt" i. S. von § 305 Abs. 1 BGB. Um eine Umgehung der für Haftungsbeschränkungen im Außenverhältnis geltenden Grenzen zu vermeiden, soll sie aber nach § 306a BGB ausnahmsweise auch dann kontrollfähig sein, wenn mit dem Vertragspartner eine Haftungsbeschränkung in AGB vereinbart wurde.[5]

Dieser Lösungsweg vermag im Hinblick darauf nicht zu überzeugen, dass die Unwirksamkeit der Beschränkung im Zweifel nur zur Gesamtvertretung und nicht zu unbeschränkter Alleinvertretungsmacht führen würde. Zudem fehlt ein Ansatzpunkt für die Kontrolle über § 306a BGB, wenn gar keine Haftungsbeschränkung vereinbart wurde.

d) Grundsätzlich keine Berufung auf die Beschränkung möglich

Schließlich kommt in Betracht, dass sich die Gesellschafter grundsätzlich nicht auf die Beschränkung berufen dürfen, weil diese der berechtigten Erwartung des Rechtsverkehrs widerspricht, dass ein Alleingeschäftsführer Geschäfte ohne eine solche Beschränkung abschließen darf. Erheblich ist die Beschränkung daher im Regelfall nur dann, wenn der Geschäftspartner sie kannte oder wenn sie evident war. Eine Aufnahme der Regelung in eine AGB-Klausel genügt dafür nicht.[6]

Wendet man diese Regeln auf die hier zu beurteilende Gesellschaft an, so kann sich O gegenüber D, der die Vertretungsbeschränkung weder kannte noch kennen musste, nicht auf sie berufen.

Möglicherweise ist zugunsten der Gesellschafter von Publikumsgesellschaften jedoch eine Ausnahme zu machen, sodass sie sich in weiterem Umfang auf Vertretungsbeschränkungen berufen können. Teils wird für geschlossene Immobilienfonds

[4] Überblick zum Meinungsstand bei *Armbrüster,* ZGR 2005, 34, 38 ff.

[5] *Canaris*, ZGR 2004, 69, 97.

[6] *Armbrüster*, ZGR 2005, 34, 41 ff.

in Form einer GbR eine Haftungsbeschränkung auf das Gesellschaftsvermögen auch in AGB für möglich gehalten.[7] Der Sache nach würde damit auch eine Vertretungsbeschränkung zugelassen.

Dies lässt sich damit begründen, dass es bei solchen Fonds keine berechtigte Erwartung des Rechtsverkehrs dahin gibt, dass die Gesellschafter unbeschränkt haften: Zum einen dienen die Fonds ersichtlich nur der Kapitalanlage; dass die Gesellschafter angesichts des hohen Gesamt-Investitionsvolumens persönlich haften wollen, kann daher von Außenstehenden nicht vorausgesetzt werden. Zum anderen steht den Gläubigern bei Immobilienfonds mit dem Gesellschaftsvermögen typischerweise ein werthaltiges Haftungsobjekt zur Verfügung.[8]

Diese Begründung passt freilich für Filmfonds wie die SP-GbR nicht ohne weiteres: Zwar hat auch ein solcher Fonds in der Regel nur Kapitalsammelfunktion. Dass den Gesellschaftern im Verhältnis zu ihrer Beteiligung ein besonders hohes Haftungsrisiko drohen würde, lässt sich aber nicht in jedem Fall sagen. Vor allem aber steht den Gläubigern wegen der ungewissen Erfolgsaussichten eines Filmprojektes nicht typischerweise ein werthaltiges Gesellschaftsvermögen als Haftungsobjekt zur Verfügung. Auch bei einem Filmfonds gibt es daher eine berechtigte Verkehrserwartung, die gegen eine Beschränkung der Vertretungsmacht spricht.

Hinweis:
Auch eine Gleichstellung von Film- und Immobilienfonds lässt sich vertretbar begründen. Dafür lässt sich etwa anführen, dass der Werthaltigkeit des Gesellschaftsvermögens angesichts der bei Immobilienfonds oft bestehenden Grundbuchbelastungen keine entscheidende Bedeutung zukommt.

O kann sich daher nicht auf die Beschränkung der Vertretungsmacht berufen.

3. Zwischenergebnis
Es besteht ein wirksamer Kaufvertrag zwischen D und der GbR, aus dem D ein Anspruch auf Kaufpreiszahlung in Höhe von 200.000 € zusteht.

IV. O als Gesellschafter der SP-GbR
Zum Zeitpunkt des Vertragsschlusses mit D war O bereits Gesellschafter.

V. Ausschluss der persönlichen Haftung
Die persönliche Haftung des O kann allerdings durch § 5 der AGB oder § 3 des Gesellschaftsvertrages ausgeschlossen sein.

---

[7] BGHZ 150, 1, 5 f. = NJW 2002, 1642.

[8] Vgl. *Armbrüster*, ZGR 2005, 34, 45 f.

1. § 3 des Gesellschaftsvertrages
Die einseitige Regelung im Gesellschaftsvertrag ist analog § 128 S. 2 HGB D gegenüber unwirksam.

2. § 5 der AGB
In Betracht kommt aber, dass § 5 der AGB wirksam ist und damit die persönliche Haftung des O ausschließt.

a) Unwirksamkeit nach § 128 S. 2 HGB
§ 128 S. 2 HGB erfasst, wie sich aus der Formulierung „Dritten gegenüber" ergibt, gegenständlich nur Vereinbarungen der Gesellschafter untereinander, nicht aber Vereinbarungen mit den Vertragspartnern der Gesellschaft. § 128 S. 2 HGB hindert damit nicht die Wirksamkeit von § 5 der AGB. Auch wenn diese Klausel die Regelung in § 3 des Gesellschaftsvertrags wörtlich wiederholt, ist hier allein sie und nicht jener § 3 Gegenstand der Wirksamkeitsprüfung.

b) Unwirksamkeit nach § 307 BGB
Die Haftungsbeschränkung in § 5 der AGB – von deren wirksamer Einbeziehung i. S. von § 305 BGB in den Kaufvertrag ausgegangen werden kann – muss sich aber an § 307 BGB messen lassen (§§ 308, 309 BGB finden nach § 310 Abs. 1 S. 1 BGB keine Anwendung gegenüber dem Unternehmer D). § 5 der AGB ist demnach unwirksam, wenn er eine vom dispositiven Recht abweichende Regelung enthält (vgl. § 307 Abs. 3 S. 1 BGB), die den Vertragspartner unangemessen benachteiligt (§ 307 Abs. 1, 2 BGB).

Die Beschränkung in § 5 der AGB weicht von § 128 S. 1 HGB (analog) ab. Für den Normalfall der Außen-GbR wird der Geschäftspartner dadurch – wenn man seine berechtigten Haftungserwartungen gegen die Interessen der Gesellschafter abwägt – unangemessen benachteiligt.[9]

In Betracht zu ziehen ist allerdings, dass die Abwägung – entsprechend den für Immobilienfonds geltenden Regeln – bei einem Filmfonds zu einem anderen Ergebnis führt. Insoweit sind dieselben Überlegungen maßgeblich, die oben (III 2 d) im Zusammenhang mit der Vertretungsbeschränkung angestellt wurden. Die besseren Gründe sprechen daher dafür, bei einem Filmfonds eine unangemessene Benachteiligung des Geschäftspartners anzunehmen.

> **Hinweis:**
> Die Gegenansicht ist gut vertretbar.

c) Zwischenergebnis

§ 5 der AGB ist unwirksam. O haftet demnach trotz § 3 des Gesellschaftsvertrages und § 5 der AGB persönlich.

---

[9] BGH NJW 2002, 1642, 1643.

VI. Ergebnis

D hat einen Anspruch gegen O auf Zahlung von 200.000 € aus Kaufvertrag (vgl. § 433 Abs. 2 BGB) i. V. mit § 128 S. 1 HGB analog.

Frage 2: A. Anspruch des N gegen die GbR auf Rückzahlung der Einlage aus §§ 357 Abs. 1, 355, 312 Abs. 1, 312g Abs. 1 Fall 1, 312b Abs. 1 S. 1 Nr. 1 BGB

N kann einen Anspruch gegen die GbR auf Rückzahlung der Einlage aus §§ 357 Abs. 1, 355, 312 Abs. 1, 312g Abs. 1 Fall 1, 312b Abs. 1 S. 1 Nr. 1 BGB haben. Ein solcher Rückzahlungsanspruch setzt voraus, dass N zunächst Gesellschafter der GbR geworden ist und seinen Beitritt sodann wirksam widerrufen hat.

I. Gesellschafterstellung des M

Die Aufnahme neuer Gesellschafter stellt eine Änderung des Gesellschaftsvertrages dar und bedarf daher grundsätzlich der Zustimmung aller Gesellschafter. Hier hat sich N nur mit S geeinigt. Infolge der Ermächtigung im Gesellschaftsvertrag (§ 17) steht dies – unabhängig davon, ob S den Beitrittsvertrag im Namen der Gesellschafter oder im Namen der Gesellschaft geschlossen hat, was aus dem Sachverhalt nicht hervorgeht – nicht entgegen: Wenn S im eigenen Namen und im Namen der Gesellschafter aufgetreten ist, hatte er die erforderliche Vertretungsmacht.[10] Hat er dagegen nur im Namen der Gesellschaft gehandelt, so lässt sich die Wirksamkeit des Beitritts mit der hier ausnahmsweise anzunehmenden Zulässigkeit einer Verpflichtungsermächtigung bei Publikums-Gesellschaften begründen.[11]

N ist daher zunächst Gesellschafter geworden.

II. Widerruf nach § 312 BGB

Ein Anspruch auf Rückgewähr der Einlage aus §§ 357 Abs. 1, 355 BGB setzt außerdem voraus, dass die allgemeinen bürgerlich-rechtlichen Voraussetzungen für einen wirksamen Widerruf erfüllt sind.

1. Persönlicher Anwendungsbereich

Die §§ 312 f. BGB gelten umfassend nur für Verbraucherverträge gem. § 310 Abs. 3 BGB – also für Verträge zwischen einem Unternehmer (§ 14 BGB) und einem Verbraucher (§ 13 BGB) –, die eine entgeltliche Leistung des Unternehmers zum Gegenstand haben.

a) Verbrauchereigenschaft des N

N nimmt zwar als Gelegenheitshandwerker von Zeit zu Zeit kleinere Aufträge entgegen. Diese Tätigkeit hat aber nichts mit dem Beitritt zu tun. Letzterer ist auch nicht deshalb seiner „gewerblichen“ Tätigkeit zuzurechnen, weil N mithilfe des Fonds Gewinn erzielen will. Vielmehr handelt es sich auch in diesem Fall um ein

---

[10] Vgl. BGHZ 26, 330, 333 f.

[11] Vgl. BGH NJW 1978, 1000.

zu privaten Zwecken vorgenommenes Rechtsgeschäft.[12] N hat beim Beitritt zu der SP-GbR mithin als Verbraucher i. S. von § 13 BGB gehandelt.

b) Unternehmereigenschaft des Gründungsgesellschafters S

Dem N stand bei seinem Beitritt in Gestalt des Gründungsgesellschafters S ein Unternehmer i. S. des § 14 BGB gegenüber. Der Beitrittsvertrag kommt zwar auch mit den bereits beigetretenen Verbraucher-Gesellschaftern – vertreten durch S – zustande, dies ändert jedoch nichts an der Unternehmereigenschaft des Gründungsgesellschafters S.[13]

c) Entgeltliche Leistung

Ob es sich bei dem Beitritt zu einer GbR um einen Vertrag handelt, der eine „entgeltliche Leistung" i. S. von § 312 Abs. 1 BGB zum Gegenstand hat, ist umstritten.[14] Dagegen lässt sich neben dem Wortlaut („entgeltlich" deutet auf einen Austauschvertrag hin, worum es bei dem Beitritt nicht geht) anführen, dass sich der Verbraucher in spekulativer Weise als Investor betätigt; möglicherweise muss er sich deshalb – wie auch in anderen Zusammenhängen, vgl. z. B. § 310 BGB – nur nach den (strengeren) gesellschaftsrechtlichen Regeln behandeln lassen. Indessen besteht das besondere, durch die Situation außerhalb von Geschäftsräumen ausgelöste Schutzbedürfnis des Verbrauchers (Schutz vor Impulshandlungen) auch bei einem Gesellschaftsbeitritt.[15] Die besseren Gründe sprechen daher mit dem BGH[16] für die Annahme einer „entgeltlichen Leistung".

2. Sachlicher Anwendungsbereich – Vertrag außerhalb von Geschäftsräumen

N hat seinen Beitritt in einer Situation i. S. von § 312b Abs. 1 S. 1 Nr. 1 BGB erklärt, die auch kausal für die Willenserklärung des (zunächst noch nicht überzeugten) N war. Daher steht N gem. § 312g Abs. 1 Fall 1 BGB ein Widerrufsrecht gem. 355 BGB zu.

3. Widerrufserklärung

N muss zudem gem. § 355 Abs. 1 S. 2 BGB den Widerruf gegenüber dem Unternehmer (also gegenüber den Gesellschaftern als den Vertragspartnern oder deren zur Entgegennahme solcher Erklärungen bevollmächtigten Vertretern – dies sind hier im Hinblick auf § 17 des Gesellschaftsvertrages S oder P) formlos erklärt haben, wobei der Entschluss zum Widerruf aus der Erklärung eindeutig hervorgehen muss, § 355 Abs. 1 S. 3 BGB. Davon ist hier auszugehen.

---

[12] EuGH NJW 2010, 1511 Rn. 30; BGHZ 133, 254, 261 = NJW 1996, 3414; a. A. *Wagner*, NZG 2000, 169, 171: „Ein Kapitalanleger [...] ist aber kein „Verbraucher"; er „verbraucht" „nichts"; zur Abgrenzung allgemein Palandt/*Ellenberger*, § 13 Rn. 3.

[13] Vgl. *Armbrüster*, Gesellschaftsrecht und Verbraucherschutz, S. 10.

[14] Übersicht bei *Armbrüster*, Gesellschaftsrecht und Verbraucherschutz, S. 10 ff.

[15] Näher dazu *Armbrüster*, Gesellschaftsrecht und Verbraucherschutz, S. 14 f.

[16] BGHZ 133, 254, 261 = NJW 1996, 3414; „Entgeltlichkeit" ist jedenfalls beim Beitritt zu einer Gesellschaft, die der Kapitalanlage dienen soll, zu bejahen, s. BGH NJW 2014, 2022.

4. Einhaltung der Widerrufsfrist
Die Widerrufsfrist beträgt grundsätzlich 14 Tage (§ 355 Abs. 2 S. 1 BGB). Sie beginnt gem. § 355 Abs. 2 S. 2 BGB mit Vertragsschluss, sofern nichts anderes bestimmt ist bzw. gem. § 356 Abs. 3 S. 1 BGB nicht, bevor der Unternehmer den Verbraucher ordnungsgemäß belehrt hat und erlischt spätestens nach zwölf Monaten und 14 Tagen (§ 356 Abs. 3 S. 2 BGB). Zwar hat N nicht die Widerrufsfrist von 14 Tagen eingehalten. Jedoch wurde er nicht entsprechend den Anforderungen des Art. 246a § 1 Abs. 2 S. 1 Nr. 1 EGBGB über das Widerrufsrecht informiert. Die Frist hat daher gem. § 356 Abs. 3 S. 1 BGB noch nicht zu laufen begonnen. Schließlich hat N den Widerruf auch nicht nach Ablauf der absoluten Höchstfrist des § 356 Abs. 3 S. 2 BGB – nach zwölf Monaten und 14 Tagen – erklärt.

Folglich ist der Widerruf nicht verspätet.

5. Zwischenergebnis
Die allgemeinen Voraussetzungen für einen Widerruf liegen damit vor. N steht demnach ein Anspruch auf Rückgewähr seiner Einlage zu.

III. Modifizierung der bürgerlich- rechtlichen Widerrufsregeln
Möglicherweise sind die bürgerlich-rechtlichen Widerrufsregeln jedoch im Hinblick auf die Regeln über den fehlerhaften Gesellschaftsbeitritt zu modifizieren mit der Folge, dass dem N (nur) ein Austritt ex nunc gestattet ist und ihm statt des Rückgewähranspruches ein Auseinandersetzungsanspruch zusteht. Da sich letzterer danach bemisst, was N verlangen könnte, wenn die Gesellschaft liquidiert würde, und sich die SP-GbR hier in einer finanziellen Schieflage befindet, stünde N im Falle der Anwendbarkeit der Grundsätze über die fehlerhafte Gesellschaft wesentlich schlechter als im Falle des Widerrufs.

1. Anwendungsvorrang der Regeln über die fehlerhafte Gesellschaft

> **Hinweis zum Aufbau:**
> Das nachstehend angesprochene Problem kann auch unter 2 c behandelt werden.

Gegen einen Anwendungsvorrang der Regeln über die fehlerhafte Gesellschaft gegenüber den Verbraucherschutzregeln spricht zunächst, dass die verbraucherschutzrechtlichen Widerrufsrechte jedenfalls im Kern auf europarechtlichen Richtlinienvorgaben beruhen, die Regeln über die fehlerhafte Gesellschaft hingegen nur – zu Gewohnheitsrecht erstarktes – nationales Recht sind. Ferner wird vorgebracht, eine Anwendung der Regeln über die fehlerhafte Gesellschaft hebele das Widerrufsrecht aus.

Demgegenüber ist zu bedenken, dass der Widerrufsberechtigte sich immerhin mittels fristloser Kündigung von seiner Beteiligung trennen kann, mag auch der Auseinandersetzungsanspruch regelmäßig geringer ausfallen als die vormals geleistete Einlage. Auch der alleinige Hinweis auf den Anwendungsvorrang des

Europarechts verfängt nicht. Die Regeln des deutschen Gesellschaftsrechts stellen den Verbraucher hinsichtlich der Einlagenrückgewähr keineswegs zwangsläufig schlechter als die europarechtlichen Vorgaben. Im Gegenteil kann bei günstigem Geschäftsverlauf das Abfindungsguthaben sogar deutlich höher sein als die geleistete Einlage. Die gesellschaftsrechtliche Rückabwicklung ist in solchen Fällen für den Anleger vorteilhafter als die verbraucherschutzrechtliche.

Für einen Anwendungsvorrang der Grundsätze über die fehlerhafte Gesellschaft spricht zudem der Schutz der übrigen Gesellschafter. Im Falle der Abfindung des Widerrufsberechtigten zu einem über dem Liquidationswert liegenden Betrag wird das Gesellschaftsvermögen zu ihren Lasten gemindert.

Zudem sehen sich solche Mitgesellschafter, denen ebenfalls ein Widerrufsrecht zusteht, einem Wettlauf um das noch vorhandene Gesellschaftsvermögen ausgesetzt. Da diese Gruppe in der Regel die Mehrzahl der Mitgesellschafter stellen wird, geht es im Kern darum, gegenläufige Verbraucherinteressen in Ausgleich zu bringen. Dies lässt sich aber durch die Anwendung der gesellschaftsrechtlichen Regeln, insbesondere durch die Gewährung eines Auseinandersetzungsanspruchs, besser gewährleisten als durch die Einräumung eines Widerrufsrechts.

Die besseren Gründe sprechen daher mit dem EuGH[17] und dem BGH[18] für die Anwendung der Grundsätze über die fehlerhafte Gesellschaft oder den fehlerhaften Beitritt. Zum selben Ergebnis gelangt man, wenn man das EU-Richtlinienrecht für auf die Eingehung einer Fondsbeteiligung gar nicht anwendbar hält, sodass sich die Frage eines Verstoßes gegen europarechtliche Vorgaben nicht stellt.[19]

2. Tatbestandsvoraussetzungen des fehlerhaften Beitritts

Der Beitritt des N muss an einem Fehler leiden, der nach allgemeinen Regeln zur Nichtigkeit führen würde, und er muss in Vollzug gesetzt worden sein. Außerdem dürfen der Annahme der Wirksamkeit des fehlerhaften Beitritts keine überwiegenden Interessen Einzelner oder der Allgemeinheit entgegenstehen.

a) Nach allgemeinen Regeln zur Nichtigkeit führender Fehler

Fraglich ist, wie es sich auswirkt, dass im Fall der Widerruflichkeit des Beitrittsvertrages gerade kein (schwebend) unwirksamer, sondern ein wirksamer Vertrag vorliegt, der sich infolge eines Widerrufs lediglich in ein Rückgewährschuldverhältnis umwandelt.

Ausschlaggebend für die Beurteilung muss sein, dass der Widerrufsberechtigte bei Ausübung des Widerrufsrechts nicht mehr an seine Beitrittserklärung gebunden bleibt. Insofern besteht kein entscheidender Unterschied zu den Fällen, in denen der Beitritt von Anfang an unwirksam wäre.

[17] NJW 2010, 1511 Rn. 34, 36 ff.

[18] NJW 2010, 3096 Rn. 12.

[19] So der Schlussantrag der Generalanwältin beim EuGH v. 8.9.2009 in der Rechtssache C-215/08, ZIP 2009, 1902 ff (zur Haustürwiderrufsrichtlinie).

b) Invollzugsetzung des Beitritts
N hat seine Einlage bereits bar geleistet. Sein Beitritt ist damit im Innenverhältnis in Vollzug gesetzt. Dies ist als ausreichend anzusehen.

c) Keine vorrangigen Interessen der Allgemeinheit oder Dritter
Die Anerkennung der fehlerhaften Gesellschaft findet dort ihre Grenze, wo vorrangige Interessen der Allgemeinheit oder schutzwürdiger Personen entgegenstehen. Dies sind insbesondere Fälle der Beteiligung von Minderjährigen, der Gesetz- und Sittenwidrigkeit sowie – in engen Grenzen – solche, in denen der Beitretende mittels arglistiger Täuschung zum Beitritt bewogen wurde. Eine solche Fallgestaltung liegt hier nicht vor.

3. Zwischenergebnis
Der fehlerhafte Gesellschaftsbeitritt des N ist nach den Grundsätzen über die fehlerhafte Gesellschaft wie ein fehlerfreier Beitritt zu behandeln. N ist folglich weiterhin Gesellschafter. Ihm steht lediglich ein Kündigungsrecht mit Wirkung für die Zukunft zu.

IV. Ergebnis
Ein Anspruch des N gegen die GbR auf Rückgewähr seiner geleisteten Einlage aus §§ 357 Abs. 1, 355, 312 Abs. 1, 312g Abs. 1 Fall 1, 312b Abs. 1 S. 1 Nr. 1 BGB besteht nicht.

B. Auseinandersetzungsanspruch des N gegen die GbR nach § 738 Abs. 1 BGB
N steht infolge seiner als Kündigung zu verstehenden Erklärung (§§ 133, 157 BGB), er wolle seine Einlage zurückhaben, eine Abfindung in Höhe des anteiligen Liquidationswerts seiner Beteiligung zu.

> **Hinweis:**
> Da die Gesellschaft sich in einer finanziellen Schieflage befindet, ist dieser Anspruch unter Umständen wertlos.

Der Anspruch des N ist gem. §§ 320, 322 BGB nur Zug um Zug gegen Übertragung seiner Beteiligung durchsetzbar.[20]

Gesamtergebnis
D hat einen Anspruch gegen O auf Zahlung von 200.000 € aus Kaufvertrag (vgl. § 433 Abs. 2 BGB) i. V. mit § 128 S. 1 HGB analog. Hingegen hat N keinen Anspruch gegen die GbR auf Rückgewähr seiner geleisteten Einlage aus §§ 357 Abs. 1, 355, 312 Abs. 1, 312g Abs. 1 Fall 1, 312b Abs. 1 S. 1 Nr. 1 BGB. Er kann lediglich eine Abfindung in Höhe des anteiligen Liquidationswerts seiner Beteiligung verlangen, und zwar Zug um Zug gegen Übertragung seiner Beteiligung.

---

[20] Vgl. BGH NJW 2001, 2718, 2720.

3 Schmuckhandels-KG in Geldnöten

3.1 Sachverhalt

W ist der Komplementär, X und Y sind die Kommanditisten der W-Schmuckhandels-KG. X und Y haben ihre eine Einlage von jeweils 100.000 € voll erbracht. Nach dem Gesellschaftsvertrag soll W nur gemeinsam mit X zur Vertretung der Gesellschaft berechtigt sein. Als die W-KG Kapital benötigt, beschließen die Gesellschafter, Z als neuen Kommanditisten in die Gesellschaft aufzunehmen.

Z tritt der Gesellschaft am 02.04.2016 mit einer Haftsumme von 100.000 € bei. Noch im April zahlt er 50.000 € an die W-KG. Außerdem tritt Z der KG im Mai eine eigene Forderung gegen S in Höhe von 70.000 € ab. Zum Ausgleich dafür, dass der Nennwert der Forderung zusammen mit der zuvor geleisteten Zahlung die Einlagesumme überschreitet, überweist die KG dem Z 20.000 €. Weder Z noch die anderen Gesellschafter wissen, dass die Forderung gegen S wirtschaftlich wertlos ist. Am 17.05.2016 wird der Beitritt des Z ins Handelsregister eingetragen.

Am 01.06.2016 veräußert und überträgt X seine Beteiligung an der W-KG mit Zustimmung der anderen Gesellschafter für 100.000 € an D. Aufgrund eines Versehens wird D zwar am 15.06.2016 ins Handelsregister eingetragen, die Eintragung des X wird jedoch nicht gelöscht und der Nachfolgevermerk vergessen. Kurz darauf scheidet Y gegen Zahlung eines Abfindungsguthabens von 100.000 € aus der KG aus. Der Austritt wird ordnungsgemäß ins Register eingetragen.

Im Mai 2017 gerät die KG in finanzielle Schwierigkeiten. Auch W ist zahlungsunfähig. Die Gläubiger versuchen daher, sich an die – jetzigen und ehemaligen – Kommanditisten zu halten:

1. V, der wusste, dass W der alleinige Komplementär der W-KG ist, hat der KG am 05.05.2016 Diamanten zum Preis von 130.000 € verkauft und übereignet. Die KG wurde dabei ausschließlich durch W (ohne Mitwirkung des X) vertreten. Kann V den Kaufpreis von D, X, Y und Z verlangen?

C. Armbrüster, *Fallsammlung zum Gesellschaftsrecht*, Juristische ExamensKlausuren,
https://doi.org/10.1007/978-3-662-56192-8_3

2. Die B-Bank (B) hat der W-KG am 10.6.2016 einen Kredit mit elfmonatiger Laufzeit in Höhe von 150.000 € gewährt. Kann B die Rückzahlung des Darlehens von D und X verlangen?
3. Haftet Y der seit 2001 bei der KG beschäftigten Sekretärin U nach einer im Januar 2017 von der KG gewährten Gehaltserhöhung für das erhöhte Entgelt?

3.2 Lösungshinweise

Frage 1: Ansprüche des V auf Zahlung des Kaufpreises in Höhe von 130.000 €
I. Anspruch gegen D aus §§ 171 Abs. 1 Hs.1, 173 HGB i. V. mit dem Kaufvertrag zwischen V und der W-KG (vgl. § 433 Abs. 2 BGB)

1. Erwerb der Kommanditistenstellung durch D
In Betracht kommt ein Anspruch des V gegen D aus §§ 171 Hs. 1, 173 HGB i. V. mit dem Kaufvertrag zwischen V und der W-KG (vgl. § 433 Abs. 2 BGB). Dies setzt zunächst voraus, dass D Kommanditist der KG ist. D war ursprünglich nicht Gesellschafter. Er kann die Kommanditistenstellung aber durch Anteilsübertragung von X erworben haben.

Die Übertragung eines Kommanditanteils setzt nach allgemeiner Meinung das Einvernehmen des Übertragenden, des Eintretenden und aller übrigen Gesellschafter voraus. Diese liegen hier vor (dahinstehen kann, ob es sich – so die neuere Ansicht – um einen zweiseitigen Vertrag zwischen D und X mit Zustimmung der anderen Gesellschafter oder – so die traditionelle Doktrin – um ein dreiseitiges Rechtsgeschäft eigener Art zwischen dem Ausscheidenden, dem Eintretenden und den verbliebenen Gesellschaftern handelt).

Die Eintragung eines Nachfolgevermerks ist materiell-rechtlich für die Übertragung nicht erforderlich. Der Anteil des X ist damit nach zutreffender, dem Parteiwillen gerecht werdender Ansicht direkt auf D übergegangen; bei dem Ausscheiden des X und dem Eintritt des D handelt es sich nicht um selbstständige Vorgänge.

2. Anspruch des V gegen die W-KG
Zudem muss ein Anspruch des V gegen die W-KG aus Kaufvertrag (vgl. § 433 Abs. 2 BGB) bestehen. Ein Kaufvertrag zwischen V und der W-KG setzt eine wirksame Vertretung der KG durch W voraus (vgl. §§ 164, 177 Abs. 1 BGB). An der Vertretungsmacht des W könnte man hier im Hinblick darauf zweifeln, dass W die KG nach dem Gesellschaftsvertrag nur zusammen mit X vertreten kann. Eine solche Vertretungsregelung (Bindung des einzigen Komplementärs an die Zustimmung eines – nach § 170 HGB von der Vertretung ausgeschlossenen – Kommanditisten) wird allerdings allgemein für unzulässig gehalten.[1] Zur Begründung wird zum einen auf das Prinzip der Selbstorganschaft verwiesen. Dies passt hier freilich nicht ganz, weil auch der Kommanditist Gesellschafter ist. Zum anderen wird der Schutz der

[1] Vgl. MünchKomm-HGB/*Grunewald*, § 170 Rn. 3.

Komplementäre angeführt, die wegen ihres Haftungsrisikos die Möglichkeit haben müssen, jedes Rechtsgeschäft der KG auch ohne Mitwirkung nur beschränkt haftender Gesellschafter durchführen zu können. Diese Begründung überzeugt.

Die Vertretungsregelung im Gesellschaftsvertrag ist mithin unwirksam. An ihre Stelle tritt – da W der einzige Komplementär ist und es daher keine andere gesetzlich zulässige Vertretungsregelung gibt – nach §§ 125 Abs. 1, 161 Abs. 2 HGB eine Alleinvertretungsberechtigung des W. W handelte daher beim Abschluss des Kaufvertrages mit Vertretungsmacht. Ein Anspruch des V gegen die W-KG besteht somit.

3. Haftungsausschluss nach §§ 171 Abs. 1 Hs. 2, 172 Abs. 1 HGB

a. Die Haftsumme des D beträgt 100.000 €. D haftet dem V mithin von vornherein nur auf diesen Betrag (§ 172 Abs. 1 HGB).
b. Die Haftung ist zudem nach § 171 Abs. 1 Hs. 2 HGB ausgeschlossen, soweit die Einlage geleistet ist. Hier hat nicht D, sondern X die Einlage erbracht. Da sich die Leistung des X auf seinen Anteil und nicht auf seine Person bezog, kommt dies nach der Übertragung des Kommanditanteils grundsätzlich auch dem D zugute.

In Betracht kommt allerdings, dass daran der fehlende Nachfolgevermerk und die fehlende Eintragung des Ausscheidens des X etwas ändern. Dadurch wird für Dritte objektiv der Eindruck erweckt, dass es sich bei D um einen *zusätzlichen* Kommanditisten handelt. Indessen ergibt sich aus dem Vermerk nicht – etwa über § 15 Abs. 1 oder Abs. 3 HGB (zur grundsätzlichen Anwendbarkeit des § 15 HGB auf Eintragungen, die Kommanditisten betreffen, s. Frage 2 sub III) –, dass D sich so behandeln lassen muss, als ob die Einlage noch nicht erbracht worden wäre.

Das Handelsregister trifft über die Leistung oder Nichtleistung der Einlage keine Aussage; es handelt sich dabei nicht um eine eintragungsfähige Tatsache. Das Handelsregister kann daher nicht den Anschein erwecken, dass auf eine eingetragene Haftsumme noch eine (in Wahrheit schon geleistete) Zahlung zu erbringen sei.[2]

D hat daher einen haftungsfreien Anteil erworben. Seine Leistungspflicht ist nach § 171 Abs. 1 Hs. 2 HGB ausgeschlossen.

Hinweis:
Darauf, dass die Forderung hier bereits vor dem Beitritt begründet worden ist, kommt es wegen des Haftungsausschlusses nach § 171 Abs. 1 Hs. 2 HGB nicht mehr an. Insoweit würde indes nach ganz h. M. § 173 HGB greifen: Um einen „Eintritt" i. S. d. § 173 HGB geht es danach auch bei einer Übertragung eines Kommanditanteils.[3]

---

[2] Vgl. BGHZ 81, 82, 87.

[3] MünchKomm-HGB/K. Schmidt, § 173 Rn. 3, 7; BGH NJW-RR 2006, 107; Zu der – speziell aus dem Zweck des § 176 HGB abgeleiteten – zum Teil vertretenen engeren Auslegung des § 176 Abs. 2 HGB s. bei Frage 2 unter I.

4. Ergebnis
Ein Anspruch des V gegen D besteht nicht.

II. Anspruch gegen X aus § 171 Abs. 1 Hs.1 HGB i. V. m. dem Kaufvertrag zwischen V und der W-KG (vgl. § 433 Abs. 2 BGB)
X ist infolge der Anteilsübertragung aus der KG ausgeschieden. Gem. §§ 171 Abs. 1 Hs. 1, 160 Abs. 1 HGB haftet allerdings auch ein ausgeschiedener Kommanditist den Gläubigern der KG in Höhe seiner in das Handelsregister eingetragenen Haftsumme (bei X: 100.000 €) für Forderungen, die bis zu seinem Ausscheiden begründet worden sind, unmittelbar und persönlich (mangels Eintragung des Ausscheidens hat die Frist des § 160 HGB dabei noch nicht zu laufen begonnen). Bei der Kaufpreisforderung des V handelt es sich um eine Gesellschaftsschuld der W-KG, die zu einem Zeitpunkt begründet wurde, zu dem X noch Gesellschafter der KG war.

Die Haftung des X ist gem. § 171 Abs. 1 Hs. 2 HGB ausgeschlossen, wenn er seine Einlage erbracht hat. Dies war hier ursprünglich der Fall. Die Haftung lebt allerdings gem. § 172 Abs. 4 S. 1 HGB wieder auf, soweit die Einlage später zurückgezahlt wird. Eine Einlagenrückgewähr liegt hier möglicherweise in der Übertragung des Kommanditanteils von X an D gegen Zahlung von 100.000 €.

Durch die Übertragung der Kommanditbeteiligung von X an D wurde allerdings weder ein neuer Anteil geschaffen noch der Gesellschaft Liquidität durch eine Zahlung aus ihrem Vermögen entzogen. Die Zahlung der 100.000 € erfolgte vielmehr aus dem Vermögen des D. Zahlungen des Erwerbers an den Altkommanditisten bleiben daher für die Haftung des Altkommanditisten grundsätzlich außer Betracht.[4]

Etwas anderes gilt allerdings, wenn ein Rechtsnachfolgevermerk fehlt. Für die Gläubiger entsteht dann der Eindruck, dass zwei Kommanditisten mit zwei Haftsummen für die Verbindlichkeiten der KG haften. Diese Registerlage wird – da der Neukommanditist (D) aus den sub I. 3. genannten Gründen einen haftungsfreien Anteil besitzt – dem Altkommanditisten (X) zugerechnet. In analoger Anwendung des § 172 Abs. 4 HGB gilt daher die Einlage des Altkommanditisten mit Erwerb des haftungsfreien Anteils durch den Neukommanditisten als nicht mehr geleistet;[5] auf die Zahlung der Abfindung durch D kommt es danach nicht an. Auch X haftet daher für Verbindlichkeiten, die bei seinem Ausscheiden bereits begründet waren.

V hat somit gegen X einen Anspruch aus § 171 Abs. 1 Hs.1 HGB i. V. mit dem Kaufvertrag zwischen V und der W-KG (vgl. § 433 Abs. 2 BGB) in Höhe von 100.000 €.

III. Anspruch gegen Y aus § 171 Abs. 1 Hs. 1 HGB i. V. mit dem Kaufvertrag zwischen V und der W-KG (vgl. § 433 Abs. 2 BGB)
Fraglich ist, ob V einen Anspruch gegen Y aus § 171 Abs. 1 Hs. 1 HGB i. V. mit dem Kaufvertrag zwischen V und der KG hat. Y war bei Begründung der Kaufpreisforderung Gesellschafter. Er haftet daher dafür nach §§ 171 Abs. 1 Hs. 1, 160 HGB auch nach seinem Ausscheiden in Höhe seiner Haftsumme von 100.000 €. Die durch die Leistung der Einlage zunächst ausgeschlossene (§ 171 Abs. 1 Hs. 2 HGB)

---

[4] BGH NJW-RR 2006, 107, 108.

[5] Vgl. BGHZ 81, 82, 88 f. = NJW 1981, 2747.

Haftung ist durch die Auszahlung des Abfindungsguthabens, da es sich dabei um eine Einlagerückgewähr i. S. von § 172 Abs. 4 HGB handelt, wieder aufgelebt. V steht daher ein Anspruch auf Kaufpreiszahlung gegen Y in Höhe von 100.000 € zu.

IV. Anspruch gegen Z aus §§ 176 Abs. 1, 2, 161 Abs. 2, 128 S. 1 HGB i. V. mit dem Kaufvertrag zwischen V und der W-KG (vgl. § 433 Abs. 2 BGB)

In Betracht kommt ein Anspruch des V gegen Z aus §§ 176 Abs. 1, 2, 161 Abs. 2, 128 S. 1 HGB i. V. mit dem Kaufvertrag zwischen V und der W-KG. Gem. § 176 Abs. 2, 1 S. 1 Hs.1 HGB haftet ein Kommanditist für die zwischen seinem Eintritt und dessen Eintragung entstandenen Forderungen grundsätzlich wie ein persönlich haftender Gesellschafter. Die gem. §§ 171 Abs. 1, 172 Abs. 1 HGB zugunsten des Kommanditisten bestehende Haftungsbeschränkung kommt für zwischen dem Eintritt des Kommanditisten und seiner Eintragung ins Handelsregister begründete Verbindlichkeiten mithin nicht zur Anwendung.

Hier ist die Kaufpreisschuld am 5.5. und damit zwischen dem Beitritt des Z (2.4.2016) und dessen Eintragung (17.5.) begründet worden. Demnach greift die Haftungsbeschränkung nicht ein.

Etwas anderes gilt freilich gem. § 176 Abs. 2, Abs. 1 S. 1 Hs. 2 HGB dann, wenn der Gläubiger von der Kommanditistenstellung wusste. V wusste hier, dass W der alleinige Komplementär der KG ist. Kennt ein Gläubiger den Komplementär der Gesellschaft und weiß er, dass die Gesellschaft nur einen einzigen Komplementär hat, dann weiß er zugleich, dass alle anderen Gesellschafter nur Kommanditisten sein können. Auf die Kenntnis der Höhe der Haftsumme der einzelnen Kommanditisten kann es dann nicht ankommen. In jedem Fall kann nämlich der Gläubiger nur darauf vertrauen, dass ihm lediglich ein einziger Gesellschafter unbeschränkt haftet. Schließt er dennoch ohne nähere Nachforschungen über die Höhe der Haftung der Kommanditisten einen Vertrag mit der KG ab, so ist er nicht schutzwürdig.

Die Kenntnis der alleinigen Komplementärstellung des W macht den V mithin bösgläubig i. S. des § 176 Abs. 1 S. 1 Hs. 2 HGB.

Hinweis:
Eine andere Ansicht ist nicht vertretbar.

Ein Anspruch des V gegen Z aus §§ 176 Abs. 1, 2, 128 S. 1 HGB besteht somit nicht.

V. Anspruch gegen Z aus § 171 Abs. 1 Hs. 1 HGB i. V. mit dem Kaufvertrag zwischen V und der W-KG (vgl. § 433 Abs. 2 BGB)

In Betracht kommt ein Anspruch aus § 171 Abs. 1 Hs.1 HGB i. V. m. dem Kaufvertrag zwischen V und der W-KG (vgl. § 433 Abs. 2 BGB). Die Haftung des Z richtet sich, wie soeben aufgezeigt, nach den §§ 171 Abs. 1, 172 Abs. 1, 4 S. 1 HGB und ist der Höhe nach auf die Einlage beschränkt. Z haftet daher von vornherein maximal in Höhe von 100.000 €.

Seine Haftung ist nach § 171 Abs. 1 Hs. 2 HGB ganz ausgeschlossen, wenn seine Einlage geleistet ist. In Höhe von 50.000 € hat Z seine Einlage im April erbracht. Die Abtretung der wertlosen Forderung gegen S ist dagegen keine haftungsbefreiende Einlageleistung i. S. des § 171 Abs. 1 Hs. 2 HGB. Im Interesse des Gläubigerschutzes setzt eine Enthaftung des Kommanditisten eine tatsächliche Wertzuführung voraus (sog. Grundsatz der realen Kapitalaufbringung).

Im Verhältnis zu den Gläubigern ist eine Leistung auf die Einlage daher mit ihrem objektiven Wert zu bewerten.[6] Durch die Leistung des Z an die KG ist folglich zunächst eine Enthaftung in Höhe von 50.000 € eingetreten.

Allerdings kann die Haftung des Z auch insoweit gem. § 172 Abs. 4 S. 1 HGB wieder aufgelebt sein. Die Einlage gilt den Gläubigern gegenüber als nicht geleistet, soweit sie dem Kommanditisten zurückbezahlt wird. Z hat hier als Wertausgleich 20.000 € von der W-KG erhalten. In Hinblick auf den mit § 172 Abs. 4 S. 1 HGB bezweckten Gläubigerschutz gilt als Rückzahlung i. S. dieser Vorschrift nicht nur eine ausdrücklich als Rückgewähr der Einlage bezeichnete Zahlung der Gesellschaft. Unter § 172 Abs. 4 S. 1 HGB fällt vielmehr jede Zuwendung der Gesellschaft an den Kommanditisten, der keine entsprechende Gegenleistung des Kommanditisten gegenübersteht.

Da die Forderung gegen S hier wertlos war, hat die KG für ihre Zahlung keine Gegenleistung erhalten. Die persönliche Haftung des Z ist daher in Höhe von 20.000 € wieder aufgelebt.

V kann somit seine Forderung in Höhe von 70.000 € auch nach dessen Ausscheiden (vgl. § 160 Abs. 1 HGB) gegen Z persönlich geltend machen.

Frage 2: Ansprüche von B auf Rückzahlung des Darlehens in Höhe von 150.000 €

I. Anspruch gegen D aus §§ 176 Abs. 1, 2, 128 S. 1 HGB i. V. mit § 488 Abs. 1 S. 2 BGB

Eine Haftung des D gegenüber B aus § 176 Abs. 1, 2 HGB i. V. mit § 488 Abs. 1 S. 2 BGB kommt in Betracht, wenn es sich bei dem Erwerb eines Anteils unter Lebenden um einen „Eintritt" i. S. des § 176 Abs. 2 HGB handelt. Darüber, ob dies der Fall ist, besteht Streit. Da die Forderung der B in der Zeit zwischen der Übertragung des Gesellschaftsanteils auf D und der Eintragung dieses Vorgangs ins Handelsregister begründet wurde und sich aus dem Sachverhalt nicht ergibt, dass B von der Kommanditistenstellung des D wusste, haftet letzterer bei Anwendung des § 176 Abs. 2 HGB unbeschränkt persönlich. Der Streit ist mithin entscheidungserheblich.

Für einen „Eintritt"[7] lässt sich anführen, dass auch bei einem Erwerb durch rechtsgeschäftliche Übertragung der abstrakte Anschein entsteht, der Gesellschafter hafte unbeschränkt.[8]

Entscheidend gegen eine Anwendung von § 176 Abs. 2 HGB spricht hingegen Folgendes: § 176 Abs. 2 HGB soll den durch Abs. 1 bezweckten Vertrauensschutz

[6] BGHZ 61, 59, 72.

[7] Dafür BGH NJW 1983, 2258, 2259.

[8] Koller/Kindler/Roth/Morck/*Kindler*, HGB, § 176 Rn. 9.

auf den Fall ausdehnen, dass zwar die Kommanditgesellschaft, nicht aber die Kommanditbeteiligung ins Handelsregister eingetragen ist. Erfasst werden soll daher eine um einen Kommanditanteil „erweiterte" Gesellschaft. Darum geht es bei der Anteilsübertragung aber nicht.[9]

B hat mithin keinen Anspruch gegen D aus §§ 176 Abs. 1, 2, 128 S. 1 HGB i. V. mit § 488 Abs. 1 S. 2 BGB auf Rückzahlung des Darlehens in Höhe von 150.000 €.

II. Anspruch gegen D aus § 171 Abs. 1 Hs.1 HGB i. V. mit § 488 Abs. 1 S. 2 BGB

Ein Anspruch der B gegen D aus § 171 Abs. 1 HGB ist, da D die Einlageleistung durch X zugute kommt, gem. § 171 Abs. 1 Hs. 2 HGB ebenso ausgeschlossen wie bei Frage 1 (vgl. dort sub I 3).

III. Anspruch gegen X aus § 171 Abs. 1 Hs.1 HGB i. V. mit § 488 Abs. 1 S. 2 BGB

In Betracht kommt ein Anspruch der B gegen X aus § 171 Abs. 1 Hs. 1 HGB i. V. mit § 488 Abs. 1 S. 2 BGB. Problematisch ist, dass dieser Anspruch erst am 10.6. und damit nach dem Ausscheiden des X am 1.6. begründet wurde. Grundsätzlich haftet X nach § 171 Abs. 1 Hs.1 HGB nur für Verbindlichkeiten, die bis zu seinem Ausscheiden aus der Gesellschaft (also bis zur Anteilsübertragung am 1.6.) begründet worden sind.

Möglicherweise muss X sich aber nach § 15 Abs. 1 HGB so behandeln lassen, als ob er am 10.6. noch Gesellschafter gewesen wäre. Das Ausscheiden ist nach § 162 Abs. 1, 3 HGB eine (in Angelegenheiten des X) eintragungspflichtige Tatsache, die am 10.6. nicht eingetragen und der B auch nicht bekannt war.

Allerdings bestimmt § 162 Abs. 2 HGB, dass bei der Bekanntmachung der Eintragung der Gesellschaft keine Angaben zu den Kommanditisten zu machen sind; die Vorschriften des § 15 HGB sollen „insoweit" nicht anzuwenden sein. Ob durch diese Regelung eine Anwendung des § 15 HGB bei fehlender Eintragung des Ausscheidens des Kommanditisten ausgeschlossen wird, ist problematisch.

Einerseits könnte man § 162 Abs. 2 Hs. 2 HGB dahin verstehen, dass § 15 Abs. 1 HGB nur insoweit nicht anwendbar ist, als § 162 Abs. 2 Hs. 1 HGB vom Erfordernis der *Bekanntmachung* einer eintragungspflichtigen Tatsache befreit. § 162 Abs. 2 HGB würde dann nur ausdrücklich aussprechen, dass § 15 Abs. 1 HGB nicht schon allein deshalb eingreift, weil eine eingetragene Tatsache nicht bekannt gemacht wurde. Nach dieser Auslegung muss X sich § 15 Abs. 1 HGB entgegenhalten lassen, sodass er gegenüber B in Höhe seiner Haftsumme von 100.000 € haftet.

Freilich lässt sich der Vorschrift auch eine weiter gehende Bedeutung beimessen: Demnach ist § 15 Abs. 1 HGB im Hinblick auf den Kommanditisten (d. h. auch schon bei fehlender Eintragung) gar nicht anwendbar. In Betracht kommt allenfalls eine Haftung nach allgemeinen Rechtsscheingrundsätzen,[10] für die der Sachverhalt keine Anhaltspunkte bietet. Für diese Ansicht spricht entscheidend, dass § 162 Abs. 2 Hs. 2 HGB anderenfalls weitgehend bedeutungslos wäre.

[9] Vgl. MünchKomm-HGB/*K. Schmidt*, § 176 Rn. 19, 26.

[10] *K. Schmidt*, ZIP 2002, 413, 417 f.; *Wilhelm*, DB 2002, 1979; vgl. auch OLG Köln NZG 2004, 416, 418.

X trifft mithin, da die Forderung erst nach seinem Ausscheiden begründet wurde, keine Haftung.

Frage 3: Anspruch der U gegen Y auf Zahlung des erhöhten Entgelts
I. Anspruch aus § 171 Abs. 1 Hs. 1 HGB i. V. mit § 611 Abs. 1 BGB
U kann von Y die Zahlung des erhöhten Entgelts verlangen, wenn eine entsprechende Gesellschaftsverbindlichkeit besteht und Y hierfür haftet. Ein Anspruch der U gegen die Gesellschaft auf Zahlung des erhöhten Entgelts gegen die KG besteht.

Problematisch ist, ob die Forderung während der Mitgliedschaft des Y in der KG begründet wurde. Die Vereinbarung einer Gehaltserhöhung ist kein Neuabschluss des Vertrages. Vielmehr wurde das der Forderung zugrunde liegende Dauerschuldverhältnis (nämlich der Dienstvertrag zwischen der KG und U) bereits vor dem Ausscheiden des Y geschlossen. Die Grundlage für den späteren Anspruch auf das Entgelt wurde mithin bereits zu diesem Zeitpunkt gelegt.

Allerdings geht die Gehaltserhöhung auf eine Änderung des Dienstvertrages zurück, die erst nach dem Ausscheiden des Y vereinbart wurde. Forderungen aus einer solchen Vertragsänderung sind Neuverbindlichkeiten. Es fragt sich, ob ein ausgeschiedener Gesellschafter dafür haftet, wenn durch sie die bisherige Gesellschaftsschuld nach Inhalt oder Umfang erweitert wurde.[11]

Dagegen spricht entscheidend, dass der ausgeschiedene Gesellschafter hinsichtlich der Entstehung solcher Verbindlichkeiten keine Einwirkungsmöglichkeiten hat. Gegen seine Haftung neben den anderen Gesellschaftern lässt sich zudem eine entsprechende Anwendung von § 425 BGB anführen.

Auch hier geht es um eine nachträgliche Erweiterung des Umfanges der Gesellschaftsverbindlichkeit. Der Anspruch auf das erhöhte Entgelt wurde daher erst nach dem Ausscheiden des Y begründet.

U hat somit hinsichtlich der Gehaltserhöhung keinen Anspruch gegen Y aus § 171 Abs. 1 HGB. Wohl aber haftet Y ihr in den zeitlichen Grenzen des § 160 HGB für das Entgelt in der zum Zeitpunkt seines Ausscheidens bestehenden Höhe.

II. Anspruch aus § 613a Abs. 2 BGB
Ein Anspruch aus § 613a Abs. 2 BGB scheidet bereits deshalb aus, weil im Ausscheiden des Gesellschafters Y kein Betriebsinhaberwechsel zu sehen ist.[12] Hinzu kommt, dass die speziellere Regelung des § 160 HGB nicht umgangen werden darf. Für eine entsprechende Anwendung des § 613a Abs. 2 BGB fehlt es an einer auf den Gesellschafterwechsel übertragbaren Grundwertung und, angesichts des § 160 HGB, bereits an einer planwidrigen Regelungslücke.

[11] S. dazu MünchKomm-HGB/*K. Schmidt*, § 128 Rn. 52 f.

[12] Vgl. BAG NJW 1983, 2283; BGHZ 87, 286, 295 = NJW 1983, 2254, 2256.

4 Geburt der Eventimo-GmbH

4.1 Sachverhalt

A und B wollen in der Rechtsform einer GmbH eine größere Konzertagentur mit Vorverkaufsstelle betreiben. Unter der Firma Eventimo-GmbH mietet A mit Billigung des B am 2. Januar von V ein geeignetes Ladengeschäft zu einer monatlichen Miete von 5000 €. In den folgenden vier Wochen gibt B mit Zustimmung des A, gleichfalls unter der Firma Eventimo-GmbH, bei dem Tischler T wiederholt die Herstellung verschiedener Ladenmöbel zum Gesamtpreis von 200.000 € in Auftrag. Bei diesen Geschäften bezeichnen sich A und B jeweils als Geschäftsführer der GmbH.

Am 10. April schließen A und B einen notariell beurkundeten Vertrag über die Errichtung der Eventimo-GmbH. In diesem Vertrag werden A und B unter Befreiung von den Beschränkungen des § 181 BGB zu Geschäftsführern mit Einzelvertretungsbefugnis bestellt.

Die Gesellschaft wird am 9. Mai in das Handelsregister eingetragen. Sie setzt die bisher betriebenen Geschäfte in den vorhandenen Geschäftsräumen fort. Am 19. Mai erklärt A im Namen der Eventimo-GmbH gegenüber B und gegenüber sich selbst, dass die Eventimo-GmbH die von A und B geschlossenen Geschäfte genehmige.

1. Auf den Anspruch des T sind bisher 10.000 € gezahlt. T möchte wissen, ob er von A, B oder der GmbH die Zahlung des ausstehenden Betrages von 190.000 € verlangen kann.
2. Die Eventimo-GmbH zahlt die Miete an V jeweils pünktlich. V möchte wissen, ob er von der GmbH die Räumung des Ladengeschäfts verlangen kann.

C. Armbrüster, *Fallsammlung zum Gesellschaftsrecht*, Juristische ExamensKlausuren,
https://doi.org/10.1007/978-3-662-56192-8_4

4.2 Lösungshinweise

Frage 1: Ansprüche des T auf Zahlung des (Rest-)Kaufpreises
I. Anspruch des T gegen die Eventimo-GmbH aus dem Werklieferungsvertrag, vgl. §§ 433 Abs. 2, 651 S. 1 BGB

1. Werklieferungsvertrag zwischen T und der GmbH
Ein Anspruch auf Zahlung des restlichen Kaufpreises[1] (vgl. §§ 433 Abs. 2, 651 S. 1 BGB) besteht, wenn zwischen T und der Eventimo-GmbH (im Folgenden: GmbH) ein Werklieferungsvertrag wirksam zustande gekommen ist.

a) Parteien des Werklieferungsvertrages
B hat gegenüber T zum Ausdruck gebracht, für die GmbH zu handeln. Damit hat er den Rechtsträger des Unternehmens, für das er gehandelt hat, falsch bezeichnet. Da die GmbH zum Zeitpunkt des Vertragsschlusses noch nicht gegründet war, konnte sie nicht – jedenfalls nicht von Anfang an – Partei des Vertrages sein (vgl. § 11 Abs. 1 GmbHG).

In einem solchen Fall wird (jedenfalls auch) der wahre Rechtsträger aus dem unternehmensbezogenen Geschäft berechtigt und verpflichtet.[2] Dies ist die aus A und B bestehende Vorgründungsgesellschaft. Dabei kann an dieser Stelle offen bleiben, ob es sich dabei um eine OHG oder eine GbR handelt (s. dazu sub III).

Die GmbH ist allerdings auch dann Partei des Werklieferungsvertrages, wenn bereits bei Vertragsschluss konkludent vereinbart wurde, dass für den Fall der späteren Gründung und Eintragung der GmbH die dadurch entstehende Vor-GmbH bzw. die spätere GmbH Vertragspartner des T werden sollte. Ein solches Handeln im Namen einer noch nicht existierenden juristischen Person ist nicht von vornherein ausgeschlossen; vielmehr finden insoweit die §§ 177 ff. BGB entsprechende Anwendung.[3]

Für eine dahingehende Auslegung lässt sich anführen, dass B ausdrücklich im Namen einer GmbH gehandelt hat. Daraus könnte sich ergeben, dass er (auch) diese vertreten wollte. Zudem gibt es ein gewisses – für B erkennbares – Interesse des T daran, bei einer späteren Entstehung der GmbH (auch) diese zum Vertragspartner zu haben, weil er dadurch weiterhin (insbesondere nach einer etwaigen Veräußerung der Gesellschaftsanteile durch A und B) auf die Haftungsmasse des Unternehmens, mit dem er zunächst kontrahiert hatte, zugreifen kann.

Allerdings ist nicht anzunehmen, dass die GmbH an die Stelle der Vorgründungsgesellschaft treten (und letztere somit aus der vertraglichen Bindung entlassen werden) sollte. Aus der durch den Abschluss des Vertrages mit einer vermeintlichen GmbH dokumentierten Bereitschaft, sich mit einer GmbH als Vertragspartner

---

[1] Im Folgenden wird von „Kaufpreis" gesprochen, da § 651 S. 1 BGB für Werklieferungsverträge in vollem Umfang auf die §§ 433 ff. BGB verweist.

[2] Vgl. BGHZ 91, 148, 152 = NJW 1984, 2164; *K. Schmidt*, HandelsR, § 4 IV 1 b [S. 143 f.].

[3] Vgl. *K. Schmidt*, GmbHR 1998, 613, 615.

einzulassen, lässt sich nicht auf einen Willen des T schließen, durch den Vertragsschluss möglicherweise gewonnene weitere, unbeschränkt persönlich haftende Schuldner (nämlich die Gesellschafter der Vorgründungsgesellschaft) nachträglich wieder aus der Haftung zu entlassen.

In Betracht kommt daher allenfalls eine konkludente Abrede dahin, dass die spätere Vor-GmbH oder GmbH bei ihrer Entstehung neben der Vorgründungsgesellschaft in den Vertrag eintreten sollte. Indessen hätte dies für T die u. U. unerwünschte Konsequenz, dass er es mit mehreren Vertragspartnern zu tun hat. Ohne eine ausdrückliche Vereinbarung ist daher im Zweifel nicht anzunehmen, dass bereits vorab ein Vertragsbeitritt vereinbart werden sollte.

Mithin ist ein Vertrag zwischen der GmbH und T nicht zustande gekommen. Verpflichtet ist vielmehr die von A und B errichtete Vorgründungsgesellschaft, deren Geschäftszweck die Errichtung einer GmbH bei gleichzeitigem Betrieb einer Konzertagentur mit Vorverkaufsstelle ist.

b) Ergebnis

Eine vertragliche Verpflichtung der GmbH gegenüber T bestand ursprünglich nicht.

2. Übergang der Verbindlichkeiten

Die Verbindlichkeit der Vorgründungsgesellschaft aus dem Werklieferungsvertrag kann aber auf die GmbH übergegangen sein.

a) Automatischer Übergang auf Vorgesellschaft und GmbH

In Betracht kommt zunächst, dass die Verbindlichkeiten der Vorgründungsgesellschaft automatisch (eo ipso) auf die mit Abschluss des notariell beurkundeten Gesellschaftsvertrages vom 10. April entstandene Vor-GmbH und von dieser mit Eintragung auf die GmbH übergegangen sind. Zwischen der Vor-GmbH und der späteren GmbH besteht zwar Haftungskontinuität; die Verbindlichkeiten der Vor-GmbH treffen ohne weiteres auch die GmbH. Für das Verhältnis zwischen Vorgründungsgesellschaft und (Vor-)GmbH gilt das indessen nicht.

Die Vorgründungsgesellschaft ist weder Vorläufer der künftigen GmbH noch der Vor-GmbH. Sie geht deshalb bei Entstehung der Vor-GmbH nicht in diese über.[4] Verbindlichkeiten der Vorgründungsgesellschaft müssen daher durch besonderes Rechtsgeschäft übertragen werden. Dem steht auch nicht entgegen, dass eine etwaige persönliche Haftung der Gesellschafter (analog) § 128 S. 1 HGB aus der Vorgründungsphase bestehen bleibt. Die Gesellschafter haben es in der Hand, im Einvernehmen mit dem Vertragsgegner ausdrücklich (nur) im Namen der künftigen GmbH zu kontrahieren und damit „haftungsrechtlich für Klarheit“[5] zu sorgen. Der Fortbestand ihrer persönlichen Haftung ist ihnen daher zumutbar.

---

[4] BGH NJW-RR 2001, 1042, 1043; vgl. auch BGHZ 91, 148, 151 = NJW 1984, 2164.

[5] *K. Schmidt*, GesR, § 34 III 2 c [S. 1015].

Hinweis:
Es ist scharf zwischen der Vorgründungsgesellschaft als eigenständiger Gesellschaft und der Vor-GmbH als werdender juristischer Person zu unterscheiden. Die Verpflichtung der Vorgründungsgesellschaft ist daher nicht automatisch auf die GmbH übergegangen (Grundsatz der Diskontinuität).

b) Schuldübernahme durch die GmbH

Eine Schuld- oder Vertragsübernahme erfolgt nicht durch einseitige Erklärung des neuen Schuldners bzw. Vertragspartners, sondern setzt einen Vertrag voraus (vgl. §§ 414, 415 BGB). Die Verbindlichkeit der Vorgründungsgesellschaft ist daher nicht schon durch die von A für die GmbH erklärte einseitige „Genehmigung" auf die GmbH übergegangen.

Allerdings kann die „Genehmigung" durch A nach §§ 133, 157 BGB als Angebot der GmbH zum Abschluss eines Schuld- oder Vertragsübernahmevertrages zwischen der GmbH und der Vorgründungsgesellschaft auszulegen sein, das A konkludent im Namen der Vorgründungsgesellschaft angenommen hat.

Hinweis:
Der richtige Partner des Schuld- oder Vertragsübernahmevertrages ist die Vorgründungsgesellschaft (und nicht A oder B). Das gilt auch dann, wenn man davon ausgeht, dass diese Gesellschaft mit der Entstehung der GmbH ihren Zweck erreicht hat und deshalb aufgelöst ist. Da die bloße Zweckerreichung bei der OHG kein gesetzlicher Auflösungsgrund ist (vgl. § 131 HGB), müsste man dafür – wenn man die Gesellschaft zutreffend als OHG einordnet (s. dazu sub III) davon ausgehen, dass die Gesellschaft von vornherein nur für die Zeit bis zum Abschluss des GmbH-Vertrages eingegangen war (§ 131 Abs. 1 Nr. 1 HGB) oder dass die Gesellschafter ihre Absicht, Handelsgeschäfte mithilfe der OHG zu führen, ganz aufgegeben haben, die OHG sich deshalb mit Gründung der GmbH in eine GbR verwandelt und als solche nach § 726 BGB aufgelöst ist.[6] Allerdings könnte man aus dem Umstand, dass der Mietvertrag mit V nicht gekündigt wurde, auf eine Fortsetzung der Gesellschaft (deren Zweck es zumindest wäre, der GmbH mithilfe des Mietvertrages die Mietsache zu verschaffen, s. dazu unten Frage 2) schließen. Wegen der fortbestehenden Verbindlichkeiten der Gesellschaft aus dem Werklieferungs- und dem Mietvertrag ist aber jedenfalls noch keine Vollbeendigung eingetreten (dazu kann es allenfalls bei einer reinen Vorgründungs-Innengesellschaft kommen).

[6] Vgl. Baumbach/Hopt/*Roth*, HGB, § 131 Rn. 10.

Indes hängt die Wirksamkeit einer Schuld- oder Vertragsübernahme von der Zustimmung des Gläubigers T ab. T hat nicht vorab in die Übernahme eingewilligt. Insbesondere ist seine Zustimmung zum Vertragsschluss aus den o. g. Gründen (vgl. 1 a) kein Einverständnis mit einer Entlassung der Vorgründungsgesellschaft aus der Verbindlichkeit zu entnehmen. Auch für eine – im Übrigen erst nach einer Mitteilung i. S. des § 415 Abs. 1 S. 2 BGB mögliche – Genehmigung durch T fehlen Anhaltspunkte. Die Verbindlichkeit ist daher auch nicht durch eine Schuld- oder Vertragsübernahme auf die GmbH übergegangen.

Hinweis:
Es kann daher dahinstehen, ob der Übernahmevertrag außerdem noch nach § 177 Abs. 1 BGB (schwebend) unwirksam ist, weil A möglicherweise nicht die nötige Vertretungsmacht für die Gesellschaft hatte. Dass er als Vertreter beider Vertragsparteien auftritt, ist zwar unschädlich, da er von den Beschränkungen des § 181 BGB befreit ist. Zweifel an seiner Vertretungsmacht könnten sich aber aus der möglichen Auflösung der Gesellschaft (s. dazu den vorhergehenden Hinweis) ergeben, da diese zu einer Gesamtvertretungsmacht aller Gesellschafter führen würde (vgl. §§ 146 Abs. 1 S. 1 HGB, 709, 714, 730 Abs. 2 S. 2 BGB).

3. Schuldbeitritt der GmbH

Die „Genehmigung" durch A ist möglicherweise als Angebot der GmbH an die Vorgründungsgesellschaft auszulegen, der Schuld beizutreten. Der rechtsgeschäftliche Schuldbeitritt ist im BGB nicht geregelt. Seine Zulässigkeit ergibt sich aus § 311 Abs. 1 BGB. Auch bedarf es zu seiner Wirksamkeit keiner Zustimmung des Gläubigers, weil sich dessen Rechtsstellung ausschließlich verbessert.[7] Fraglich ist jedoch, ob die „Genehmigung" durch A als ein Angebot auf Abschluss eines solchen Schuldbeitritts auszulegen ist.

Dagegen spricht, dass A und B daran gelegen war, sich jeglicher Haftung zu entledigen und nicht nur eine zusätzliche Haftung der GmbH zu statuieren. Eine zusätzliche Haftung der GmbH würde A und B allenfalls den Vorteil bringen, dass sie nach einer eigenen Inanspruchnahme bei der GmbH Regress nehmen könnten; angesichts der für sie in den Grenzen des § 30 GmbHG ohnehin bestehenden Entnahmemöglichkeit ist dieser Vorteil indes nur als gering zu veranschlagen.

4. Ergebnis
Es bestehen keine Ansprüche des T gegen die GmbH.

II. Anspruch des T gegen B gem. § 11 Abs. 2 GmbHG
Ein Anspruch des T gegen B aus Handelndenhaftung (§ 11 Abs. 2 GmbHG) setzt voraus, dass diese Norm anwendbar ist. Dagegen spricht, dass § 11 Abs. 2 GmbHG

[7] Palandt/*Grüneberg*, BGB, Überbl. v. § 414 Rn. 2.

der Gläubigersicherung dienen soll; für diese besteht aber kein Bedürfnis, wenn – wie hier – eine persönliche Haftung der Vertragspartner begründet ist (s. dazu sub III). Die Haftung richtet sich mithin nach dem Recht der Vorgründungsgesellschaft, nicht nach dem der noch nicht existenten Vor-GmbH.[8] Dies gilt auch dann, wenn die künftige GmbH bereits „im Keim“ vorhanden ist oder schon „greifbare Ansätze“ zur GmbH-Gründung vorliegen.[9] B haftet daher nicht nach § 11 Abs. 2 GmbHG.

III. Anspruch des T gegen A und B aus dem Werklieferungsvertrag, vgl. §§ 433 Abs. 2, 651 S. 1 BGB i. V. mit § 128 S. 1 HGB

1. Vorgründungsgesellschaft als OHG i. S. von § 105 HGB

Zwar ist die Vorgründungsgesellschaft oft eine reine Innengesellschaft, die allein auf die Errichtung der GmbH durch Abschluss des notariell beurkundeten Gesellschaftsvertrages gerichtet ist und, wenn dies erreicht ist, infolge Zweckerreichung nach § 726 BGB aufgelöst ist. Hier hat jedoch die Vorgründungsgesellschaft die spätere Tätigkeit der GmbH vorbereitet; sie betrieb – wie sich dem Sachverhalt entnehmen lässt – bereits vor der Eintragung Geschäfte und war mithin bereits Unternehmensträgerin.[10]

Da nach Art und Umfang des Gewerbes, insbesondere angesichts der nicht unerheblichen Höhe der bereits eingegangenen Verbindlichkeiten, auf einen in kaufmännischer Weise eingerichteten Geschäftsbetrieb geschlossen werden kann (zudem ist nach § 1 Abs. 2 HGB im Zweifel zu vermuten, dass ein solcher Geschäftsbetrieb erforderlich ist), handelte es sich – jedenfalls bis zur Gründung der GmbH (s. den Hinweis sub I 2 b; danach bestand möglicherweise nur noch eine GbR) – um eine OHG (vgl. § 105 Abs. 1 i. V. mit § 1 HGB).

Hinweis:
Wer eine GbR annimmt, muss die nachfolgende (Haftungs-) Prüfung auf § 128 S. 1 HGB analog stützen.[11]

2. A und B als Gesellschafter der OHG

Unabhängig von der Frage, ob die Vorgründungsgesellschaft bei Errichtung der GmbH wegen Zweckerreichung oder aufgrund eines konkludenten Gesellschafterbeschlusses aufgelöst sein soll (s. den Hinweis sub I 2 b), waren A und B im Zeitpunkt der Begründung der Verbindlichkeit Gesellschafter der OHG.

[8] BGHZ 91, 148, 150 f. = NJW 1984, 2164; NJW-RR 2001, 1042 f.

[9] Abw. noch RGZ 122, 172, 174; BGH NJW 1982, 932.

[10] Zu diesem Problemkreis instruktiv, diesbezüglich jedoch a. A. *K. Schmidt*, GesR, § 34 III 2 b [S. 1012 ff.].

[11] Vgl. ferner zur Abgrenzung von GbR und OHG im Vorgründungsstadium BGH NZG 2004, 663 ff. = ZIP 2004, 1208.

3. Verbindlichkeit der OHG

Ein Werklieferungsvertrag ist zwischen der OHG und T wirksam zustande gekommen; insbesondere hatte B Einzelvertretungsmacht nach § 125 Abs. 1 HGB. Hieraus schuldet die OHG noch die Begleichung der Restforderung i. H. von 190.000 €.

> **Hinweis:**
> Hält man die Vorgründungsgesellschaft für eine GbR, so gelangt man aufgrund der Zustimmung des A trotz der §§ 709, 714 BGB zum selben Ergebnis. Ohne Zustimmung läge hingegen Gesamtvertretung vor.[12]

4. Erlöschen der Verbindlichkeit mit Eintragung der GmbH in das Handelsregister

Wie bereits dargelegt, gehen die Verbindlichkeiten der Vorgründungsgesellschaft nicht ohne weiteres auf die Vor-GmbH und damit auch nicht bei Eintragung auf die GmbH über.

> **Hinweis:**
> Auch eine etwaige Auflösung der OHG (s. Hinweis sub I 2 b) steht einer persönlichen Haftung nicht entgegen. Mangels Eintragung der Auflösung hat nämlich die Frist des § 159 HGB noch nicht zu laufen begonnen.

5. Ergebnis

A und B haften persönlich für die Verbindlichkeit der OHG i. H. von 190.000 €.

Frage 2: Anspruch des V gegen die GmbH auf Herausgabe des Ladengeschäfts

I. Anspruch aus § 546 Abs. 1 BGB

Ein Anspruch des V auf Herausgabe des Ladengeschäfts aus einem Mietvertrag mit der GmbH scheitert jedenfalls daran, dass der Mietvertrag wie schon der Werklieferungsvertrag aus den oben (Frage 1 sub I 1) geschilderten Gründen nicht mit der späteren GmbH, sondern mit der OHG zustande gekommen ist.

II. Anspruch aus §§ 861 Abs. 1, 868, 869 BGB

Da ein Mietvertrag mit der OHG bestand, hatte V nach der Überlassung der Räume an die OHG noch mittelbaren Besitz. Dieser mittelbare Besitz wurde V möglicherweise dadurch entzogen, dass die OHG der Vor-GmbH die Räume überlassen hat. Jene Entziehung erfolgte aber mit dem Willen der OHG als des unmittelbaren Besitzers und damit nicht durch verbotene Eigenmacht i. S. der §§ 858 Abs. 1, 869 BGB.

V hat daher keinen Anspruch auf Herausgabe des Ladengeschäfts aus §§ 861 Abs. 1, 868, 869 BGB.

---

[12] OLG Hamm NZG 2006, 754, 756.

III. Anspruch aus § 985 BGB
Ein Anspruch des V gegen die GmbH auf Herausgabe des Ladengeschäfts an sich selbst (oder an die Vorgründungsgesellschaft) kann sich aus § 985 BGB ergeben.

1. Besitz der GmbH
Die GmbH übt über ihre Organe die tatsächliche Sachherrschaft über die Ladenräume aus.

2. Eigentum des V
V ist Eigentümer des Mietobjektes.

3. Recht zum Besitz
Problematisch ist allerdings, ob die GmbH ein Recht zum Besitz hat.

a) Recht zum Besitz aus einem Mietvertrag zwischen V und der GmbH
Da der Mietvertrag nur mit der Vorgründungsgesellschaft zustande gekommen ist und die Stellung als Vertragspartei von dieser nicht auf die Vor-GmbH und die GmbH übergegangen ist, kann die GmbH ein Recht zum Besitz gegenüber V nicht unmittelbar aus dem Mietvertrag ableiten.

b) Von der Vorgründungsgesellschaft abgeleitetes Recht zum Besitz
Ein Recht zum Besitz unmittelbar aus dem Mietvertrag steht damit (und zwar auch im Falle ihrer Auflösung, vgl. den Hinweis zu Frage 1 sub I 2 b) allein der Vorgründungsgesellschaft zu. Die Überlassung der Räume an die GmbH könnte sich aber als eine dem Vertragszweck entsprechende Form der Gebrauchsüberlassung darstellen und der GmbH somit ein aus dem Mietvertrag der OHG abgeleitetes Besitzrecht (§ 986 Abs. 1 S. 1 Fall 2 BGB) vermitteln.

Dafür spricht, dass die Vermietung der Gewerberäume an die OHG zum Zweck des Betriebes einer Konzertagentur erfolgte. Auf jeden Fall durch den Mietvertrag gedeckt war daher eine Gebrauchsüberlassung an die Mitglieder und Angestellten der OHG. Allein dadurch, dass die Gesellschafter für die haftungsprivilegierte Fortsetzung des Geschäftsbetriebs eine juristische Person gegründet haben, kann sich hieran nichts ändern.[13]

Die maßgeblichen Entscheidungen über den Gebrauch der Mietsache liegen unverändert bei A und B, denen V das Ladengeschäft überlassen wollte. Damit dient der Gebrauch der Mietsache wirtschaftlich weiterhin den Personen, denen er vertragsgemäß zustehen soll. Will der Vermieter Ansprüche gegen seinen Mieter geltend machen, haftet ihm – teils unmittelbar, teils mittelbar durch die Zugriffsmöglichkeit auf die Anteile der juristischen Person – dieselbe Vermögensmasse wie zur Zeit des Abschlusses des Mietvertrages. Insoweit gibt es daher auch kein Bedürfnis für die Gewährung eines Kündigungsrechtes wegen der Gebrauchsüberlassung an die GmbH, vielmehr handelt es sich um eine zulässige Gebrauchsüberlassung.

---

[13] Vgl. die dem Sachverhalt zugrunde liegende Entscheidung BGH NJW 1955, 1066.

Hinweis:
Wenn man kein abgeleitetes Recht der GmbH zum Besitz annimmt, kann V nicht die Herausgabe der Mietsache an sich selbst, sondern lediglich an die Vorgründungsgesellschaft verlangen (§ 986 Abs. 1 Satz 2 Fall 1 BGB).

Der GmbH steht damit ein abgeleitetes Recht zum Besitz (§ 986 Abs. 1 S. 1 Fall 2 BGB) zu.

4. Ergebnis
V hat keinen Anspruch auf Herausgabe des Ladengeschäfts.

Gesamtergebnis
A und B haften gegenüber T gesamtschuldnerisch auf Zahlung des ausstehenden Betrags von 190.000 €. Die GmbH haftet hierfür nicht.

V hat keinen Anspruch gegen die GmbH auf Herausgabe des Ladengeschäfts.

5 Windige Einlagegeschäfte

5.1 Sachverhalt

Ausgangsfall

A, B und C wollen die X-Bauträger-GmbH mit einem Stammkapital von 300.000 € gründen. Der Gesellschaftsvertrag wird notariell beurkundet. Die Gesellschafter erfüllen ihre Bareinlageversprechen von jeweils 100.000 €. Zwei Monate später erwirbt die GmbH – wie vor der Gründung abgesprochen – einen Spezialkran mit einem Verkehrswert in Höhe von 100.000 zum Preis von 120.000 €. Die Transaktion wird ordnungsgemäß abgewickelt.

Noch vor Eintragung der GmbH im Handelsregister verlangt B namens der X-GmbH von A, seine Einlage i. H. von 100.000 € erneut zu erbringen.

Zu Recht?

1. Variante

Ändert sich die Rechtslage, wenn die GmbH nach Übereignung des Krans ordnungsgemäß in das Handelsregister eingetragen wurde?

2. Variante

A hat – wie im Vorhinein unter den Gesellschaftern abgesprochen – nicht wie im Ausgangsfall einen Kran an die GmbH veräußert, sondern sich im Rahmen eines Dienstvertrages verpflichtet, umfangreiche Werbeleistungen zu erbringen und den Internetauftritt der GmbH zu erstellen.

Für entsprechende von ihm erbrachte Dienstleistungen rechnet A gegenüber der GmbH noch vor deren Eintragung den marktüblichen Betrag von 100.000 € ab, den diese auch begleicht. Die Einlagen wurden bereits voll geleistet.

Hat die GmbH einen Anspruch gegen A, seine Einlage erneut zu erbringen?

C. Armbrüster, *Fallsammlung zum Gesellschaftsrecht*, Juristische ExamensKlausuren,
https://doi.org/10.1007/978-3-662-56192-8_5

5.2 Lösungshinweise

Ausgangsfall: Einlageanspruch vor Eintragung
Anspruch der GmbH gegen A auf Leistung der Einlage i. H. von 100.000 € aus dem Einlageversprechen im Gesellschaftsvertrag i. V. m. § 19 Abs. 1 GmbHG
Der GmbH kann gegen A ein Anspruch auf Leistung der versprochenen Einlage aus dem Gesellschaftsvertrag zustehen.

1. Anspruch entstanden
Mit Abschluss des Gesellschaftsvertrages ist der Anspruch der GmbH auf Einlageleistung entstanden.

2. Anspruch erloschen (§ 362 BGB)
Der Anspruch kann gem. § 362 BGB dadurch erloschen sein, dass A seine Einlage erbracht hat (§§ 7 Abs. 2, 8 Abs. 2 GmbHG).

Etwas anderes kann sich freilich daraus ergeben, dass im Voraus unter den Gesellschaftern besprochen wurde, dass A nach Leistung seiner Einlage in Höhe von 100.000 € der Gesellschaft einen Kran von eben diesem Wert zum Preis von 120.000 € verkauft.

Eine Geldeinlage eines Gesellschafters, die bei wirtschaftlicher Betrachtung und aufgrund einer im Zusammenhang mit der Übernahme der Geldeinlage getroffenen Abrede vollständig oder teilweise als Sacheinlage zu bewerten ist (*verdeckte Sacheinlage*), befreit diesen nicht von der Einlagepflicht (§ 19 Abs. 4 S. 1 GmbHG).

Mit dieser Klammerdefinition wollte der Gesetzgeber die vom BGH herausgearbeiteten Voraussetzungen der verdeckten Sacheinlage in das GmbHG aufnehmen.[1] Allerdings entspricht die Definition des § 19 Abs. 4 S. 1 GmbHG der benannten Rechtsprechung nicht exakt.[2] Nach dem BGH lag eine verdeckte Sacheinlage dann vor, wenn „die gesetzlichen Regeln für Sacheinlagen dadurch unterlaufen werden, dass zwar eine Bareinlage vereinbart wird, die Gesellschaft aber bei wirtschaftlicher Betrachtung von dem Einleger aufgrund einer im Zusammenhang mit der Übernahme der Einlage getroffenen Absprache einen Sachwert erhalten soll".[3]

Da der Gesetzgeber jedoch lediglich die Rechtsfolgen einer verdeckten Sacheinlage modifizieren, nicht aber deren Tatbestandsvoraussetzungen abweichend definieren wollte, bleibt es beim genannten Verständnis des BGH.

Wann ein solcher wirtschaftlicher Zusammenhang angenommen wird, durch den die Vorschrift des § 5 Abs. 4 GmbHG (Sachgründungsbericht) umgangen wird und in deren Folge der Regelungszweck – das Gebot der realen Kapitalaufbringung – leer läuft, war bereits nach alter und ist trotz der gesetzlichen Regelung auch nach

[1] Vgl. Regierungsbegr., BT-Drucks. 16/6140, S. 40 (zu Nr. 17 lit. b und c).
[2] *Pentz*, in: FS K. Schmidt, 2009, S. 1265, 1273.
[3] St. Rspr.; BGH NZG 2008, 311 f.; NJW 2009, 2375.

neuer Rechtslage nicht abschließend geklärt. Dies beruht darauf, dass es Gesellschaftern nicht generell untersagt ist, entgeltliche Leistungen an die eigene Gesellschaft zu erbringen.

a) Zeitlicher und sachlicher Zusammenhang
In zeitlicher Hinsicht wird auf die Nähe zwischen der Erfüllung der ursprünglichen Bareinlageverpflichtung und der Rückzahlung abgestellt (bis ca. 6 Monate; es gibt aber keine starren Grenzen). Ein sachlicher Zusammenhang ist anzunehmen, wenn die Hin- und Herzahlung in der Vorstellung der Gesellschafter ein einheitliches Geschäft darstellt.

Hier hatten die Gesellschafter das Umsatzgeschäft bereits im Vorfeld abgesprochen; der Leistungsaustausch erfolgte nur zwei Monate nach Einzahlung der Stammeinlage. Insoweit besteht ein enger zeitlicher und sachlicher Zusammenhang.

b) Subjektives Erfordernis
Auf zusätzliche subjektive Anforderungen, wie eine Umgehungsabsicht, sollte es vor Inkrafttreten des MoMiG nach allgemeiner Meinung nicht ankommen. Zur Begründung wurde vor allem auf Beweisschwierigkeiten verwiesen.[4] Zudem wurde damit argumentiert, dass ein effektiver Gläubigerschutz nicht von subjektiven Erfordernissen abhängen könne.

Teilweise wurde freilich eine Abrede zwischen den Gesellschaftern gefordert, die auf den wirtschaftlichen Erfolg einer Sacheinlage gerichtet ist.[5] Der zeitliche und sachliche Zusammenhang zwischen Bareinlage und Gegengeschäft sollte dabei freilich eine tatsächliche Vermutung hinsichtlich einer solchen Abrede begründen.[6]

Nach einer anderen Auffassung, die sowohl der Rechtssicherheit und der Effektivität des Umgehungstatbestandes als auch den Beweisschwierigkeiten am ehesten gerecht wird, genügt in subjektiver Hinsicht bereits eine erkennbare Bereitschaft zur Verschleierung einer Sacheinlage ohne entsprechende Vereinbarung, wenn mit ihrer Verwirklichung den Umständen nach zu rechnen war.

Somit ist dem subjektiven Erfordernis hier nach allen Ansichten Genüge getan.

c) Anrechnung des Vermögensgegenstandes
Nach § 19 Abs. 4 S. 3 GmbHG ist auf die fortbestehende Bareinlagepflicht der Wert des Vermögensgegenstandes, auf den sich die Sacheinlage bezieht, anzurechnen. Indessen sieht § 19 Abs. 4 S. 4 GmbHG vor, dass die Anrechnung nicht vor Eintragung der GmbH ins Handelsregister erfolgt. Eine solche Eintragung hat hier im Ausgangsfall nicht stattgefunden. Mithin besteht die Bareinlagepflicht ungemindert in Höhe von 100.000 € fort.

---

[4] Hachenburg/Ulmer/*Ulmer*, GmbHG, § 5 Rn. 146.

[5] OLG Hamm DB 1992, 2131; zumindest für den Fall, dass es an einem engen zeitlichen Zusammenhang fehlt, auch BGHZ 132, 133, 139.

[6] BGHZ 125, 141, 143 f. = NJW 1994, 1477; BGHZ 132, 133, 139 = NJW 1996, 1286.

Hinweis:
Zur Berechnung des Anrechnungsbetrages bei der hier vorliegenden sog. verdeckten gemischten Sacheinlage s. unten bei Variante 1.

d) Zwischenergebnis

Folglich ist der Anspruch der GmbH auf Leistung der Einlage i. H. von 100.000 € nicht erloschen; er besteht fort.

3. Erlöschen des Anspruchs nach § 389 BGB

In Betracht kommt, dass A den Anspruch durch Aufrechnung gem. §§ 387, 389 BGB zum Erlöschen bringen kann. Dem A steht nach § 812 Abs. 1 S. 2 Fall 2 BGB ein Anspruch auf Rückzahlung der geleisteten Bareinlage i. H. von 100.000 € zu, weil die Bareinlage keine Befreiungswirkung zur Folge hatte.[7] Fraglich ist allerdings, ob er mit dieser Forderung gegen die Einlageforderung der GmbH aufrechnen kann.

a) Aufrechnungslage

Es stehen einander zwei gleichartige Ansprüche gegenüber und der Rückzahlungsanspruch des A ist fällig, so dass eine Aufrechnungslage i. S. von § 387 BGB besteht.

b) Aufrechnungsverbot

Der Aufrechnung steht allerdings das Verbot des § 19 Abs. 2 S. 2 GmbHG entgegen. Danach kann der Gesellschafter grundsätzlich nicht gegen den Einlageanspruch der Gesellschaft aufrechnen. Dies gilt auch für den Bereicherungsanspruch des Gesellschafters bei (fehlgeschlagener) verdeckter Sacheinlage.[8]

c) Zwischenergebnis

Eine Aufrechnung befreit den A nicht von seiner Einlageschuld.

4. Geltendmachung des Einlageanspruchs

Zur Geltendmachung des Anspruchs auf die Einlage bedarf es eines Beschlusses der Gesellschafterversammlung (§ 46 Nr. 2 GmbHG). Bei der Fassung dieses Beschlusses unterliegt A, da es sich um die Entscheidung über die Geltendmachung eines Anspruches gegen ihn handelt, gem. § 47 Abs. 4 S. 2 GmbHG einem Stimmverbot.[9] Erforderlich ist mithin ein Beschluss von B und C, dessen Fassung hier zu unterstellen ist.

5. Ergebnis

A bleibt zur Zahlung verpflichtet.

---

[7] Vgl. dazu *Priester*, ZIP 1996, 1025, 1028 f.; *K. Schmidt*, GesR § 37 II 4 b (S. 1124); *Pentz*, in: FS K. Schmidt, 2009, S. 1265, S. 1276.

[8] BGH NJW 1998, 1951, 1953.

[9] Vgl. Baumbach/Hueck/*Zöllner/Noack*, GmbHG § 47 Rn. 93.

1. Variante: Einlageanspruch nach Eintragung
Anspruch der GmbH gegen A auf Leistung der Einlage i. H. von 100.000 € aus dem Einlageversprechen im Gesellschaftsvertrag i. V. m. § 19 Abs. 1 GmbHG
Fraglich ist, ob der Gesellschaft auch nach Eintragung ein Anspruch auf Leistung der versprochenen Einlage aus dem Gesellschaftsvertrag zusteht.

Hinweis:
Nach der bis zur Novellierung von § 19 Abs. 4 GmbHG durch das MoMiG geltenden, durch die Rechtsprechung des BGH geprägten Rechtslage bestand der Anspruch auf Leistung der Bareinlage auch nach der Registereintragung der GmbH ungekürzt fort.

1. Anspruch entstanden

Wie dargelegt ist der Anspruch mit Abschluss des Gesellschaftsvertrages entstanden.

2. Anspruch erloschen (§ 362 BGB)
In Betracht kommt wiederum, dass der Anspruch durch die Zahlung in Höhe von 100.000 € gem. § 362 BGB erloschen ist (§§ 7 Abs. 2, 8 Abs. 2 GmbHG).

a) Verdeckte Sacheinlage
Für den Zeitpunkt nach Eintragung der Gesellschaft sieht § 19 Abs. 4 S. 3 i. V. m. S. 4 GmbHG eine Anrechnung des im Wege der verdeckten Sacheinlage an die GmbH geflossenen Wertes vor (sog. Anrechnungslösung). Nach dem Wortlaut jener Regelung ist der Wert des Krans von 100.000 € auf die in gleicher Höhe bestehende Einlageschuld anzurechnen.

b) Verdeckte gemischte Sacheinlage
Etwas anderes kann freilich daraus folgen, dass der Wert des Krans zwar der Einlageforderung entspricht, nicht aber des durch die GmbH im Rahmen des Verkehrsgeschäftes gezahlten Preises von 120.000 €.

Dabei handelt es sich um den Fall einer sog. verdeckten gemischten Sacheinlage. Eine solche liegt dann vor, wenn der Gesellschafter im Fall einer deklarierten Bareinlage aufgrund einer vorangegangenen Vereinbarung einen Vermögensgegenstand an die Gesellschaft veräußert und die von der GmbH gezahlte Gegenleistung den Nennbetrag des vom Erwerber übernommenen Geschäftsanteils übersteigt.[10] Der Einleger darf jedoch von der Einlageverpflichtung nur dann befreit werden, wenn der Wert des verdeckt eingelegten Vermögensgegenstandes nicht nur die Einlageverbindlichkeit, sondern den Gesamtbetrag der von der Gesellschaft gezahlten Vergütung erreicht oder übersteigt.[11] Anderenfalls stünde derjenige, der eine verdeckte gemischte Sacheinlage leistet, besser als derjenige, der die Transaktion gegenüber dem Registergericht offenlegt.

[10] Goette/Habersack/*Winter*, Das MoMiG in Wissenschaft und Praxis, Kap. 2 Rn. 2.34 (S. 68).

[11] Goette/Habersack/*Winter*, Das MoMiG in Wissenschaft und Praxis, Kap. 2 Rn. 2.36 (S. 68).

Daher muss § 19 Abs. 4 GmbHG dahingehend ausgelegt werden, dass der Wert des verdeckt eingelegten Vermögensgegenstandes mindestens dem Betrag entsprechen muss, der aufgrund des Verkehrsgeschäftes aus der Gesellschaft abgeflossen ist. Verbleibt eine Differenz, so besteht die Bareinlagepflicht in dieser Höhe fort.[12]

Daher ist entgegen dem Wortlaut des § 19 Abs. 4 GmbHG nicht der gesamte Wert des Krans in Höhe von 100.000 € anzurechnen, sondern lediglich der Wert abzüglich der Differenz zwischen Kaufpreis und Wert.

c) Zwischenergebnis
Es ergibt sich eine Differenz von 20.000 €, die vom Wert in Höhe von 100.000 € abgezogen werden muss. Mithin ist die Einlageforderung lediglich in Höhe von 80.000 € erloschen.

3. Ergebnis
Die Gesellschaft hat nach der Eintragung der Gesellschaft noch einen Einlageanspruch in Höhe von 20.000 € gegen A.

2. Variante: Der Dienstleistungsvertrag
Anspruch der GmbH gegen A auf Leistung der Einlage i. H. von 100.000 € aus dem Einlageversprechen im Gesellschaftsvertrag i. V. m. § 19 Abs. 1 GmbHG
Der Gesellschaft kann gegen A ein Anspruch auf Leistung der versprochenen Einlage aus dem Gesellschaftsvertrag zustehen.

1. Anspruch entstanden
Der Anspruch ist wirksam zustande gekommen.

2. Anspruch erloschen, § 362 BGB
a) Verdeckte Sacheinlage, § 19 Abs. 4 GmbHG
Fraglich ist wiederum, ob der Einlageleistung des A Erfüllungswirkung beizumessen ist oder ob es aufgrund des Vorliegens einer verdeckten Sacheinlage und der fehlenden Eintragung der GmbH nicht zur Tilgung der Einlageschuld kommt.

Als verdeckte Sacheinlage kommt hier die Erbringung der Werbe- und Internetleistungen aus dem Dienstvertrag zwischen A und der Gesellschaft in Betracht. Zum einen besteht ein enger zeitlicher und sachlicher Zusammenhang zwischen der Erfüllung der ursprünglichen Bareinlageverpflichtung und der Rückzahlung. Zum anderen liegt unstreitig auch eine diesbezügliche Absprache vor, so dass ein etwaiges subjektives Erfordernis erfüllt wäre.

Fraglich ist jedoch, ob die Dienstleistung des A Gegenstand einer verdeckten Sacheinlage sein kann. Dies können nach dem BGH nur sacheinlagefähige Leistungen sein.[13] Im vorliegenden Fall handelt es sich jedoch bei den nach dem Vertrag zu erbringenden Leistungen nicht um Sach-, sondern um Dienstleistungen.

---

[12] Goette/Habersack/*Winter*, Das MoMiG in Wissenschaft und Praxis, Kap. 2 Rn. 2.37 (S. 69).

Gem. § 27 Abs. 2 AktG können Verpflichtungen zu Dienstleistungen nicht Gegenstand von Sacheinlagen oder Sachübernahmen sein, was nach überwiegender Meinung im GmbH-Recht entsprechend gilt.[14] Der Grund dafür liegt darin, dass die Durchsetzung von Dienstleistungsverpflichtungen auf Schwierigkeiten stößt (vgl. §§ 887, 888 Abs. 3 ZPO) und sie deshalb als Einlagen nicht geeignet sind. Daher hätte A den im wirtschaftlichen Ergebnis erstrebten Erfolg einer Sacheinlage nicht rechtmäßig unter Beachtung der dafür geltenden Vorschriften erreichen können. Das ist aber bei Dienstleistungen nicht der Fall. Die Rechtsordnung kann die dem Bareinlageschuldner nachteiligen Folgen des Rechts der verdeckten Sacheinlage nicht an die Nichteinhaltung eines Verfahrens knüpfen, das sie selbst für den betreffenden Vorgang nicht bereitstellt.

Mithin liegt keine verdeckte Sacheinlage im Sinne des § 19 Abs. 4 GmbHG vor, so dass die Bareinlage des A seine Einlageschuld in voller Höhe tilgt.

b) Hin- und Herzahlen, § 19 Abs. 5 GmbHG

In Betracht kommt, dass der Erfüllungswirkung die Vorschrift des § 19 Abs. 5 GmbHG entgegensteht, da die Dienstleistung des A keinen sacheinlagefähigen Gegenstand darstellt.

Hinweis:
Vor Inkrafttreten des MoMiG betrachteten Rechtsprechung[15] und Lehre[16] Fälle, bei denen der Einlagebetrag sogleich als Darlehen an den Gesellschafter oder an ihm nahestehende Personen zurückfloss, als einen Verstoß gegen den Grundsatz der realen Kapitalaufbringung. Es fehle insbesondere auch an der freien Verfügungsmöglichkeit der Geschäftsführer i. S. d. § 8 Abs. 2 GmbHG.[17] Rechtsfolge eines solchen unzulässigen „Hin- und Herzahlens“ war demnach die Nichterfüllung der Einlagepflicht, ohne dass zusätzlich Bereicherungsansprüche bestanden, als seien zwischen dem zur Einlage verpflichteten Gesellschafter (Inferent) und der GmbH keine Zahlungen geflossen.[18] Mit der Regelung des § 19 Abs. 5 GmbHG hat der Gesetzgeber die Fallgruppe des „Hin- und Herzahlens“ kodifiziert, allerdings in einer von der früheren Rechtsprechung abweichenden Weise.

---

[13] BGHZ 165, 113, 116 f = NJW 2006, 509; BGHZ 165, 352, 356 = NJW 2006, 906; ebenso *Habersack*, in: FS Priester, 2007, S. 157, 163; im Ansatz auch *Bayer*, GmbHR 2004, 445, 451, 453.

[14] Vgl. Großkomm-GmbHG/*Ulmer/Casper*, § 5 Rn. 70; Scholz/*Veil*, GmbHG, § 5 Rn. 51; *Habersack*, in: FS Priester, 2007, S. 157, 161 f.

[15] BGHZ 165, 113, 116 = NJW 2006, 509; BGHZ 165, 352, 355 f. = NJW 2006, 906.

[16] Ausf. *Bayer* GmbHR 2004, 445, 451.

[17] *Schröder*, Die Reform des GmbH-Rechts, S. 73.

[18] BGHZ 165, 113, 116 = NJW 2006, 509; BGHZ 165, 352, 355 f. = NJW 2006, 906; *Bayer* GmbHR 2004, 445, 452.

Gem. § 19 Abs. 5 S. 1 GmbHG kommt einer Einlageleistung, bei der vorab eine Leistung an den Gesellschafter verabredet wurde, die wirtschaftlich einer Rückzahlung der Einlage entspricht und die nicht als verdeckte Sacheinlage im Sinne von Abs. 4 zu beurteilen ist, dann Erfüllungswirkung zu, wenn die Leistung durch einen vollwertigen Rückgewähranspruch gedeckt ist, der jederzeit fällig ist oder durch fristlose Kündigung seitens der Gesellschaft fällig gestellt werden kann.

Für den Eintritt der Erfüllungswirkung bedarf es zudem der Offenlegung im Handelsregister.[19] Dies geht aus § 19 Abs. 5 S. 2 GmbHG nicht eindeutig hervor, da dort lediglich die Pflicht zur Offenlegung statuiert wird, nicht aber eine Rechtsfolge bei Ausbleiben derselben. Richtigerweise ist es den Gesellschaftern aber zuzumuten, die Leistung bei der Anmeldung anzugeben, um die Erfüllungswirkung zu erzielen.

aa) Leistung der Bareinlage
Die Bareinlage wurde ordnungsgemäß an die Gesellschaft geleistet.

bb) Subsidiarität
Wie dargelegt, stellt die Verknüpfung der Einlageleistung mit der Dienstleistung keine Sacheinlage i.S.v. § 19 Abs. 4 GmbHG dar.

cc) Offenlegung
Es fehlt an einer Offenlegung im Handelsregister gem. § 19 Abs. 5 S. 2 i. V. m. S. 1 GmbHG.

dd) Absprache über Rückerhalt der Einlage
Zudem handelt es sich, da die Verpflichtung der Gesellschaft zur Zahlung für die Erbringung einer Dienstleistung des A im Voraus abgesprochen wurde, um eine Einlageleistung, bei der vor der Einlage eine Leistung an den Gesellschafter vereinbart worden ist.

ee) Wirtschaftliche Rückzahlung der Einlage
Fraglich ist, ob die Erfüllung der Zahlungsverpflichtung aus dem Dienstvertrag wirtschaftlich einer Rückzahlung der Einlage i.S.v. § 19 Abs. 5 GmbHG entspricht, so dass A im Ergebnis von seiner Einlagepflicht nicht frei geworden wäre.

Bei demjenigen „Hin- und Herzahlen“, das § 19 Abs. 5 GmbHG erfassen soll, handelt es sich um Fälle einer verdeckten Finanzierung der Einlagemittel durch die GmbH.[20]

Hier fand indessen weder eine verdeckte Finanzierung noch ein bloßer Austausch der Einlageforderung gegen eine andere schuldrechtliche Forderung der GmbH statt.

Die Lage ist nicht anders zu beurteilen, als wenn ein Gesellschafter-Geschäftsführer Inferent ist. Jenem kann es nicht verwehrt sein, ein Gehalt für seine Tätigkeit zu vereinbaren und zu beziehen, auch wenn dies in zeitlichem Zusammenhang

---

[19] BGH NJW 2009, 2375 Rn. 16.

[20] BGH NJW 2009, 2375 Rn. 16.

mit der Einlageleistung geschieht. Soweit er oder ein sonstiger Inferent die Einlagemittel nicht für seine Zwecke „reserviert“, sondern in den Geldkreislauf der Gesellschaft einspeist, ist das – ohnehin nur für den Betrag der Mindesteinzahlung gem. §§ 7 Abs. 2, 56a GmbHG geltende – Erfordernis einer Einzahlung zu „endgültig freier Verfügung der Geschäftsführer“ (§§ 8 Abs. 2, 57 Abs. 2 GmbHG) nicht berührt.

Dieses Erfordernis ist vielmehr erfüllt, sobald die Leistung aus dem Vermögen des Inferenten ausgeschieden und der GmbH derart zugeflossen ist, dass sie uneingeschränkt für Gesellschaftszwecke verwendet werden kann. Zu Zwecken der GmbH werden Einlagemittel auch dann verwendet, wenn sie ihr erbrachte Dienstleistungen eines Gesellschafters bezahlt, die sie ansonsten anderweitig hätte einkaufen müssen.

Mithin liegt keine Rückzahlung der Einlage i.S.v. § 19 Abs. 5 GmbHG vor.

ff) Zwischenergebnis

Dem Erlöschen des Einlageanspruchs steht § 19 Abs. 5 GmbHG nicht entgegen.

3. Ergebnis

Es besteht kein Einlageanspruch gegen A.

6 Luftfracht-GmbH in Turbulenzen

6.1 Sachverhalt

G und seine Geschäftspartnerin M sind jeweils zu 50 % an der im Jahr 2004 gegründeten C-Luftfracht-GmbH beteiligt. G hatte der Gesellschaft zum 1. Mai 2016 ein von dieser dringend benötigtes Grundstück mit Aufbauten mietweise für 5 Jahre überlassen. Zu diesem Zeitpunkt wäre der GmbH aufgrund ihrer finanziellen Situation die Anmietung eines solchen Grundstücks von Dritten nicht möglich gewesen.

G selbst hat (als Geschäftsführer) auf die Einforderung der Miete wegen der schlechten finanziellen Situation der Gesellschaft mit Ausnahme der Monate Mai und Juni, in denen er selbst dringend Geld brauchte, stets verzichtet.

Im April 2017 stellte G wegen drohender Zahlungsunfähigkeit der C-Luftfracht-GmbH beim zuständigen Amtsgericht Insolvenzantrag. Das Insolvenzverfahren wurde daraufhin eröffnet. Er fordert nun vom Insolvenzverwalter I die restliche Miete für die Jahre 2016 und 2017. Außerdem verlangt er das Grundstück heraus.

I lehnt beides ab. Er fordert seinerseits von B die Rückerstattung der Miete für die Monate Mai und Juni; zudem will I das Grundstück zugunsten der Masse veräußern. Er meint, zumindest habe die Gesellschaft Anspruch auf (mietfreie) Nutzungsüberlassung bis zum Ende der Laufzeit.

Wie ist die Rechtslage?

6.2 Lösungshinweise

I. Anspruch des G auf Zahlung der vereinbarten Miete aus dem Mietvertrag, vgl. § 535 Abs. 2 BGB

B hat gegen die C-Luftfracht-GmbH (im Folgenden: GmbH) einen Anspruch auf Zahlung der ausstehenden Miete für die Jahre 2016 und 2017, wenn zwischen ihm und der GmbH ein wirksamer Mietvertrag besteht und die Geltendmachung der Forderung nicht durch einen Auszahlungsnachrang gehindert ist.

C. Armbrüster, *Fallsammlung zum Gesellschaftsrecht*, Juristische ExamensKlausuren,
https://doi.org/10.1007/978-3-662-56192-8_6

1. Mietvertrag zwischen GmbH und B

Zwischen der GmbH und G besteht ein Mietvertrag über das Betriebsgrundstück. Der sich daraus ergebende Anspruch auf Zahlung der Miete ist auch fällig.

2. Nachrangigkeit der Mietforderung

G kann seine Forderung möglicherweise dann nicht geltend machen, wenn sie als nachrangig i. S. v. § 39 InsO einzuordnen ist.

Nachrangigkeit ist einerseits gem. § 39 Nr. 5 InsO dann anzunehmen, wenn es sich um eine Forderung handelt, die auf Rückgewähr eines Gesellschafterdarlehens gerichtet ist oder um eine Forderung aus einer Rechtshandlung, die einem solchen Darlehen wirtschaftlich entspricht.

Andererseits könnte in der Überlassung auch ein Fall des § 39 Nr. 4 InsO, also eine unentgeltliche Leistung des Gesellschafters nach § 134 InsO, zu sehen sein. Dafür lässt sich anführen, dass aufgrund des eigenkapitalersetzenden Charakters ein Rangrücktritt vorliege, der zur Wertlosigkeit und damit zur Unentgeltlichkeit führe.[1]

Nach einer anderen Ansicht ist das Stehenlassen unter § 39 Nr. 5 InsO einzuordnen. Dies wird damit begründet, dass wirtschaftlich betrachtet eine gestundete Forderung eine Darlehensgewährung darstelle.[2]

Allerdings steht sowohl der Einordnung unter § 39 Nr. 5 InsO als auch derjenigen unter § 39 Nr. 4 InsO der Sinn und Zweck von § 135 Abs. 3 InsO n. F. entgegen. Zwar muss demnach der Gesellschafter, der der Gesellschaft einen Gegenstand zur Nutzung überlassen hat, diesen ggf. während des Insolvenzverfahrens bis zur Dauer von einem Jahr der Gesellschaft belassen.

Allerdings hat er einen Anspruch auf einen angemessenen Ausgleich gem. § 135 Abs. 3 S. 2 InsO n. F., den er auch nicht nachrangig geltend machen muss, sondern der vielmehr eine Masseverbindlichkeit gem. § 53 InsO darstellt. Wenn der Gesellschafter aber selbst nach Eröffnung des Insolvenzverfahrens einen solchen vollwertigen Anspruch hat, so wäre es widersinnig, denselben Anspruch aus einem Zeitraum vor Insolvenzeröffnung als nachrangig i. S. v. § 39 Nr. 4, 5 InsO anzusehen.

3. Ergebnis

Demnach fallen nach vorzugswürdiger Ansicht gestundete Forderungen aus Nutzungsüberlassung nicht unter § 39 Nr. 4, 5 InsO.[3] Mithin besteht ein Anspruch auf Zahlung der ausgebliebenen Miete.

[1] So BGH NJW-RR 2009, 1563 ff. (zum alten Recht).

[2] *Gehrlein*, BB 2008, 846, 850; *Habersack*, ZIP 2007, 2145.

[3] S. auch *K. Schmidt*, DB 2008, 1727; *Heckschen*, Das MoMiG in der notariellen Praxis, 2009, Rn. 721; a. A. *Poepping*, BKR 2009, 150, 152; *Gehrlein*, BB 2008, 846.

Hinweis:
Nach altem Recht kann G seine Mietforderung dann nicht geltend machen, wenn die mietfreie Nutzungsüberlassung eigenkapitalersetzenden Charakter i.S.v. § 32a Abs. 1 GmbHG a. F. hat. In diesem Fall konnte G seine Forderungen nur nachrangig i. S. v. § 39 Nr. 4 oder 5 InsO a. F. und nur nach Aufforderung durch das zuständige Insolvenzgericht anmelden (§ 174 Abs. 3 S. 1 InsO a. F.). Dabei ging es insbesondere darum, inwiefern die Nutzungsüberlassung einer Darlehensgewährung gem. § 32a Abs. 3 S. 1 GmbHG a. F. wirtschaftlich entspricht.[4]

II. Anspruch des G auf Rückgabe des Grundstücks
1. Anspruch aus § 546 Abs. 1 BGB

Der Sachverhalt besagt nicht, dass das Mietverhältnis durch Kündigung seitens des G beendet worden ist. Zudem hat G wegen der vor Einleitung des Insolvenzverfahrens aufgelaufenen Mietrückstände ohnehin kein Kündigungsrecht nach § 543 Abs. 2 S. 1 Nr. 3, S. 2 BGB (vgl. § 112 Nr. 1 InsO). Mithin besteht kein vertraglicher Rückgabeanspruch nach § 546 Abs. 1 BGB.

2. Anspruch aus § 985 BGB

Möglicherweise steht dem G ein Herausgabeanspruch aus § 985 BGB zu.

a) B als Eigentümer

G war ursprünglich Eigentümer. Eine rechtsgeschäftliche Übertragung des Eigentums auf die GmbH hat nicht stattgefunden.

Hinweis:
Auch nach altem Recht kam es nicht zu einer Umqualifizierung des Eigentums am Grundstück in Eigenkapital wegen der Gebrauchsüberlassung des G an die GmbH im Zeitpunkt der Krise, da die §§ 30 ff. GmbHG a. F. keinen Anhaltspunkt dafür bieten, dass sich infolge des eigenkapitalersetzenden Charakters einer Zuwendung die dingliche Rechtslage ändert.[5]

b) Gesellschaft als Besitzer

Die Gesellschaft übt mittels ihrer Organe die tatsächliche Sachherrschaft über das Grundstück aus.

[4] S. zu dieser nach altem Recht umstrittenen Frage *K. Schmidt*, GesR, § 37 IV 3 b (S. 1159 f.).

[5] BGHZ 121, 31, 45 = NJW 1993, 392; BGHZ 127, 17 = NJW 1994, 2760, 2761 f. (Lagergrundstück IV).

c) Kein Recht zum Besitz
Der GmbH steht aber gem. § 986 Abs. 1 S. 1 Fall 1 BGB ein Recht zum Besitz zu. Es besteht weiterhin ein gültiger Mietvertrag zwischen der GmbH und G (s. o.).

d) Ergebnis
G kann nicht gem. § 985 BGB die Herausgabe des Grundstücks verlangen.

Hinweis:
Würde der Mietvertrag kurz nach Eröffnung des Insolvenzverfahrens auslaufen, so hätte G zwar grundsätzlich einen Herausgabeanspruch gegen die Gesellschaft. Allerdings stünde dem wohl § 135 Abs. 3 InsO n. F. entgegen. Nach jener Vorschrift kann der Aussonderungsanspruch während der Dauer des Insolvenzverfahrens, höchstens aber für eine Zeit von einem Jahr ab der Eröffnung des Insolvenzverfahrens nicht geltend gemacht werden, wenn der Gegenstand für die Fortführung des Unternehmens des Schuldners von erheblicher Bedeutung ist. Für die Zeit bis zur Herausgabe würde G aber einen Ausgleich erhalten.

III. Anspruch des I gegen G aus §§ 143 Abs. 1, 135 Abs. 1 Nr. 2, 129, 39 Abs. 1 Nr. 5 InsO auf Rückzahlung der Miete für die Monate Mai und Juni
Möglicherweise steht dem I ein Anspruch gegen G auf Rückzahlung der geleisteten Mieten für die Monate Mai und Juni in die Insolvenzmasse zu. Als Grundlage kommt der insolvenzrechtliche Rückgewähranspruch nach §§ 143 Abs. 1, 135 Abs. 1 Nr. 2, 129, 39 Abs. 1 Nr. 5 InsO in Betracht.

1. Aktivlegitimation
I müsste als Insolvenzverwalter zunächst zur Geltendmachung des Anspruches berechtigt sein. Der Insolvenzverwalter ist gem. § 80 Abs. 1 InsO Partei kraft Amtes. Er macht die Ansprüche der Gemeinschuldnerin im eigenen Namen zu Gunsten der Insolvenzmasse geltend. Damit kann I die Ansprüche der GmbH geltend machen.

2. Anfechtungsbefugnis/Geltendmachung des Anfechtungsrechts
Als Insolvenzverwalter ist I gem. § 129 Abs. 1 InsO anfechtungsbefugt. Er hat ein der GmbH zustehende Anfechtungsrecht auf prozessualem Wege, also insbesondere durch Klage, geltend zu machen. Anfechtungsgegner ist der Empfänger der anfechtbaren Leistung, hier also B.

3. Anfechtungsgrund
Ferner müssten die Mietzahlungen für die Monate Mai und Juni anfechtbare Rechtshandlung gemäß § 135 Abs. 1 Nr. 2 InsO n. F. sein. Die Zahlung erfolgte hier an den Gläubiger und Gesellschafter B innerhalb der Jahresfrist (vgl. § 139 Abs. 1 S. 1 InsO zur Fristberechnung).

Des Weiteren müsste die Mietzahlung eine Rechtshandlung darstellen, die für die Forderung eines Gesellschafters auf Rückgewähr eines Darlehens im Sinne des § 39 Abs. 1 Nr. 5 InsO n. F. oder für eine gleichgestellte Forderung Befriedigung gewährt hat. Dies ist, wie bereits dargelegt, zu verneinen. Im Übrigen verneinen selbst diejenigen, die eine Anwendbarkeit von § 39 Abs. 1 Nr. 5 InsO n. F. auf gestundete Ansprüche aus Nutzungsüberlassung bejahen, eine Anfechtbarkeit nach § 135 Abs. 1 Nr. 2 InsO n. F.[6]

Mithin liegt kein Anfechtungsgrund vor.

Hinweis:
Nach altem Recht kommt es darauf an, ob die Mietzahlungen für die Monate Mai und Juni anfechtbare Rechtshandlung gemäß § 135 Nr. 2 InsO a. F. sind. Die Zahlung erfolgte hier an den Gläubiger und Gesellschafter B innerhalb der Jahresfrist (vgl. § 139 Abs. 1 S. 1 InsO zur Fristberechnung). Fraglich ist damit allein, ob es sich bei den beglichenen Mietforderungen des G um solche mit eigenkapitalersetzendem Charakter gehandelt hat. Die Gebrauchsüberlassung und die damit verbundenen Mietforderungen waren im Gesellschaftsvermögen gebunden (§ 32a Abs. 1 GmbHG a. F.). Die auf die Mietforderung geleisteten Zahlungen dienten mithin der Befriedigung einer eigenkapitalersetzenden Forderung des B i.S.v. § 135 InsO. Nach altem Recht besteht daher der Anspruch der GmbH. Hieran zeigt sich eine wesentliche Veränderung infolge der Gesetzesreform.

c) Ergebnis

Es besteht kein Anspruch auf Rückzahlung der für die Monate Mai und Juni gezahlten Miete nach neuem Recht.

Hinweis:
§ 145 InsO nimmt auch die Rechtsnachfolger in die Pflicht; für nahestehende Dritte (verbundene Unternehmen) vgl. § 138 InsO.

---

[6] *Poepping*, BKR 2009, 150, 152; *Gehrlein*, BB 2008, 846.

7 Maschinenbau-GmbH in Nöten

7.1 Sachverhalt

Die 2007 gegründete D-GmbH fertigt Abfüllanlagen für die Verpackungsindustrie. Das Stammkapital von 1 Mio. €. wird von den Gesellschaftern A und B zu je 40 % und von C zu 20 % gehalten, wobei A und B ihre Einlagen bei Gründung voll leisten, während C nur die Hälfte seiner Einlage erbringt. Einziger – und von den Beschränkungen des § 181 BGB befreiter – Geschäftsführer ist C.

In jüngerer Zeit laufen die Geschäfte schlecht. Ab Juli 2014 ist das Netto-Aktivvermögen der Gesellschaft, was die Gesellschafter grob fahrlässig verkannt haben, unter die Stammkapitalzahl gesunken. Gleichwohl beschließen die Gesellschafter Anfang 2015 eine Ausschüttung in Höhe von je 50.000 € für A und B und 25.000 € für C, die sie unmittelbar nach der Beschlussfassung durchführen.

Während des Jahres 2015 verschlechtert sich die Ertragslage der Gesellschaft weiter. Als im April 2015 ein Hauptabnehmer der D-GmbH, die X-AG, Insolvenz anmeldet und damit eine bislang in voller Höhe (500.000 €) aktivierte Forderung der D-GmbH gegen die X-AG als uneinbringlich abgeschrieben werden muss, droht der D-GmbH die Zahlungsunfähigkeit.

Da von den Banken keine weiteren Kredite mehr zu erhalten sind, gewährt A der D-GmbH Ende April 2015 ein täglich kündbares, zinsloses Darlehen in Höhe von 400.000 €; die Zahlungsunfähigkeit ist damit abgewendet. Gleichzeitig beschließen die Gesellschafter, da sie jetzt die durch den Wegfall der Forderung gegen die X-AG noch verschlimmerte bilanzielle Schieflage erkannt haben, durch eine Reihe von Sparmaßnahmen, darunter den Verkauf der unternehmenseigenen Pkw, eine Sanierung der D-GmbH in die Wege zu leiten. Einer der Pkw (Zeitwert im Mai 2015: 30.000 €; Buchwert: 20.000 €) wird allerdings mit Billigung der Mitgesellschafter Anfang Mai 2015 zum symbolischen Preis von 1 € an B verkauft und übereignet. Den Kaufpreis zahlt B sofort.

C. Armbrüster, *Fallsammlung zum Gesellschaftsrecht*, Juristische ExamensKlausuren,
https://doi.org/10.1007/978-3-662-56192-8_7

Ab März 2016 ist eine dauerhafte Erholung der Nachfrage zu verzeichnen, so dass die D-GmbH während des restlichen Jahres 2016 gute Geschäfte macht. Bereits im Februar 2017 entspricht das auch weiterhin steigende Nettoaktivvermögen der Gesellschaft erstmals seit Juli 2014 wieder dem Stammkapital.

Gleichzeitig beschließen die Gesellschafter im Mai 2017 mehrheitlich, nunmehr auch von C die Erfüllung der Resteinlageverpflichtung zu verlangen. Dieser erklärt daraufhin namens der GmbH sich selbst gegenüber die Aufrechnung mit einer ihm unstreitig zustehenden Forderung aus Umsatzgeschäften mit der GmbH in Höhe von 100.000 €.

Durch diese Vorgänge im Gesellschafterkreis beunruhigt, überlegt die kreditgebende Hausbank der D-GmbH im Juni 2017, ob aus den geschilderten Vorgängen gegebenenfalls Ansprüche der D-GmbH gegen A, B und C gepfändet werden können. Sie will deshalb wissen, ob solche Ansprüche überhaupt entstanden sind.

A, B und C meinen, dass ihnen gegenüber keine Ansprüche bestehen. Darüber hinaus erklärt A ordnungsgemäß die Kündigung des der Gesellschaft im April 2015 gewährten Darlehens (das zurückgezahlt werden könnte, ohne dass das Vermögen unter die Stammkapitalzahl sinkt) und rechnet hilfsweise gegenüber eventuellen Zahlungsansprüchen der D-GmbH auf.

Bestehen Ansprüche der D-GmbH gegen ihre Gesellschafter?

7.2 Lösungshinweise

Überblick zur zeitlichen Entwicklung:

Juli 2014	Nettoaktivvermögen sinkt unter die Stammkapitalzahl
Anfang 2015	Ausschüttung an die Gesellschafter entsprechend ihrer Kapitalbeteiligung
April 2015	Darlehensgewährung an die GmbH durch A
Mai 2015	Verkauf des Pkw an B
Februar 2017	Nettoaktivvermögen entspricht wieder der Stammkapitalzahl
Mai 2017	Einforderung der Resteinlage und Aufrechnung durch C
Juni 2017	Kündigung des Darlehens durch A und Aufrechnungserklärung

Hinweis zum Verständnis der Fallfrage:
Die Hausbank kann die Ansprüche der GmbH gegen ihre Gesellschafter zur Befriedigung ihrer eigenen Ansprüche aus § 488 Abs. 1 S. 2 BGB nach §§ 829, 835 ZPO pfänden und sich überweisen lassen, wenn der Gesellschaft solche Ansprüche zustehen.

I. Ansprüche der D-GmbH gegen A, B und C in Bezug auf die Ausschüttung Anfang 2011

1. Anspruch der D-GmbH gegen A auf Rückzahlung von 50.000 € aus § 31 Abs. 1 i.V.m. § 30 Abs. 1 GmbHG

Ein Anspruch der GmbH auf Rückzahlung von 50.000 € kann sich aus § 31 Abs. 1 i. V. m. § 30 Abs. 1 GmbHG ergeben.

a) Voraussetzungen

Voraussetzung für den Anspruch ist ein Verstoß gegen § 30 Abs. 1 GmbHG. Nach dieser Vorschrift darf das zur Erhaltung des Stammkapitals erforderliche Vermögen nicht an die Gesellschafter ausgezahlt werden.

aa) Beeinträchtigung des Stammkapitals

Bereits im Juli 2014 deckte das Vermögen der D-GmbH nicht mehr das Stammkapital. Die an A als Gesellschafter ausgeschütteten 50.000 € waren damit zur Erhaltung des Stammkapitals erforderlich (§ 31 Abs. 1 GmbHG).

bb) Gutgläubigkeit des Empfängers

Der Anspruch der GmbH kann durch § 31 Abs. 2 GmbHG auf das zur Befriedigung der Gläubiger Erforderliche begrenzt sein. Dazu muss A beim Empfang der Ausschüttung in gutem Glauben gewesen sein. Maßstab für die Gutgläubigkeit ist § 932 Abs. 2 BGB.

Demnach war A bösgläubig, wenn ihm bekannt oder aufgrund von grober Fahrlässigkeit unbekannt war, dass durch die Auszahlung das Vermögen der Gesellschaft unter die Stammkapitalzahl sank. A erkannte zum Zeitpunkt der Zahlung zwar nicht, dass das Vermögen der GmbH unter ihre Stammkapitalzahl sank. Dies beruhte aber auf einer grob fahrlässigen Unkenntnis der finanziellen Situation der Gesellschaft. Mithin war A bösgläubig.

cc) Rechtfertigung durch Gesellschafterbeschluss

Fraglich ist, ob der Anfang 2015 gefasste Beschluss die Ausschüttung an A rechtfertigen kann. Der Gesellschafterbeschluss ist kein Ergebnisverwendungsbeschluss i.S.v. §§ 29 Abs. 1, 3, 46 Nr. 1 GmbHG (dafür gibt § 29 Abs. 1 S. 1 Fall 1 i. V. m. § 30 Abs. 1 GmbHG einen ersten Hinweis), denn ein verteilungsfähiger Gewinn liegt nicht vor. Aber auch abgesehen hiervon kann der (Ausschüttungs-) Beschluss dann keine rechtfertigende Wirkung entfalten, wenn er sich als nichtig erweist.

Die Nichtigkeit von Beschlüssen der Gesellschafterversammlung einer GmbH ist in vorsichtiger Anlehnung an das Aktienrecht zu bestimmen.[1] Ausgangspunkt ist daher grundsätzlich § 241 AktG. Auf eine eventuelle Nichtigkeit des

[1] BGHZ 51, 209, 210 f. = WM 1969, 176; BGHZ 134, 364, 365 = NJW 1997, 1510.

Gesellschafterbeschlusses gem. § 241 Nr. 3 AktG kommt es hier jedoch nicht an, wenn er gegen die §§ 30, 31 GmbHG verstößt und dies zur Nichtigkeit führt.

Da der Ausschüttungsbeschluss gegen jene Normen verstößt und es sich um zwingende gläubigerschützende Vorschriften handelt, ist er nichtig.[2] Auf die innere Motivation der Gesellschafter kommt es dabei nicht an. Die grob fahrlässige Verkennung der Unterbilanz steht der Nichtigkeit des Beschlusses daher nicht entgegen.

Ein nichtiger Beschluss kann keine Rechtfertigung für eine entgegen § 30 Abs. 1 GmbHG vorgenommene Ausschüttung bilden.

Folglich ist die Zahlung an A auch nicht durch den Anfang 2015 gefassten Beschluss gerechtfertigt.

dd) Zwischenergebnis

Ein Anspruch der GmbH gegen A auf Rückzahlung aus § 31 Abs. 1 GmbHG ist entstanden. A musste daher – jedenfalls solange die Unterbilanz fortbestand – die an ihn ausgeschütteten 50.000 € zurückzahlen, soweit das erforderlich war, um das Stammkapital wieder „aufzufüllen".[3]

b) Fortfall des Anspruches durch Auffüllung des Stammkapitals

Der Anspruch ist möglicherweise fortgefallen, als das zur Deckung des Stammkapitals erforderliche Vermögen im Februar 2017 anderweitig wieder aufgefüllt werden konnte.

Dafür spricht, dass das von den §§ 30, 31 GmbHG geschützte Gläubigerinteresse an der Erhaltung der Haftungsmasse mit der Wertaufholung befriedigt ist.[4] Dem kann nicht entgegengehalten werden, die Gesellschafter könnten sich ohnehin über Weisungen an ihre Geschäftsführer entsprechender Bilanzierungs- und Bewertungspolitik bedienen, um eine wertmäßige Aufholung des durch §§ 30, 31 GmbHG geschützten Stammkapitals zu erreichen. Vielmehr können die Geschäftsführer im Rahmen des Erlaubten Wahlrechte in der Bilanz ausüben.

Andererseits ergibt sich aus dem Wortlaut des § 31 Abs. 1 GmbHG nicht, dass der Erstattungsanspruch vom Fortbestand der Unterbilanz abhängig sein soll. Anspruchsvoraussetzung ist danach ausschließlich die Verletzung des § 30 Abs. 1 GmbHG im Zeitpunkt der Auszahlung.

Auch der Zweck der Norm spricht gegen einen automatischen Fortfall des Rückzahlungsanspruchs: Der Anspruch aus § 31 Abs. 1 GmbHG dient der Wiederaufbringung des durch die verbotene Auszahlung verletzten Stammkapitals. Er ist deshalb funktional mit dem Einlageanspruch der Gesellschaft zu vergleichen. Auch

---

[2] Vgl. Baumbach/Hueck/*Zöllner/Noack*, GmbHG, Anh. § 47 Rn. 53; *K. Schmidt*, GesR, § 37 III 1 f (S. 1137), s. aber auch § 36 III 4 c bb (S. 1105); restriktiver Rowedder/Schmidt-Leithoff/*Pentz*, GmbHG, § 30 Rn. 48 ff.; ähnlich Baumbach/Hueck/*Fastrich*, GmbHG, § 29 Rn. 72; s. a. *Emde*, ZIP 2000, 59, 63: „Evidenz".

[3] Vgl. BGHZ 81, 252, 259 = NJW 1981, 2570. Der Anspruch gegen den Zahlungsempfänger ist also nicht auf den Betrag der Stammeinlage beschränkt.

[4] In diesem Sinne noch die frühere (Zweckerreichungs-)Rechtsprechung; s. nur BGH NJW 1988, 139, 140 (Elektroplan).

für diesen Anspruch spielt es aber wegen des Grundsatzes der realen Kapitalaufbringung keine Rolle, ob das Stammkapital der Gesellschaft möglicherweise bereits auf andere Weise gedeckt ist.[5]

Zudem würde eine Abhängigkeit der Erstattungsforderung vom Fortbestand der Unterbilanz faktisch eine Verwertung jener Forderung unmöglich machen. Der Erstattungsschuldner könnte dem Erwerber der Forderung in diesem Falle entgegenhalten, dass sie inzwischen aufgrund der Zahlung des Veräußerungsentgelts oder der Tilgung der Gesellschaftsverbindlichkeit als Gegenleistung für die Übertragung der Forderung – und einer damit verbundenen Wiederauffüllung des Stammkapitals – erloschen sei. Die Gesellschaft wäre dann zur Rückzahlung des erhaltenen Entgelts an den Forderungserwerber verpflichtet, so dass das Stammkapital wieder angegriffen wäre. Dies wäre wirtschaftlich sinnlos.[6] Die Auffüllung des zur Deckung des Stammkapitals erforderlichen Vermögens hat den Anspruch der GmbH gegen A daher nicht zum Erlöschen gebracht.

Hinweis:
Bei entsprechender Argumentation ist auch die Gegenmeinung gut vertretbar.[7] Das Problem sollte aber diskutiert werden.

c) Erlöschen des Anspruchs gem. § 389 BGB

Möglicherweise ist der Anspruch der GmbH durch Aufrechnung gem. § 389 BGB erloschen. § 388 S. 2 BGB steht dem nicht entgegen. Die Aufrechnung wurde zwar nur hilfsweise erklärt. Damit wurde die Aufrechnung jedoch nur von einer (zulässigen) Rechtsbedingung abhängig gemacht.

aa) Aufrechnungslage

Eine Aufrechnungslage besteht. A und die GmbH haben einen Darlehensvertrag geschlossen. Das Darlehen wurde valutiert; die Rückzahlung ist mit ordnungsgemäßer Kündigung fällig. Folglich besteht ein Anspruch des A gegen die D-GmbH auf Rückzahlung der Valuta i. H. v. 400.000 € aus dem Darlehensvertrag, vgl. § 488 Abs. 1 S. 2 BGB. Einreden hat die D-GmbH nicht.

Hinweis:
Insbesondere spielt es nach der GmbH-Reform (Abschaffung des § 32a a. F.: Schaffung des § 30 Abs. 1 S. 3 GmbHG) keine Rolle mehr, dass das Darlehen ursprünglich eigenkapitalersetzenden Charakter hatte.

---

[5] BGHZ 144, 336, 342 = NJW 2000, 2577 (Balsam/Procedo II).

[6] BGHZ 144, 336, 342 f. = NJW 2000, 2577 (Balsam/Procedo II); vgl. auch BGH NZG 2000, 883 (Balsam/Procedo I); NZG 2000, 888 (Balsam/Procedo III).

[7] Vgl. dazu *Wagner/Spernac-Wolfer*, NZG 2001, 9 ff.; *Altmeppen*, NZG 2000, 887 f.; *Servatius*, GmbHR 2000, 1028 ff.

bb) Aufrechnungsverbot

Der Aufrechnung kann allerdings ein Aufrechnungsverbot entgegenstehen. In Betracht kommt hier § 19 Abs. 2 S. 2 GmbHG in entsprechender Anwendung.

Für eine solche Analogie lässt sich der enge funktionale Zusammenhang der Vorschriften über die Kapitalaufbringung mit den Regeln über den Eigenkapitalersatz (s. o.) anführen. § 31 Abs. 4 GmbHG enthält zwar eine eigenständige Regelung hinsichtlich des Erlasses eines Anspruchs aus §§ 31 Abs. 1, 30 GmbHG, ohne dass darüber hinaus ein Aufrechnungsverbot angeordnet wird.[8] Diesen Unterschied zu § 19 Abs. 2 GmbHG könnte man allerdings auch als bloß redaktionelles Versehen betrachten und die Analogie daher zulassen.[9]

Gegen eine entsprechende Anwendung des § 19 Abs. 2 S. 2 GmbHG spricht indessen der Zweck dieser Vorschrift. Es besteht Einigkeit darüber, dass eine Aufrechnung *seitens der GmbH* erfolgen kann, wenn die Gegenforderung des Gesellschafters vollwertig, fällig und liquide ist. Dies gilt nach § 19 Abs. 2 S. 2 GmbHG aber nicht für den umgekehrten Fall, nämlich denjenigen einer Aufrechnung durch den Gesellschafter.

Hintergrund dieser Regelung ist die Vorstellung, dass der Wegfall einer fälligen und liquiden Verbindlichkeit für die GmbH auch dann nicht der Aufbringung von Barkapital gleichkommt, wenn die Gesellschaft solvent, die Gegenforderung des Gesellschafters also vollwertig ist. Das Aufrechnungsverbot steht insoweit in engem Zusammenhang mit der Formstrenge bei der Sachgründung, vgl. § 19 Abs. 5 GmbHG. Dieser Gedanke hat aber im Rahmen der *Kapitalerhaltung* keinen Platz und kann bei einem Anspruch aus §§ 30 Abs. 1, 31 Abs. 1 GmbHG mithin keine Anwendung finden.[10]

Zudem ist zu beachten, dass die §§ 30, 31 GmbHG keinen Anspruch auf eine bestimmte gegenständliche Zusammensetzung des das Stammkapital deckenden Vermögens geben sollen. Insoweit bleibt es der Privatautonomie der Parteien (Gesellschafter und GmbH) überlassen, wie sie das Stammkapital auffüllen, solange dies nur durch „volles Entgelt“,[11] d. h. im wirtschaftlichen Sinn durch Wertausgleich in Höhe der Unterdeckung, geschieht. Ein Aufrechnungsverbot besteht bei einem Anspruch aus § 31 GmbHG somit gerade nicht. Für eine entsprechende Anwendung des § 19 Abs. 2 S. 2 GmbHG ist mithin kein Raum.

d) Ergebnis

Der Anspruch ist durch Aufrechnung erloschen. Folglich besteht kein Anspruch der D-GmbH gegen A aus § 31 Abs. 1 i. V. m. § 30 Abs. 1 GmbHG wegen der Ausschüttung Anfang 2015.

---

[8] Vgl. Baumbach/Hueck/*Fastrich*, GmbHG, § 31 Rn. 26; Roth/Altmeppen/*Altmeppen*, GmbHG, § 31 Rn. 31.

[9] BGHZ 146, 105, 107 f. = NJW 2001, 830 (unter Aufgabe der vorherigen Rspr.; gegen Analogie noch BGHZ 69, 274, 282 = NJW 1978, 160); Lutter/Hommelhoff/*Hommelhoff*, GmbHG, § 31 Rn. 27 ff.; *Ulmer*, in: FS 100 Jahre GmbHG (1992), S. 363, 380 ff.

[10] Vgl. Roth/Altmeppen/*Altmeppen*, GmbHG, § 31 Rn. 32.

[11] BGHZ 69, 274, 282 = NJW 1978, 160.

2. Anspruch der D-GmbH gegen A auf Rückzahlung von 50.000 € aus § 812 Abs. 1 S. 1 Fall 1 BGB

In Betracht kommt ein Rückzahlungsanspruch aus § 812 Abs. 1 S. 1 Fall 1 BGB. Problematisch ist hier allein, ob A das durch Leistung der D-GmbH erlangte Eigentum an den Geldscheinen (bei unbarer Leistung: die Forderung gegen seine Bank) ohne Rechtsgrund erlangt hat. Rechtsgrund für die Zahlung kann der Anfang 2015 gefasste Ausschüttungsbeschluss sein.

a) Nichtigkeit des Beschlusses

Der Beschluss über die Ausschüttung ist unter Verletzung von § 30 Abs. 1 GmbHG gefasst worden und daher analog § 241 Nr. 3 AktG nichtig (s. o. I 1 a cc). Damit ist die Ausschüttung rechtsgrundlos erfolgt.[12]

b) Kein Anwendungsvorrang der §§ 30, 31 GmbHG

Die Anwendung des § 812 BGB wird auch nicht durch einen Vorrang der §§ 30, 31 GmbHG ausgeschlossen. Ein Bereicherungsanspruch scheidet zwar regelmäßig tatbestandlich aus, wenn eine Auszahlung auf der Grundlage eines besonderen (wirksamen) Verpflichtungsgeschäftes – und damit mit Rechtsgrund – erfolgte.

> **Hinweis:**
> Der Verstoß eines solchen Verpflichtungsgeschäftes gegen § 30 Abs. 1 GmbHG führt nicht automatisch zu dessen Nichtigkeit; § 30 Abs. 1 GmbHG ist nach zutr. Ansicht kein Verbotsgesetz i. S. d. § 134 BGB (s. dazu unten sub II 2 a).

Darum geht es hier aber nicht, da die Auszahlung allein durch den (nichtigen) Beschluss gedeckt wird. Die §§ 30, 31 GmbHG schließen aber weitergehende (Bereicherungs-)Ansprüche aufgrund gleichzeitig verwirklichter Tatbestände nicht aus.[13]

c) Erlöschen des Anspruchs gem. § 389 BGB

Der Anspruch ist aber ebenso wie der aus §§ 30, 31 GmbHG gem. § 389 BGB durch Aufrechnung erloschen.

d) Ergebnis

Die P-GmbH hat daher gegen A keinen Anspruch aus § 812 Abs. 1 S. 1 Fall 1 BGB auf Rückzahlung der 50.000 €.

---

[12] Vgl. *K. Schmidt*, GesR, § 37 III 1 f (S. 1137).

[13] Baumbach/Hueck/*Fastrich*, GmbHG, § 31 Rn. 4; § 29 Rn. 76; Roth/Altmeppen/*Altmeppen*, GmbHG, § 31 Rn. 45. Aus BGHZ 136, 125, 130 f. ergibt sich nichts anderes: Dort geht es (nur) um die Frage, ob das der Auszahlung zugrunde liegende obligatorische Geschäft nichtig sein muss, damit der Anwendungsbereich der §§ 812 ff. BGB eröffnet ist (s. a. unten sub II 2 a).

3. Anspruch der D-GmbH gegen B auf Rückzahlung von 50.000 € aus § 31 Abs. 1 i. V. m. § 30 Abs. 1 GmbHG

Ein Anspruch auf Rückzahlung von 50.000 € gegen B ergibt sich aus § 31 Abs. 1 i. V. m. § 30 Abs. 1 GmbHG. Es gilt das oben unter I 1 Gesagte.

4. Anspruch der D-GmbH gegen B auf Rückzahlung von 50.000 € aus § 812 Abs. 1 S. 1 Fall 1 BGB

Zudem steht der GmbH aus den unter I 2 genannten Gründen ein Anspruch gegen B aus § 812 Abs. 1 S. 1 Fall 1 BGB zu.

5. Anspruch der D-GmbH gegen C auf Rückzahlung von 25.000 € aus § 31 Abs. 1 i. V. m. § 30 Abs. 1 GmbHG und aus § 812 Abs. 1 S. 1 Fall 1 BGB

Es gilt das unter I 1 und 2 Ausgeführte entsprechend: Die GmbH kann einen Rückzahlungsanspruch in Höhe von 25.000 € auf beide Anspruchsgrundlagen stützen.

6. Anspruch der D-GmbH gegen C auf Schadensersatz aus § 43 Abs. 2, Abs. 3 S. 1 GmbHG

In Betracht kommt gegen C noch ein Anspruch auf Schadensersatz aus § 43 Abs. 2, Abs. 3 S. 1 GmbHG.

a) C als Geschäftsführer; Sorgfaltspflichtverletzung

C ist Geschäftsführer der D-GmbH. Die Auszahlung der zur Erhaltung eines dem Stammkapital entsprechenden Vermögens erforderlichen Summe (hier: 125.000 €) stellt eine Sorgfaltspflichtverletzung dar.[14]

b) Verschuldensvermutung

Da die Auszahlung kausal für den Schaden der Gesellschaft ist, wird das Verschulden des C vermutet.[15] Es gilt § 93 Abs. 2 S. 2 AktG analog.[16] Auch kann C seine (ohnehin grob fahrlässige) Unkenntnis von der Unterbilanz angesichts der ihn gem. §§ 41, 42 Abs. 1 GmbHG treffenden Pflichten nicht entlasten.

c) Entlastung durch Beschluss

aa) Entlastungwirkung eines Beschlusses

Soweit die Pflichtverletzung auf einem Beschluss aller Gesellschafter beruht, wirkt dieser grundsätzlich entlastend (vgl. § 43 Abs. 3 S. 3 GmbHG im Umkehrschluss), wenn der Ersatzanspruch nicht zur Gläubigerbefriedigung erforderlich ist.[17]

Hier lag der Auszahlung durch C ein Beschluss aller Gesellschafter aus dem Jahr 2015 zugrunde. Auch ist der Anspruch der Gesellschaft gegen C nicht zur

[14] Vgl. Roth/Altmeppen/*Altmeppen*, GmbHG, § 43 Rn. 119.

[15] Vgl. zu dieser Vermutung BGH ZIP 1980, 776 f. = GmbHR 1980, 298; eingehend *Goette*, ZGR 1995, 648 ff.

[16] BGH ZIP 1980, 776 f.; NJW 1986, 54, 55; GroßKomm-GmbHG/*Paefgen*, § 43 Rn. 85.

[17] BGHZ 31, 258, 278 = WM 1960, 41; BGHZ 122, 333, 336 = NJW 1993, 1922.

Befriedigung der Gläubiger erforderlich, denn die finanzielle Situation der D-GmbH hat sich seit März 2016 nachhaltig verbessert.

bb) Wirksamkeit des gefassten Beschlusses

Entlastende Wirkung kann allerdings nur ein wirksamer Beschluss entfalten. Während die Anfechtbarkeit eines Beschlusses nur dann schadet, wenn die Ausführung desselben in der Schwebezeit im Hinblick auf die Aussichten des Anfechtungsprozesses als ermessensfehlerhaft gelten muss,[18] kann ein nichtiger Beschluss den Geschäftsführer im Hinblick darauf nicht entlasten, dass er für ihn von Anfang an keine Bindungswirkung entfalten konnte.[19]

Der Beschluss, Anfang 2015 eine Auszahlung vorzunehmen, obwohl die Auszahlungsbeträge zur Erhaltung eines dem Stammkapital entsprechenden Vermögens erforderlich waren, ist in analoger Anwendung von § 241 Nr. 3 AktG nichtig (s. o. I 1 a cc).

cc) Zwischenergebnis

Folglich entlastet der Beschluss C nicht. Damit ist ein Rückzahlungsanspruch in Höhe des gesamten Auszahlungsbetrages von 125.000 € entstanden.

d) Erlöschen des Anspruchs nach §§ 389, 422 Abs. 1 S. 2 BGB

Der Anspruch kann gem. §§ 389, 422 Abs. 1 S. 2 BGB durch die Aufrechnung des A erloschen sein. Hinsichtlich der von A nach § 31 Abs. 1 GmbHG geschuldeten 50.000 € sind A und C Gesamtschuldner gem. § 31 Abs. 6 GmbHG. Die wirksame Aufrechnung durch A kommt daher nach § 422 Abs. 1 Satz 2 BGB auch C zugute. Der Anspruch ist daher in Höhe von 50.000 € erloschen.

e) Geltendmachung des Anspruchs

Die Geltendmachung des Anspruchs setzt grundsätzlich einen Beschluss der Gesellschafterversammlung gem. § 46 Nr. 8 GmbHG voraus. Ohne einen solchen (gültigen) Beschluss müsste eine entsprechende Zahlungsklage der GmbH als unbegründet zurückgewiesen werden; eine etwaige freiwillige Zahlung durch den Geschäftsführer wäre rechtsgrundlos erfolgt und könnte nach § 812 Abs. 1 S. 1 Fall 1 BGB zurückgefordert werden.[20] Allerdings gilt dies nicht für den Fall, dass ein Drittgläubiger in den Anspruch vollstrecken und ihn sich überweisen lassen will (§§ 829, 835 ZPO).[21]

f) Ergebnis

Die GmbH hat – sofern ein entsprechender Beschluss gefasst wird oder ein Drittgläubiger Zugriff nimmt – einen Anspruch gegen C aus § 43 Abs. 2 GmbHG auf Rückzahlung von 75.000 €.

---

[18] Ob dem Geschäftsführer ein Anfechtungsrecht analog § 245 Nr. 5 AktG zusteht, ist streitig; vgl. dazu Baumbach/Hueck/*Zöllner/Noack*, GmbHG, Anh. § 47 Rn. 140.

[19] Baumbach/Hueck/*Zöllner/Noack*, GmbHG, § 43 Rn. 35.

[20] BGHZ 28, 355, 359 = NJW 1959, 194; OLG Köln GmbHR 1975, 274, 275.

[21] Vgl. Roth/Altmeppen/*Altmeppen*, GmbHG, § 46 Rn. 60 ff.

7. Anspruch der D-GmbH gegen C auf Schadensersatz aus § 280 Abs. 1 BGB i. V. m. § 611 Abs. 1 BGB

§ 43 GmbHG nimmt als Spezialnorm die allgemeine Vertragshaftung in sich auf.[22]

8. Anspruch der D-GmbH gegen C auf Schadensersatz aus § 64 Abs. 2 S. 1 GmbHG

Ein Anspruch aus § 64 Abs. 2 S. 1 GmbHG scheitert schon daran, dass dem Sachverhalt keine Überschuldungssituation zu entnehmen ist.

9. Anspruch der D-GmbH gegen A aus § 823 Abs. 2 BGB i. V. m. § 266 Abs. 1 Fall 2 StGB

Für einen Anspruch aus § 823 Abs. 2 BGB i. V. m. § 266 Abs. 1 Fall 2 StGB müsste C mit der Ausschüttung eine Untreue (in der Variante des Treubruchs) begangen haben. Da C ausweislich des Sachverhaltes grob fahrlässig und damit vorsatzlos handelte, fehlt es daran hier.

Hinweise:
Die Gesellschafter haften i. Ü. unter den Voraussetzungen des § 31 Abs. 1, 3 GmbHG pro rata für nicht einbringliche Rückzahlungsansprüche gegen ihre Mitgesellschafter, allerdings nur, wenn dies zur Befriedigung der Gesellschaftsgläubiger erforderlich ist (nach dem Sachverhalt besteht für diese Annahme allerdings kein Anlass), und beschränkt auf die Stammkapitalzahl.[23]

Nicht summenmäßig beschränkt (und nicht mit der Haftung aus § 31 GmbHG zu verwechseln) ist eine mögliche Schadensersatzhaftung der Gesellschafter, wenn sie das für die Erhaltung des Stammkapitals erforderliche Vermögen rechtswidrig und schuldhaft aushöhlen.[24] Der Gesellschafter, der durch zustimmende Mitwirkung an einem Gesellschafterbeschluss eine Auszahlung entgegen § 30 Abs. 1 GmbHG veranlasst, ist der Gesellschaft auch zum Ersatz für diejenigen Zahlungen verpflichtet, die an Mitgesellschafter geflossen sind.[25] Allerdings hat der BGH in einem späteren Urteil eine solche Haftung unter Hinweis auf die vorrangige Wertung des § 31 Abs. 3 GmbHG (summenmäßige Beschränkung auf die Höhe des Stammkapitals) zurückgenommen und auf existenzgefährdende Eingriffe begrenzt.[26] Eine schuldhafte Schutzpflicht- oder Treuepflichtverletzung kann hier allerdings aus den Sachverhaltsangaben nicht hergeleitet werden.

[22] BGH NJW-RR 1989, 1255 = ZIP 1989, 1390.

[23] Vgl. Baumbach/Hueck/*Fastrich*, GmbHG, § 31 Rn. 23 f.; a. A. *K. Schmidt*, GesR, § 37 III 3 b [S. 1143 f.]

[24] BGHZ 93, 146 = NJW 1985, 1030; einschränkend BGHZ 142, 92 = NJW 1999, 2817; BGHZ 150, 61 = NJW 2002, 1803.

[25] BGHZ 93, 146, 149 = NJW 1985, 1030.

[26] BGHZ 142, 92, 96 = NJW 1999, 2817.

II. Ansprüche der D-GmbH gegen B und C in Bezug auf den Verkauf des Pkw an B

1. Anspruch der D-GmbH gegen B aus § 31 Abs. 1 i. V. m. § 30 Abs. 1 GmbHG

a) „Zahlung“ i. S. v. § 30 Abs. 1 GmbHG

Ein Anspruch aus § 31 Abs. 1 GmbHG setzt eine „Zahlung“ entgegen § 30 Abs. 1 GmbHG voraus. Daran fehlt es hier möglicherweise angesichts dessen, dass die Leistung der GmbH an B hier nicht in einer Geldzahlung, sondern in der Übergabe und Übereignung des Pkw bestand.

Der Begriff der „Zahlung“ ist jedoch wegen der ansonsten vielfältig bestehenden Umgehungsmöglichkeiten weit zu verstehen. Zahlung meint danach jede auf dem Gesellschaftsverhältnis beruhende Leistung, die wirtschaftlich das Gesellschaftsvermögen ohne eine adäquate Gegenleistung verringert.[27]

Hier hat die D-GmbH dem Gesellschafter B einen Pkw veräußert. Zwar sind auch an Nichtgesellschafter Fahrzeuge veräußert worden, es ist lebensnah aber davon auszugehen, dass bei einem symbolischen Preis von 1 € die Gesellschafterstellung des B maßgeblich für den Verkauf war. Eine Zahlung i. S. von § 31 Abs. 1 GmbHG liegt mithin vor.

b) Beeinträchtigung des zur Erhaltung des Stammkapitals erforderlichen Vermögens

Der Pkw war Teil des Gesellschaftsvermögens und diente im Mai 2015 auch noch der Erhaltung eines dem Stammkapital entsprechenden Vermögens. Durch das Darlehen des A war zwar die Zahlungsunfähigkeit abgewendet, das Stammkapital war aber erst im Februar 2017 wieder aufgefüllt.

c) Bösgläubigkeit des Empfängers

B war auch nicht gutgläubig (s. o.).

d) Inhalt des Anspruchs

Problematisch ist der Inhalt des Anspruchs.

aa) Wahlrecht des B

Zunächst stellt sich die Frage, ob der Anspruch der GmbH (nur) auf die gegenständliche Rückgängigmachung der „Zahlung“, hier also: auf Rückgabe und -übereignung des Pkw, gerichtet ist oder ob B wahlweise auch durch Zahlung der Differenz zwischen dem Kaufpreis und dem Wert des Wagens (zu dessen Berechnung s. sogleich unter bb) erfüllen kann.

> **Hinweis:**
> Dass es dem B auf dieses Wahlrecht ankommt, ergibt sich aus dem Sachverhalt zwar nicht. Wegen der umfassenden Fragestellung ist aber der Inhalt des Anspruches der Gesellschaft genau zu bestimmen.

[27] Unstr.; s. nur Baumbach/Hueck/*Fastrich*, GmbHG, § 30 Rn. 33.

Für ein Wahlrecht des Gesellschafters sprechen folgende Überlegungen[28]: Zunächst verlangen die §§ 30, 31 GmbHG im Unterschied zu §§ 57 Abs. 3, 58 AktG keine bestimmte gegenständliche Zusammensetzung des Gesellschaftsvermögens; vielmehr erfordern sie nur die wertmäßige Erhaltung der Haftungsmasse zugunsten der Gläubiger. Dem Zweck des Auszahlungsverbotes wird also auch durch eine Erstattung des Differenzbetrages ausreichend Rechnung getragen.

Allerdings kann der Gesellschaft im Hinblick darauf nicht von vornherein ein Anspruch auf die Wertdifferenz zustehen, dass damit dem Gesellschafter im Ergebnis eine höhere Gegenleistung (hier: die Zahlung des Marktpreises für den Pkw) und damit ein anderes Austauschgeschäft als mit der GmbH vereinbart aufgedrängt würde.

Es ist daher sachgerecht, dem B die Wahl zu lassen, ob er das Gesellschaftsvermögen durch eine gegenständliche Rückgängigmachung der „Zahlung" oder durch Erstattung des Differenzbetrages wieder auffüllen möchte.

bb) Umfang des Anspruchs auf Zahlung der Wertdifferenz

Wenn sich B für eine Erstattung der Wertdifferenz entscheidet, ergibt sich das weitere Problem, ob er zur Zahlung von 19.999 € (= der Differenz zum Buchwert) oder zur Zahlung von 29.999 € (=der Differenz zum Zeitwert) verpflichtet ist.

Dafür, dass zum Schutze der Gläubiger der i. d. R. weitaus höhere Zeitwert für die Berechnung anzusetzen ist, spricht, dass dieser Wert sich zum Zeitpunkt der Zahlung tatsächlich im Gesellschaftsvermögen befand.[29] Im Falle der Liquidation der Gesellschaft stünde eben dieser Wert der Insolvenzmasse zur Verfügung.

So wird denn auch angeführt, eine rein bilanzielle Betrachtungsweise könne immer nur zugunsten der Gesellschaft stattfinden,[30] weshalb zwar zur Feststellung einer Unterbilanz die Vermögensermittlung nicht etwa unter Aufdeckung der stillen Reserven (Zeitwert) erfolgen könne, wohl aber bei der Berechnung des Differenzzahlungsanspruches, wenn ein Vermögensgegenstand zum oder unterhalb des Buchwertes an einen Gesellschafter veräußert wird.

Übersehen würde dabei allerdings, dass es sich bei einer GmbH, die Abflüsse aus dem Gesellschaftsvermögen entgegen § 30 GmbHG zu verkraften hat, weiter um eine wirtschaftende Gesellschaft handelt. Insofern kann eine Zahlung i. S. v. § 30 GmbHG auch nur als laufender Geschäftsvorgang bilanziert werden. Dann aber kann auch nur der Abfluss des Buchwertes vermerkt werden.

Selbst wenn zur verbesserten Transparenz eine Zwischenbilanz auf den Auszahlungszeitpunkt gebildet wird, soll damit kein echter Vermögensstatus[31] angegeben werden, also auch kein Ansatz der Vermögensgegenstände zu Verkehrs- bzw. Liquidationswerten erfolgen.[32] Überdies kann sich das Vertrauen eines ordentlich wirtschaftenden Gläubigers auch nicht auf stille Reserven stützen.

---

[28] Zum Folgenden vgl. *K. Schmidt*, GesR, § 37 III 2 c [S. 1140 f.].

[29] Vgl. für existenzbedrohende Zahlungen Scholz/*Westermann*, GmbHG, § 30 Rn. 16 f.

[30] Roth/Altmeppen/*Altmeppen*, GmbHG, § 30 Rn. 109 ff.

[31] Überschuldungsbilanz, wie sie für den Fall des § 64 GmbHG zu bilden ist; vgl. Baumbach/Hueck/*Haas*, GmbHG, § 64 Rn. 105.

[32] BGHZ 109, 334, 337 ff. = NJW 1990, 1109; BGHZ 76, 326, 335 = NJW 1980, 1524.

Schließlich ist es unstimmig, bei der Berechnung der Unterbilanz auf den Buchwert abzustellen, bei der Berechnung der Höhe des damit korrespondierenden Rückzahlungsanspruches aber die Aufdeckung der stillen Reserven zu fordern.

Somit folgt die Berechnung den allgemeinen Bilanzierungsvorschriften für die Jahresbilanz unter Fortführung der Buchwerte.[33] Daher ist für die Berechnung der (geringere) Buchwert anzusetzen. Die von B (bei einer entsprechenden Wahl des B) zu erstattende Wertdifferenz beträgt daher 19.999 €.

e) Fortfall des Anspruchs durch „Auffüllung" des Stammkapitals
Für den Fortfall des Anspruchs gilt das oben (I 1 b) Ausgeführte.

f) Ergebnis
Die D-GmbH hat gegen B – nach dessen Wahl – aus § 31 Abs. 1 i. V. m. § 30 Abs. 1 GmbHG einen Anspruch auf Rückzahlung von 19.999 € oder auf Rückgabe und Rückübereignung des Pkw.

2. Anspruch der D-GmbH gegen B aus § 812 Abs. 1 S. 1 Fall 1 BGB
Auch hier (s. bereits oben I 2) ist allein fraglich, ob der Kaufvertrag als Rechtsgrund für die Veräußerung des Pkw – an dem B Besitz und Eigentum erlangt hat – zwischen der D-GmbH und B wirksam ist.

a) Nichtigkeit des Kaufvertrages gem. § 134 BGB i. V. m. § 30 Abs. 1 GmbHG
In Betracht kommt eine Nichtigkeit des Kaufvertrages nach § 134 BGB i. V. m. § 30 Abs. 1 GmbHG. Die Veräußerung des Pkw verstieß – wie oben unter 1 festgestellt – gegen das Auszahlungsverbot des § 30 GmbHG. Allerdings enthalten die §§ 30, 31 GmbHG nach ganz überwiegender Meinung einen speziellen gesellschaftsrechtlichen Rückabwicklungstatbestand und stellen kein Verbotsgesetz i. S. v. § 134 BGB dar.[34]

Selbst bei bewusster Zuwiderhandlung der Gesellschafter soll sich aus § 134 BGB i. V. m. § 30 GmbHG weder die Nichtigkeit des Verfügungs- (dann wäre überdies vorrangig § 985 BGB zu prüfen), noch des Verpflichtungsgeschäfts ergeben,[35] weil für die Beurteilung einer Unterschreitung der Stammkapitalzahl nicht der Abschluss des Geschäftes, sondern erst der Zeitpunkt der Erfüllung maßgebend ist.

Der speziellere Tatbestand des § 31 GmbHG sichert die Rückabwicklung des Verfügungsgeschäfts ohne die mit Blick auf das Abstraktionsprinzip ohnehin zweifelhafte Nichtigkeitsfolge. Schließlich spricht auch der (durch die GmbH-Novelle 1980 eingefügte) § 33 Abs. 2 S. 3 GmbHG gegen die Nichtigkeit der Geschäfte nach § 134 BGB.

Damit ist der Kaufvertrag nicht gem. § 134 BGB i. V. m. § 30 Abs. 1 GmbHG nichtig.

---

[33] Vgl. dazu BGHZ 109, 334, 337 = NJW 1990, 1109, 1110.

[34] Baumbach/Hueck/*Fastrich*, GmbHG, § 31 Rn. 3 f.; BGH NJW 1997, 2599, 2600.

[35] BGHZ 136, 125, 129 = NJW 1997, 2599.

b) Schwebende Unwirksamkeit des Vertrages gem. § 177 Abs. 1 BGB
Der Kaufvertrag kann allerdings gem. § 177 Abs. 1 BGB (schwebend) unwirksam sein. Dazu muss C Vertreter ohne Vertretungsmacht gewesen sein.

aa) Verletzung des Gleichbehandlungsgrundsatzes
Ein Mangel der Vertretungsmacht kann sich zunächst dann ergeben, wenn die Veräußerung des Pkw den Grundsatz der Gleichbehandlung der Gesellschafter (vgl. §§ 19 Abs. 1, 24, 26 Abs. 2, 3, 29 Abs. 3, 31 Abs. 3, 47 Abs. 2, 72 GmbHG) verletzte. Rechtsgeschäfte, die den Gleichbehandlungsgrundsatz verletzen, fallen nach verbreiteter Ansicht schon nicht unter die Organvertretungsmacht des Geschäftsführers. Hier beruhte der Vertragsschluss freilich auf einer einstimmigen Entscheidung aller Gesellschafter. Der Gleichbehandlungsgrundsatz ist daher nicht verletzt.

bb) Verstoß gegen § 30 Abs. 1 GmbHG
Möglicherweise führt aber der Verstoß gegen § 30 Abs. 1 GmbHG dazu, dass C keine Vertretungsmacht hatte: Wenn man davon ausgeht, dass die Vertretungsmacht des Geschäftsführers sich nicht auf Rechtsgeschäfte erstreckt, die auf eine durch § 30 GmbH verbotene Auszahlung gerichtet sind, so kann dies – da § 37 Abs. 2 S. 1 GmbHG nicht für Rechtsgeschäfte mit Gesellschaftern gilt bzw. hier jedenfalls die Voraussetzungen für einen Missbrauch der Vertretungsmacht erfüllt sind – auch dem Geschäftsführer entgegengehalten werden.[36]

Nach zutreffender Ansicht gehen indes die §§ 30, 31 GmbHG den Regeln über die Überschreitung bzw. den Missbrauch der Vertretungsmacht vor, soweit sich der Missbrauch ausschließlich aus einer bewussten Überschreitung der Kapitalerhaltungsregelungen ergibt. § 30 GmbH dient nur dem Gläubigerschutz, soll aber nicht die Zuständigkeitsordnung innerhalb der GmbH berühren.[37]

Auch aus § 30 Abs. 1 GmbHG ergibt sich daher kein Mangel der Vertretungsmacht des C.

cc) Zwischenergebnis
Der Vertrag ist nicht gem. § 177 Abs. 1 BGB unwirksam.

c) Ergebnis
Die Übergabe und Übereignung des Pkw erfolgte damit mit Rechtsgrund. Ein Anspruch der GmbH aus § 812 Abs. 1 S. 1 Fall 1 BGB auf Rückgabe des Pkw besteht nicht.

3. Anspruch der D-GmbH gegen C aus § 43 Abs. 2 i. V. m. Abs. 3 S. 1 GmbHG
Hinsichtlich eines Anspruchs der D-GmbH gegen C aus § 43 Abs. 2 i. V. m. Abs. 3 S. 1 GmbHG gilt das oben unter I 6 Ausgeführte. Auch der (konkludente) Beschluss

---

[36] Roth/Altmeppen/*Altmeppen*, GmbHG, § 30 Rn. 82, vgl. a. Rn. 42 f.; Rowedder/Schmidt-Leithoff/*Pentz*, GmbHG, § 30 Rn. 56 f.

[37] *Joost*, ZHR 148 (1984), 27, 30; *Schön*, ZHR 159 (1995), 351, 366.

über die Veräußerung des Pkw kann wegen seiner Nichtigkeit (§ 241 Nr. 3 AktG analog i.V.m. §§ 30, 31 GmbHG) keine entlastende Wirkung entfalten. C haftet für den Differenzbetrag i. H. v. 19.999 € neben B gesamtschuldnerisch.

Hinweis:
A und B haften in ihrer Eigenschaft als Gesellschafter in Bezug auf die Veräußerung des PKW nur nach § 31 Abs. 1, 3 GmbHG (s. o.; vgl. aber auch den Hinweis sub I a.E. zur Schadensersatzpflicht der Gesellschafter gegenüber der GmbH).

III. Die Resteinlageforderung

1. Anspruch der D-GmbH gegen C auf Leistung der Resteinlage i.H. v. 100.000 € aus dem Einlageversprechen, § 19 Abs. 1 GmbHG

a) Entstehung des Anspruchs

Ausweislich des Sachverhalts hat C eine Stammeinlage i. H. v. 200.000 € übernommen, auf die er nur die Hälfte einbezahlt hat. Ein Anspruch der GmbH auf Leistung der Resteinlage i. H. v. 100.000 € besteht also fort.

b) Geltendmachung

Zur Geltendmachung dieses Anspruchs bedarf es gem. § 46 Nr. 2, 8 GmbHG eines Beschlusses der Gesellschafterversammlung. Dabei unterliegt C einem Stimmverbot nach § 47 Abs. 4 S. 2 GmbHG (vgl. Klausur Nr. 5). Die Gesellschafterversammlung hat mehrheitlich einen Beschluss zur Geltendmachung des Anspruches gefasst, vgl. § 47 Abs. 1 i. V. m. Abs. 2 GmbHG.

c) Erlöschen des Anspruchs durch Aufrechnung der GmbH, §§ 389, 387 BGB

In Betracht kommt allerdings, dass der Anspruch der D-GmbH durch die Aufrechnung der GmbH nach §§ 389, 387 BGB erloschen ist.

aa) Aufrechnungserklärung, § 388 S. 1 BGB

C hat als Geschäftsführer für die GmbH (§§ 35 Abs. 1, 36 Abs. 1 GmbHG) die Aufrechnung gem. § 388 S. 1 BGB erklärt.

Die Tatsache, dass C auch Erklärungsempfänger ist, schadet, da C von den Beschränkungen des § 181 BGB befreit ist, hier nicht.

bb) Aufrechnungslage

Dem Anspruch der GmbH auf Zahlung der Resteinlage steht ein fälliger und einredefreier Anspruch des C aus einem Umsatzgeschäft gegenüber. Auf die Problematik der Vollwertigkeit braucht angesichts der nunmehr guten finanziellen Situation der GmbH nicht eingegangen zu werden; der Anspruch ist vollwertig und liquide. Der Anspruch der GmbH ist mit Abschluss des Gesellschaftsvertrages fällig und spätestens mit entsprechender Beschlussfassung auch einredefrei. Folglich besteht auch eine Aufrechnungslage.

Hinweis:
Zu Ausführungen über eine verschleierte Sacheinlage besteht mangels entsprechender Anhaltspunkte im Sachverhalt und eines fehlenden zeitlichen und sachlichen Zusammenhangs kein Anlass.

cc) Aufrechnungsverbot analog § 19 Abs. 2 S. 2 GmbHG

Der Aufrechnung durch die GmbH kann allerdings ein Aufrechnungsverbot entgegenstehen.

Da hier der von den Beschränkungen des § 181 BGB befreite Geschäftsführer C für die GmbH und nicht für sich die Aufrechnung erklärt hat, greift das Aufrechnungsverbot des § 19 Abs. 2 S. 2 GmbHG nicht unmittelbar ein.

Sinn und Zweck der Vorschrift sprechen indessen für eine analoge Anwendung auf den Fall, dass wie hier der geschäftsführende Gesellschafter von den Beschränkungen des § 181 BGB befreit ist. Für C macht es nämlich keinen Unterschied, für wen er die Aufrechnung erklärt. Anderenfalls könnten sich jeder Gesellschafter oder die Gesellschafter untereinander durch Bestellung zum Geschäftsführer unter gleichzeitiger Befreiung vom Selbstkontrahierungsverbot von der Einlageverpflichtung befreien.[38]

Beschränkungen ergäben sich lediglich durch die Regeln zur verdeckten Sacheinlage und zur Vollwertigkeit einer aufrechenbaren Forderung. Da bei Beschlussfassung der Gesellschafterversammlung über die Aufrechnung der betroffene Gesellschafter nicht mit abstimmen dürfte, unterliefe eine Aufrechnung durch den Gesellschafter-Geschäftsführer zudem das Stimmverbot.[39] Die Erklärung der Aufrechnung durch den geschäftsführenden Gesellschafter ist ungeachtet der Befreiung vom Selbstkontrahierungsverbot nicht mit dem strikten Gläubigerschutz des § 19 Abs. 2 GmbHG zu vereinbaren.[40]

Folglich besteht ein Aufrechnungsverbot analog § 19 Abs. 2 S. 2 GmbHG.

d) Ergebnis

Damit ist die Forderung der D-GmbH gegen C auf Leistung der Resteinlage i. H. v. 100.000 € aus dem Einlageversprechen im Gesellschaftsvertrag i. V. mit § 19 Abs. 1 GmbHG nicht durch die Aufrechnung erloschen (dasselbe gilt freilich für die Forderung des C gegen die D-GmbH auf Erfüllung seiner Forderung aus den Umsatzgeschäften).

2. Ansprüche gegen A und B

Unter den Voraussetzungen des § 24 S. 1 GmbHG, also bei Uneinbringlichkeit, haften A und B pro rata für die Resteinlage des C.

---

[38] Vgl. OLG Hamm ZIP 1988, 1057 f. = GmbHR 1988, 310, für wechselseitige Erklärung mehrerer geschäftsführender Gesellschafter.

[39] Roth/Altmeppen/*Altmeppen*, GmbHG, § 19 Rn. 37.

[40] OLG Düsseldorf NJW-RR 1993, 1257, 1258; OLG Frankfurt GmbHR 1993, 652; OLG Hamburg NJW-RR 1990, 741 f. = ZIP 1990, 789.

Bedenkliche Beschlüsse 8

8.1 Sachverhalt

1. Teil:

A ist Inhaber eines Einzelunternehmens, der „V-Computertechnik". Er möchte dieses Unternehmen in der Rechtsform einer GmbH weiterführen. Zur Beratung über die gesellschaftsrechtlichen und steuerlichen Rahmenbedingungen wendet er sich an den Rechtsanwalt und Steuerberater R, dem er ein Honorar von 7500 € zahlt. Sodann errichtet er vor dem Notar N den Gesellschaftsvertrag. Die Notarkosten betragen 2500 €, die A sogleich bezahlt.

Das Stammkapital der „V-Computertechnik-GmbH" beträgt 50.000 €; zum Geschäftsführer wird G bestellt. Nach Eintragung überweist G dem A auf dessen Verlangen als Auslagenersatz 10.000 €. A protokolliert diese Entscheidung ordnungsgemäß und unterschreibt das Protokoll.

Das Vermögen der Gesellschaft sinkt durch die Auszahlung auf 45.000 €. Aufgrund eines unerwarteten Nachfrageeinbruchs wird kurze Zeit später über das Vermögen der Gesellschaft das Insolvenzverfahren eröffnet.

Insolvenzverwalter I möchte wissen, ob er Ansprüche gegen A oder G geltend machen kann.

2. Teil:

Außerdem ist A Gesellschafter der A-GmbH, an der neben ihm noch B, C und D zu gleichen Teilen beteiligt sind. In einer Gesellschafterversammlung der A-GmbH werden mit den Stimmen von A, B und C und gegen diejenige des D folgende Beschlüsse gefasst und durch den Vorsitzenden verkündet:

1. Ein der Gesellschaft gehörendes Grundstück soll an die B-GmbH, deren Gesellschafter A, B und C sind und die eigens zu diesem Zweck gegründet wurde, zu einem angemessenen Preis verkauft werden.

C. Armbrüster, *Fallsammlung zum Gesellschaftsrecht*, Juristische ExamensKlausuren,
https://doi.org/10.1007/978-3-662-56192-8_8

2. Dem A, der zugleich Geschäftsführer der A-GmbH ist, wird für das abgelaufene Geschäftsjahr Entlastung erteilt. Ein Beschluss auf Abberufung des A wird nur von C und D unterstützt, A und B stimmen dagegen. D meint, der Abberufungsbeschluss sei gleichwohl zustande gekommen; schließlich hätte A nicht mitstimmen dürfen.

Hat D Recht?

8.2 Lösungshinweise

1. Teil

I. Anspruch des I gegen A auf Rückzahlung der 10.000 €

Hinweis:
Allgemein gibt es seit Inkrafttreten des MoMiG am 01.11.2008 keine gesetzlichen Sonderbestimmungen für die Errichtung einer GmbH durch nur eine Person (vgl. demgegenüber §§ 7 Abs. 2 S. 3 GmbHG a.F.; zur Protokollierung von Beschlüssen gilt weiterhin die Sondervorschrift des § 48 Abs. 3 GmbHG). Für den hier zu beurteilenden Fall der Einbringung eines Einzelunternehmens ist statt der Einpersonengründung auch die Ausgliederung auf eine GmbH nach den §§ 152, 158 ff. UmwG ein praktisch gangbarer Weg.

1. Aktivlegitimation des I zur Geltendmachung von Ansprüchen der V-GmbH, §§ 80 Abs. 1, 22 InsO

I ist als Insolvenzverwalter Partei kraft Amtes; er kann somit gem. § 80 Abs. 1 InsO Ansprüche der V-Computertechnik-GmbH (im Folgenden: V-GmbH) im eigenen Namen mit Wirkung für und gegen die Insolvenzmasse geltend machen. Voraussetzung ist daher, dass der V-GmbH ein Anspruch gegen A zusteht.

2. Ansprüche der V-GmbH gegen A

a) Anspruch aus §§ 30 Abs. 1, 31 Abs. 1 GmbHG auf Rückzahlung von 10.000 €

Ein Anspruch der V-GmbH gegen A auf Rückzahlung von 10.000 € aus §§ 30 Abs. 1, 31 Abs. 1 GmbHG setzt voraus, dass es sich bei der Zahlung jenes Betrages durch die V-GmbH an A um eine nach diesen Vorschriften verbotene Rückzahlung handelte. Letzteres ist der Fall, soweit durch die Zahlung das Vermögen der V-GmbH unter die Stammkapitalzahl fiel.

Die GmbH hatte ein Stammkapital von 50.000 €. Ihr Vermögen sank durch die Zahlung auf 45.000 €, mithin um 5000 € unter den Betrag des Stammkapitals. Insofern kommt ein Anspruch unter dem Gesichtspunkt der verbotenen Rückzahlung von vornherein nur in diesem Umfang in Betracht.

Allerdings handelte es sich dabei dann nicht um eine durch § 30 Abs. 1 GmbHG verbotene Auszahlung, wenn dem A bereits vor der Überweisung der 10.000 € ein

Anspruch gegen die GmbH auf Erstattung des Gründungsaufwandes zustand, der durch die Zahlung lediglich erfüllt wurde. Ein vertraglicher Anspruch des A gegen die GmbH bestand zu diesem Zeitpunkt nicht, da vor dem Auszahlungsbeschluss keine Vereinbarung über den Gründungsaufwand getroffen wurde.

Hinweis:
Es kommt daher an dieser Stelle auch nicht darauf an, welche Anforderungen an die Begründung eines solchen Anspruches im Gesellschaftsvertrag zu stellen sind (zu § 26 AktG analog s. sogleich sub 2).

Auch die Gründungsvorschriften des GmbHG enthalten keine Anspruchsgrundlage für den Ersatz von Gründungskosten. In Betracht kommt noch ein Anspruch aus berechtigter Geschäftsführung ohne Auftrag (§§ 677, 683 S. 1, 670 BGB).

Die Errichtung der Gesellschaft war indessen kein Geschäft der – bei Entstehung der Aufwendungen noch gar nicht existierenden – Gesellschaft, sondern ausschließlich ein Eigengeschäft des A. Soweit das Vermögen der GmbH unter 50.000 € gemindert wurde, verstieß die Zahlung an A daher gegen § 30 Abs. 1 GmbHG.

Der GmbH steht mithin ein Anspruch auf Rückzahlung von 5000 € aus §§ 30 Abs. 1, 31 Abs. 1 GmbHG zu, den I im eigenen Namen gegen A geltend machen kann.

b) Anspruch aus § 812 Abs. 1 S. 1 Fall 1 BGB auf Rückzahlung von 10.000 €
Ein auf die Leistungskondiktion (§ 812 Abs. 1 S. 1 Fall 1 BGB) gestützter Anspruch der V-GmbH gegen A auf Zahlung von 10.000 € setzt voraus, dass A in dieser Höhe durch eine Leistung der GmbH rechtsgrundlos bereichert ist.

aa) Leistung der V-GmbH
A hat durch die Banküberweisung und damit durch eine bewusste und gewollte Vermögensverfügung (Leistung) der V-GmbH, wirksam vertreten durch ihren Geschäftsführer G, eine Forderung in Höhe von 10.000 € gegen seine Bank erlangt.

Hinweis:
Das gilt auch dann, wenn man § 26 Abs. 3 Satz 1 AktG analog anwendet (s. dazu sogleich) und deshalb dingliche (Erfüllungs-)Geschäfte, die auf die Erstattung des Gründungsaufwandes gerichtet sind, für unwirksam hält. Dass A infolge der Überweisung einen Anspruch gegen seine eigene Bank erhält, wird dadurch nicht gehindert.

bb) Rechtsgrund

Die Leistungskondiktion entfällt, wenn für diese Überweisung ein Rechtsgrund bestand. Da A vor der Auszahlung keinen Anspruch auf Erstattung seines Gründungsaufwandes hatte (s. o. a), kommt als Rechtsgrund allein der Auszahlungsbeschluss der Gesellschafterversammlung (d. h. die Entscheidung des Alleingesellschafters A, sich die 10.000 € auszahlen zu lassen) in Betracht. Der Beschluss genügt den Formerfordernissen des § 48 Abs. 3 GmbHG.

Hinweis:
Auf die umstrittene Frage, ob sich der Gesellschafter auf einen nicht formgerecht protokollierten Beschluss berufen kann,[1] kommt es daher nicht an.

Möglicherweise ist der Beschluss allerdings im Hinblick auf seinen Inhalt unwirksam.

(1) Unwirksamkeit des Beschlusses analog § 241 Nr. 3 Fall 2 AktG i. V. m. § 30 Abs. 1 GmbHG

Der Beschluss kann analog § 241 Nr. 3 Fall 2 AktG i. V. m. § 30 Abs. 1 GmbHG unwirksam sein. § 241 Nr. 3 Fall 2 AktG ist auf die GmbH, für die eine vergleichbare Regelung fehlt, entsprechend anwendbar.[2]

Beschlüsse einer GmbH-Gesellschafterversammlung, die durch ihren Inhalt gläubigerschützende Vorschriften verletzen, sind daher nichtig. Soweit der Beschluss eine Auszahlung von mehr als 5000 € zum Gegenstand hat, verletzt er § 30 Abs. 1 GmbHG (s. o. 1) und damit eine dem Gläubigerschutz dienende Vorschrift. Er ist daher insoweit analog § 241 Nr. 3 Fall 2 AktG nichtig.

(2) Unwirksamkeit des Beschlusses wegen Verstoßes gegen § 26 AktG (analog)

Der Auszahlungsbeschluss ist zudem möglicherweise wegen Verstoßes gegen § 26 AktG analog in vollem Umfang unwirksam. Nach § 26 Abs. 2 AktG ist der Gründungsaufwand in der Satzung gesondert festzusetzen. Eine solche Festsetzung ist hier nicht erfolgt. Nach § 26 Abs. 3 AktG sind auf die Erstattung der Gründungskosten gerichtete Verträge und Rechtshandlungen, die ohne eine solche Festsetzung erfolgen, der Gesellschaft gegenüber unwirksam.

Versteht man „Rechtshandlung" i.S.v. Abs. 3 weit, so werden davon auch auf die Auszahlung gerichtete Gesellschafterbeschlüsse erfasst. Dagegen lässt sich freilich anführen, dass § 26 Abs. 3 S. 1 AktG (ausschließlich) als Regelung der zivilrechtlichen Folgen im Verhältnis Gesellschaft – Gesellschafter verstanden werden kann, von der die Wirksamkeit interner Rechtsakte der GmbH nicht berührt wird.[3]

---

[1] Vgl. dazu Baumbach/Hueck/*Zöllner/Noack*, GmbHG, § 48 Rn. 48 ff.

[2] Baumbach/Hueck/*Zöllner/Noack*, GmbHG, Anh. § 47 Rn. 51.

[3] So wohl Hüffer/Koch/*Koch*, AktG, § 26 Rn. 7.

Jedenfalls sind solche Beschlüsse aber bei der Aktiengesellschaft nach § 241 Nr. 3 Fall 2 AktG im Hinblick darauf nichtig, dass § 26 Abs. 2 AktG (schwerpunktmäßig) dem Gläubigerschutz dient und eine Auszahlung ohne entsprechende Satzungsgrundlage dem ebenfalls gläubigerschützenden Verbot des § 57 Abs. 1 AktG zuwiderläuft.

Der Auszahlungsbeschluss ist daher unwirksam, wenn diese Regeln für die GmbH entsprechend gelten. Nach allgemeiner Meinung gilt § 26 Abs. 2 AktG jedenfalls insoweit analog, als ein Anspruch eines GmbH-Gesellschafters auf Erstattung seines Gründungsaufwandes nur bestehen kann, wenn dies in der Satzung festgesetzt ist.[4]

Dafür spricht, dass auch bei der Errichtung einer GmbH ein Bedürfnis danach besteht, bestimmte für die Gesellschaftsgläubiger gefährliche Belastungen des Gesellschaftsvermögens im Gründungsstadium im Gesellschaftsvertrag offen zu legen und hierdurch zu begrenzen. Zudem deutet der Wortlaut von § 9a Abs. 1 („[…] die nicht unter den Gründungsaufwand aufgenommen ist, […]") und § 82 Abs. 1 Nr. 1 GmbHG darauf hin, dass auch das GmbHG von einem Festsetzungserfordernis ausgeht.

Zwar kommen Satzungsstrenge und Publizität bei der AG eine größere Bedeutung zu als bei der GmbH. Indessen besteht auch in einer personalistisch ausgestalteten GmbH ein Interesse an (Innen-) Publizität und damit Klarheit darüber, welcher Gesellschafter in welcher Höhe Auslagen in Bezug auf die Errichtung der Gesellschaft hatte. Allein das unterschiedliche Gewicht der Publizität bei AG und GmbH steht einer Analogie aber nicht entgegen.

Aus der geschilderten Analogie zu § 26 Abs. 2 AktG ergibt sich freilich noch nicht zwingend, dass auch ein nach der Eintragung gefasster Beschluss, durch den einem Alleingesellschafter der Gründungsaufwand zugesprochen wird, unwirksam ist. Bedenken gegen eine so strenge Folge könnten sich aus dem unterschiedlichen Umfang der Kapitalerhaltungsvorschriften bei GmbH und AG ergeben: Bei der GmbH ist das Gesellschaftsvermögen nicht schlechthin, sondern nur nach Maßgabe der §§ 30, 31 GmbHG vor dem Zugriff der Gesellschafter geschützt. Das gilt auch für die Einpersonen-Gesellschaft.

Das GmbHG hindert den Gesellschafter also nicht daran, ohne besonderen Grund auf das Gesellschaftsvermögen zuzugreifen, solange dadurch das zur Erhaltung des Stammkapitals erforderliche Vermögen nicht angegriffen wird. Man könnte argumentieren, dass der Gesellschafter nicht allein deshalb engeren Schranken unterliegen darf, weil er eine (nach § 30 Abs. 1 GmbHG unbedenkliche) Auszahlung ausdrücklich als Erstattung des Gründungsaufwandes deklariert. Zudem stehen bei der eingliedrigen GmbH im Innenverhältnis keine Publizitätsinteressen in Rede.

Für die Unwirksamkeit eines solchen Beschlusses auch bei der GmbH spricht allerdings folgende Überlegung: Das Festsetzungserfordernis analog § 26 Abs. 2 AktG ist nicht (wie § 30 GmbHG) den Kapitalerhaltungs-, sondern den Kapitalaufbringungsvorschriften zuzuordnen. Die Gründungskosten sind daher Teil der

[4] Vgl. BGHZ 107, 1, 3 ff. = NJW 1989, 1610, 1611; Baumbach/Hueck/*Fastrich*, GmbHG, § 5 Rn. 57; vgl. *K. Schmidt*, GesR, § 34 II 2 f (S. 1004).

unverzichtbaren Haftungsmasse, die jedermann aufzubringen hat, der sich unter den Schutz der Haftungsbegrenzung des § 13 Abs. 2 GmbHG begeben will.

Eine offene Erstattung dieser Kosten ohne entsprechende Festsetzung in der Satzung muss daher auch bei der GmbH unzulässig sein; ein darauf gerichteter Beschluss ist analog § 241 Nr. 3 Fall 2 i. V. m. § 26 Abs. 2 AktG nichtig.

Hinweis:
So wohl auch das überwiegende Schrifttum (ohne freilich auf die hier behandelte Konstellation ausdrücklich einzugehen).[5] Der BGH hat in einer neueren Entscheidung[6] allerdings angedeutet, dass er § 30 Abs. 1 GmbHG als einzige Grenze für Zugriffe einverständlich handelnder Gesellschafter (und Alleingesellschafter) ansieht. Auch die Wirksamkeit des Auszahlungsbeschlusses lässt sich daher gut vertreten.

Der Auszahlungsbeschluss ist daher auch insoweit unwirksam, als er nur eine Erstattung des Gründungsaufwandes bis zur Höhe von 5000 € zum Gegenstand hat. Die Auszahlung durch G erfolgte mithin ohne rechtlichen Grund.

cc) Ergebnis
Der V-GmbH steht gegen A ein Rückzahlungsanspruch aus § 812 Abs. 1 S. 1 Fall 1 BGB zu, den I nach §§ 80 Abs. 1, 22 InsO geltend machen kann.

II. Ansprüche des I gegen G auf Schadensersatz wegen der Auszahlung der 10.000 € an A

1. Anspruch aus § 43 Abs. 2, Abs. 3 S. 1 Fall 1 GmbHG
Ein Schadensersatzanspruch des I gegen G aus § 43 Abs. 2 GmbHG setzt voraus, dass G als Geschäftsführer entgegen der Sorgfalt eines ordentlichen Geschäftsmannes eine unrechtmäßige Zahlung vorgenommen hat und hierdurch der GmbH ein Schaden entstanden ist.

Da die Auszahlung an A unrechtmäßig erfolgte und das Gesellschaftsvermögen entsprechend gemindert hat (s. o. I 1), liegt eine Pflichtverletzung vor, durch die der Gesellschaft ein Schaden entstanden ist. Soweit die Überweisung 5000 € übersteigt, liegt zudem eine Auszahlung entgegen § 30 Abs. 1 GmbHG vor, die unter § 43 Abs. 3 S. 1 Fall 1 GmbHG fällt.

Allerdings könnte der Beschluss der Gesellschafterversammlung (d. h. die Anweisung durch A) für G entlastend wirken (vgl. auch Fall 7 sub I 6). Grundsätzlich

[5] Vgl. etwa Baumbach/Hueck/*Fastrich*, GmbHG, § 5 Rn. 57.

[6] BGHZ 142, 92, 95 f. = NJW 1999, 2817 [jedoch ohne unmittelbaren Bezug zum Gründungsaufwand].

kommt Gesellschafterbeschlüssen, wie sich im Umkehrschluss aus § 43 Abs. 3 S. 3 GmbHG ergibt, eine entlastende Wirkung zu.

Indessen ist der Beschluss hier, soweit er gegen § 30 GmbHG verstößt, nichtig. Ein nichtiger Beschluss wirkt aber von vornherein nicht entlastend. Zudem hätte der Beschluss selbst dann, wenn man ihn für wirksam hielte, nach § 43 Abs. 3 S. 3 GmbHG keine entlastende Wirkung: Danach kommt bei Verstößen gegen § 30 Abs. 1 GmbH eine Entlastung nicht in Betracht, soweit der Ersatz zur Befriedigung der Gläubiger erforderlich ist. Diese Voraussetzung ist hier im Hinblick auf die Insolvenz der Gesellschaft erfüllt. Der Beschluss hebt die Haftung des G daher jedenfalls insoweit nicht auf, als er § 30 GmbHG verletzt.

Verstöße gegen § 26 AktG (analog) werden von § 43 Abs. 3 S. 3 GmbHG unmittelbar nicht erfasst. In Betracht kommt aber, dass jene Norm insoweit ebenso wie bereits § 26 AktG analog anzuwenden ist. Dafür spricht entscheidend, dass bei der Verletzung von Vorschriften über die Kapitalaufbringung (wie § 26 AktG) einem Gesellschafterbeschluss keine weitergehende Entlastungswirkung zukommen kann als bei der Verletzung von Kapitalerhaltungsvorschriften. G wird durch den Beschluss daher auch nicht entlastet, soweit letzterer nur auf die Auszahlung bis zur Höhe von 5000 € gerichtet ist.

Demnach haftet G der V-GmbH trotz der Anweisung des A neben diesem auf Schadensersatz i. H. v. 10.000 €.

2. Anspruch aus § 280 Abs. 1 BGB i. V. m. dem Anstellungsvertrag, vgl. § 611 BGB

Aus einer zugleich verwirklichten Verletzung des Dienstvertrages ergeben sich keine weitergehenden Ansprüche. Die spezialgesetzliche Organhaftung nach § 43 GmbHG nimmt die Verletzung des Dienstvertrages in sich auf.

2. Teil

Frage 1: Die Anfechtung des Beschlusses zur Grundstücksveräußerung

Das GmbHG regelt nicht, welche Rechtsbehelfe einem überstimmten Gesellschafter gegen fehlerhafte Beschlüsse der Gesellschafterversammlung zustehen. Diese Lücke ist zu füllen, indem jedoch grundsätzlich die aktienrechtlichen Regeln über die Anfechtung und die Nichtigkeit von Beschlüssen der Hauptversammlung (§§ 241 ff. AktG) analog herangezogen werden.

In Betracht kommt hier die Erhebung einer Anfechtungsklage, die analog § 246 Abs. 2 AktG gegen die GmbH zu richten ist.

I. Anfechtungsbefugnis

Die Begründetheit einer Anfechtungsklage setzt voraus, dass D anfechtungsbefugt ist. Man könnte erwägen, insoweit § 245 AktG heranzuziehen und grundsätzlich zu fordern, dass D in der Versammlung seinen Widerspruch erklärt hat (§ 245 Abs. 1 Nr. 1 AktG).

Indessen passt § 245 AktG nicht für die GmbH. Eine GmbH hat typischerweise einen weniger weit gespannten Mitgliederkreis als eine AG. Das Bedürfnis nach einer Einschränkung des Kreises der Anfechtungsbefugten ist daher geringer. Für die Anfechtungsbefugnis genügt es deshalb, dass D Gesellschafter ist.[7]

II. Anfechtungsfrist

Auch die Monatsfrist des § 246 AktG (deren Einhaltung ebenfalls eine Voraussetzung für die Begründetheit der Anfechtungsklage wäre) entfaltet im GmbH-Recht keine strikte Wirkung. Der Gesellschafter ist lediglich gehalten, die Klage in angemessener Frist zu erheben. Die Monatsfrist ist daher lediglich als Richtwert heranzuziehen.[8]

Da hier keine Anhaltspunkte für ein unangemessen langes Zuwarten des D ersichtlich sind, ist davon auszugehen, dass er die Klage noch fristgerecht erheben kann.

III. Anfechtungsgrund analog § 243 Abs. 1 AktG

1. Gesetzesverletzung

Ein Anfechtungsgrund setzt analog § 243 Abs. 1 AktG eine Gesetzesverletzung voraus. In Betracht kommt hier ein Verstoß gegen § 47 Abs. 4 S. 2 GmbHG.

a) Grundsatz: § 47 Abs. 1 GmbHG

Nach § 47 Abs. 1 GmbHG entscheidet grundsätzlich die Stimmenmehrheit über die Annahme eines Antrages. Hier ist das Beschlussergebnis mit 3:1 Stimmen festgestellt, der Antrag also angenommen worden.

b) Stimmverbot nach § 47 Abs. 4 S. 2 GmbHG (Insichgeschäft)

In Betracht kommt, dass gem. § 47 Abs. 4 S. 2 GmbHG ein Stimmverbot für die jeweils an der B-GmbH beteiligten Gesellschafter A, B und C bestand. An sich handelt es sich hier um ein gewöhnliches Austauschgeschäft mit einem Dritten (B-GmbH). § 47 Abs. 4 S. 2 GmbHG greift für die Gesellschafter der B-GmbH daher nicht unmittelbar ein.

> **Hinweis:**
> Handelt der unzulässigerweise mit abstimmende Gesellschafter zugleich als Vertreter der GmbH, so greift im Außenverhältnis § 181 BGB (sofern keine Befreiung in der Satzung erteilt wurde) ein. Im Innenverhältnis gilt hingegen § 181 BGB nicht, da der Beschluss keinen Vertrag darstellt.[9]

---

[7] Baumbach/Hueck/*Zöllner/Noack*, GmbHG, Anh. § 47 Rn. 136.

[8] BGHZ 111, 224, 225 f. = NJW 1990, 2625; Baumbach/Hueck/*Zöllner/Noack*, GmbHG, Anh. § 47 Rn. 9 f.

[9] Allerdings kann § 181 BGB bei Gesellschafterbeschlüssen dann anwendbar sein, wenn der Beschluss satzungsändernden Charakter hat; s. Baumbach/Hueck/*Zöllner/Noack*, GmbHG, § 47 Rn. 60.

c) Stimmverbot analog § 47 Abs. 4 S. 2 GmbHG

Ausdrücklich nimmt das Gesetz zwar nur demjenigen Gesellschafter das Stimmrecht, der selbst mit der GmbH ein Rechtsgeschäft abschließt. In bestimmten Fällen ist aber eine analoge Anwendung der Norm geboten, um ihren Regelungsgehalt nicht leer laufen zu lassen.

Das gilt insbesondere für die hier zu beurteilende Konstellation, dass mehrere Gesellschafter sich an der Abstimmung beteiligen, die sämtliche Anteile der anderen Gesellschaft halten, mit der das Geschäft geschlossen werden soll. Auch hier besteht jene Interessenkollision, die § 47 Abs. 4 S. 2 GmbHG abwehren soll. Hinzu kommt, dass die Gesellschaft eigens von A, B und C zu diesem Zweck gegründet wurde. Es kann keinen Unterschied machen, ob A, B und C das Grundstück selbst kaufen oder ob sie es über die von ihnen beherrschte B-GmbH erwerben.

A, B und C hätten daher an der Abstimmung über die Grundstücksveräußerung nicht teilnehmen dürfen. Ein Verstoß gegen § 47 Abs. 4 S. 2 GmbHG in entsprechender Anwendung liegt somit vor.

Hinweis:
Als unschädlich ist eine **bloße Minderheitsbeteiligung** in der anderen Gesellschaft anzusehen, da diese vom Regelungsgedanken des § 47 Abs. 4 S. 2 GmbHG nicht erfasst wird.

2. Relevanz des Verstoßes

Ein Gesetzesverstoß berechtigt nur dann zur Anfechtung, wenn er für den Beschluss relevant war. Dieses Erfordernis ist (auch) bei Verfahrensverstößen jedenfalls erfüllt, wenn der Verstoß für den Beschluss kausal war. Hier wäre der Beschluss ohne die Mitwirkung von A, B und C nicht zustande gekommen. Ein Anfechtungsgrund liegt damit vor.

IV. Ergebnis

Die Anfechtung hat Aussicht auf Erfolg.

Frage 2: Zustandekommen des Abberufungsbeschlusses

I. Stimmverbot des A

Für das Zustandekommen des Beschlusses, mit dem A als Geschäftsführer abberufen wurde, kommt es allein darauf an, ob A stimmberechtigt war. § 47 Abs. 4 S. 2 GmbHG legt nahe, dass A hier nicht an seiner eigenen Abberufungsabstimmung teilnehmen konnte („Insichgeschäft").

Allerdings entfaltet § 47 Abs. 4 GmbHG grundsätzlich keine Verbotswirkung im Rahmen der korporativen Willensbildung, an der alle Mitglieder notwendig gemeinsam mitwirken können sollen.[10] So genannte Sozialakte sind im Hinblick auf das Partizipationsinteresse jedes Gesellschafters vom Stimmverbot ausgenommen. Dazu zählt auch die Abberufung aus einer Organstellung.[11]

Hinweis:
Weitere Beispiele in diesem Zusammenhang sind etwa die Bestellung zum Geschäftsführer,[12] ferner die Beschlussfassung über den dazu gehörigen Anstellungsvertrag.[13]

Folglich bestand für A kein Stimmverbot nach § 47 Abs. 4 GmbHG. Für den Abberufungsbeschluss fehlt es somit – da auch B gegen die Abberufung gestimmt hat – an der notwendigen Mehrheit (vgl. § 47 Abs. 1 GmbHG).

II. Ergebnis
D geht zu Unrecht davon aus, dass der Beschluss wirksam (und bestandskräftig) zustande gekommen ist.

Hinweis:
Etwas anderes gilt, wenn die Abberufung aus wichtigem Grund erfolgen soll. Dies ändert zwar nichts an der Einordnung der Beschlussfassung als Sozialakt, aber der betreffende Geschäftsführer wäre zugleich „Richter in eigener Sache". Für diesen Fall des § 47 Abs. 4 GmbHG gibt es indessen weder die Möglichkeit der Abbedingung qua Satzung (arg. §§ 136, 23 Abs. 5 AktG), noch gelten für ihn die für Sozialakte anerkannten Einschränkungen (s. o. zum Insichgeschäft).

[10] *K. Schmidt*, GesR, § 21 II 2 a aa [S. 609]; Baumbach/Hueck/*Zöllner/Noack*, GmbHG, § 47 Rn. 82 ff.

[11] Baumbach/Hueck/*Zöllner/Noack*, GmbHG, § 47 Rn. 84.

[12] RGZ 74, 276, 279; BGHZ 18, 205, 210.

[13] RGZ 74, 276, 280.

Verunglückte Sanierung 9

9.1 Sachverhalt

Am Nachmittag des 21.02. nimmt eine Prokuristin des international tätigen Anlagenbauers H-KGaA zur Begleichung laufender Forderungen den Dispositionskredit auf einem Geschäftskonto der Gesellschaft bei der Landes- und Girozentrale A in Anspruch. Das Konto wird durch die Transaktion mit 10.000 € belastet.

P, der persönlich haftende Gesellschafter der H, weiß bereits seit Sonnabend, dem 01.02., dass durch spekulativen Devisenhandel, mit dem ursprünglich die Absicherung gegen Währungsrisiken beabsichtigt war, der H Millionenverluste in Höhe eines Vielfachen des Grundkapitals entstanden sind. Der Vorsitzende des Aufsichtsrates G, der in der H aufgrund seiner Person und seiner finanziellen Beteiligung in Höhe von über 84 % des Grundkapitals das Sagen hat, wurde darüber von P noch am selben Tag informiert.

P und G nehmen umgehend Sanierungsverhandlungen mit der angesichts der Höhe der Verluste allein in Betracht kommenden Unternehmensgruppe D auf. Die Verhandlungen scheitern am Donnerstag, dem 20.02. in den frühen Morgenstunden endgültig.

Nach weiteren Besprechungen zwischen P und G, in denen G zunächst noch für weiteres Zuwarten eintritt, stellt P schließlich am Montag, dem 24.02. Antrag auf Eröffnung des Insolvenzverfahrens über das Vermögen der H. Dem Antrag wird stattgegeben. Das zuständige Insolvenzgericht bestätigt nun zutreffend die Ordnungsmäßigkeit des Beschlusses der Gläubigerversammlung, wonach die Gläubigerbefriedigung mit einer Quote von 45 % erfolgen soll.

A verlangt von P persönlich Zahlung seines Forderungsausfalls und meint, dass auch G wegen Verletzung seiner Pflichten als Aufsichtsratsmitglied und wegen seiner Stellung innerhalb der H hafte. Ferner erwägt A eine Inanspruchnahme der Unternehmensgruppe D.

Zu Recht?

C. Armbrüster, *Fallsammlung zum Gesellschaftsrecht*, Juristische ExamensKlausuren,
https://doi.org/10.1007/978-3-662-56192-8_9

9.2 Lösungshinweise

I. Ansprüche von A gegen P

1. Anspruch von A gegen P als persönlich haftender Gesellschafter der KGaA aus §§ 488 Abs. 1 S. 2 BGB, 278 Abs. 1 und 2 AktG, 161 Abs. 2, 128 S. 1 HGB
In Betracht kommt, dass A den P unter dem Gesichtspunkt der akzessorischen Haftung für die Schulden der KGaA in Anspruch nehmen kann. Voraussetzung hierfür ist zunächst, dass eine Gesellschaftsschuld besteht.

Der von der A gewährte Dispositionskredit stellt sich zwar als Darlehen i. S. v. § 488 Abs. 1 BGB dar, jedoch begrenzt sich die persönliche akzessorische Haftung des P allein auf die erzwingbare Gesellschaftsschuld der H-KGaA, und diese ist durch den gerichtlich festgestellten Insolvenzplan auf die Quote (45 %) beschränkt, vgl. §§ 227, 254 InsO. Zudem wäre auch ohne einen Insolvenzplan gem. § 93 InsO der Insolvenzverwalter für die Geltendmachung der Forderung zuständig.

2. Anspruch von A gegen P aus § 15a Abs. 1 InsO i. V. mit § 823 Abs. 2 BGB
Möglicherweise ergibt sich eine persönliche Haftung des P aber aus einem deliktischen Anspruch. In Betracht kommt § 15a Abs. 1 InsO.

a) Schutzgesetzcharakter
Dies setzt zunächst voraus, dass § 15a Abs. 1 InsO Schutzgesetz zugunsten des A ist. Angesichts der Schutzwirkungen dieser Pflicht wird dies zugunsten der Gläubiger allgemein angenommen.[1]

b) Zahlungsunfähigkeit/Überschuldung
Entscheidend ist damit, ob P seine Pflicht zur rechtzeitigen Stellung eines Insolvenzantrages verletzt hat. Dies setzt nach § 15a Abs. 1 InsO zunächst die Zahlungsunfähigkeit oder Überschuldung der Gesellschaft voraus. Ob ein Schuldner zahlungsunfähig ist, ergibt sich aus der Legaldefinition des § 17 Abs. 2 InsO. Danach ist Zahlungsunfähigkeit i. d. R. anzunehmen, wenn der Schuldner seine Zahlungen eingestellt hat. Ob hier sogenannte „Zeitpunkt-Illiquidität" vorliegt, lässt der Sachverhalt allerdings nicht zweifelsfrei erkennen.

In Betracht kommt insofern aber das Merkmal der Überschuldung. Für juristische Personen ist nach § 19 InsO neben der Zahlungsunfähigkeit auch die Überschuldung Insolvenzantragsgrund. Nach § 19 Abs. 2 InsO ist die Gesellschaft überschuldet, wenn ihr Vermögen (Aktiva) die bestehenden Verbindlichkeiten (Passiva) nicht mehr deckt, es sei denn, es liegt eine positive Fortführungsprognose vor.

Zur Ermittlung dieses Zustandes sind nicht die §§ 242 ff. HGB anzuwenden. Vielmehr werden auf der Passivseite nur die Verbindlichkeiten ausgewiesen (also

[1] Vgl. nur BGHZ 75, 96, 106 = NJW 1979, 1823 (Herstatt); BGHZ 126, 181, 190 = NJW 1994, 2220 (betr. GmbH); Großkomm-AktG/*Habersack*, § 92 Rn. 75; Hüffer/Koch/*Koch*, AktG, § 92 Rn. 26; vgl. auch Baumbach/Hueck/*Haas*, GmbHG, § 64 Rn. 146.

nicht Grundkapital, Rücklagen, Gewinnvortrag oder Jahresüberschuss; Darlehen sind selbst dann zu passivieren, wenn es sich um Aktionärsdarlehen handelt und sie eigenkapitalersetzenden Charakter haben). Auf der Aktivseite sind stille Reserven aufzulösen. Ferner ist eine Fortführungsprognose zu treffen. Ist diese negativ, so liegt eine Überschuldung im Rechtssinne vor.

Angesichts der Millionenverluste ist eine Überschuldung der H-KGaA zu bejahen; Anhaltspunkte für eine positive Fortführungsprognose bestehen gerade im Hinblick auf die einzig in Betracht kommenden Sanierungschancen durch die D-Gruppe nicht.

c) Antragsfrist

P hat am 24.02. einen Insolvenzantrag gestellt. Fraglich ist insoweit, ob P hiermit noch die Drei-Wochen-Frist des § 15a Abs. 1 S. 1 InsO eingehalten hat. Nach streng objektiver Ansicht beginnt diese mit dem objektiven Eintrittsdatum der Überschuldung.[2] Diese Sichtweise berücksichtigt nicht, dass die Drei-Wochen-Frist gerade der Sanierung des Unternehmens dienen soll.

Ob positive oder – was wegen des Gläubigerschutzes vorzugswürdig ist – pflichtgemäße Kenntnis den Fristbeginn auslöst, kann hier, da kein Anhaltspunkt für ein Auseinanderfallen besteht, letztlich offen bleiben.

Maßgeblicher Zeitpunkt war hier der 01.02. Den Antrag hat P am 24.2. gestellt. Fraglich ist daher, ob die Antragstellung noch fristgerecht erfolgte. Für die Fristberechnung gelten die §§ 187 Abs. 1, 188 Abs. 2 BGB. Danach liegt das Ende der nach Wochen bestimmten Frist (§ 188 Abs. 2 BGB) am 22.02. um 24.00 Uhr. Dieser Tag war ein Sonnabend. Am Montag früh hat P den Insolvenzantrag gestellt. Nach § 193 BGB war dies noch fristgerecht.

Aber auch ein am Freitag gestellter Antrag wäre möglicherweise verspätet gewesen, denn Sinn und Zweck des § 15a Abs. 1 S. 1 InsO ist es nicht, eine starre Drei-Wochen-Frist zu gewähren, sondern Handlungsspielraum für real durchsetzbare Sanierungsmöglichkeiten zu eröffnen.[3]

Hier scheiterten die Sanierungsversuche endgültig am Donnerstag, den 20.2. Bis dahin bestanden reale Sanierungschancen; nicht aber über diesen Zeitpunkt hinaus. Somit hätte P bereits an jenem Donnerstag ohne weiteres Zuwarten den Antrag stellen müssen. Dies hat er unterlassen. P handelte auch schuldhaft i. S. v. § 276 BGB.

d) Schaden

P muss den aus dieser Pflichtverletzung entstandenen Schaden nach § 249 Abs. 1 BGB ausgleichen. Entscheidend ist, welchen Schadensumfang § 15a Abs. 1 InsO von seinem Normzweck her abdeckt.

Die frühere Rechtsprechung[4] erblickte den Schaden des Gläubigers in der Differenz zwischen der jetzt maßgeblichen Vergleichsquote und der bei rechtzeitiger

[2] So aber Godin-Whilhelmi, AktG, § 92 Rn. 7.

[3] Kölner Komm-AktG/*Mertens/Cahn*, Anh. § 92 Rn. 21.

[4] BGHZ 29, 100, 104 ff. = NJW 1959, 623; BGH GmbHR 1985, 83 f. = WM 1985, 384.

Antragstellung erzielbaren Quote. Dieser Ansicht nach soll § 15a Abs. 1 InsO lediglich einen weiteren Kapitalverzehr verhindern, der in der Verminderung der vom Gläubiger zu beanspruchenden Quote liegt. Danach hätte A lediglich Anspruch auf den Betrag, der ihm bei rechtzeitiger Antragstellung zugesprochen worden wäre.

Diese Ansicht hat der BGH unter dem Eindruck einiger Kritik aufgegeben.[5] Nunmehr wird darauf abgestellt, ob der Gläubiger das Geschäft mit der Gesellschaft bei rechtzeitiger Antragstellung überhaupt abgeschlossen hätte. Diese Ansicht ist interessengerecht. Sie entspricht der Anerkennung von § 15a Abs. 1 InsO als Schutzgesetz auch zugunsten derjenigen, die nach Eintritt der Insolvenzantragspflicht Forderungen gegen die Gesellschaft erworben haben. Von dem Moment an, in dem eine Sanierung nicht mehr erreichbar ist, besteht kein Interesse der Neugläubiger mehr an der Erhöhung der Insolvenzquote.

Indessen besteht die Verpflichtung des Unternehmensträgers und seiner Organe, neu hinzukommende Kunden auf eine Überschuldung hinzuweisen. Damit werden zwar die Altgläubiger auf den Quotenschaden verwiesen, nicht aber die Neugläubiger. Diese können ihren Schaden selber geltend machen; er besteht neben einem etwaigen vom Insolvenzverwalter zu erhebenden Schadensersatzanspruch der Gesellschaft gegen den Vorstand. Schließlich besteht der Normzweck des § 15a Abs. 1 InsO auch darin, insolvenzreife Gesellschaften vom Markt fern zu halten, um wirtschaftliche Schäden Dritter zu vermeiden (Markträumungsfunktion).[6]

Die A hat der H-KGaA die Möglichkeit zur fortlaufenden Inanspruchnahme des Dispositionskredites erst gewährt, nachdem die Antragspflicht entstanden war. Es ist lebensnah davon auszugehen, dass dies in Kenntnis der beträchtlichen Überschuldung nicht geschehen wäre. Da die Forderungen der Gläubiger mit einer Quote von 45 % bedient wurden und die Gesamtforderung der A 10.000 € beträgt, liegt der Schadensumfang bei 5500 €.

Da es sich nicht um die Haftung des Komplementärs für Schulden der Gesellschaft handelt, sondern um die Haftung für eigene Pflichtverletzung, bleibt der Anspruch auch von der Insolvenz unberührt. Insbesondere hindert die Vorschrift des § 92 InsO nicht die Geltendmachung durch A. Hiernach ist der Insolvenzverwalter zwar für die Geltendmachung der Ansprüche der Altgläubiger zuständig, nicht aber für diejenigen der Neugläubiger.

Anders als bei den Altgläubigern, die infolge der Insolvenzverschleppung regelmäßig einen einheitlichen Quotenverringerungsschaden und insofern einen Gesamtgläubigerschaden erleiden, besteht grundsätzlich kein einheitlicher Quotenschaden der Neugläubiger, der einer Geltendmachung durch den Insolvenzverwalter zugänglich wäre.[7]

---

[5] BGHZ 126, 181, 192 = NJW 1994, 2220 („Abschied vom Quotenschaden"); zur vorherigen Rechtslage s. *Wilhelm*, ZIP 1993, 1833 ff.

[6] BGHZ 126, 181, 192 ff. = NJW 1994, 2220; *Bork*, ZGR 1995, 505, 512 ff.; *Goette*, DStR 1994, 1048, 1052; *Lutter*, DB 1994, 129, 135.

[7] BGHZ 138, 211, 214 = NJW 1998, 2667; MünchKomm-InsO/*Brandes/Gehrlein*, § 92 Rn. 11; Großkomm-AktG/*Habersack*, § 92 Rn. 79; a. A. wohl *K. Schmidt*, GesR, § 36 II 5 b (S. 1084).

Folglich hat A gegen P einen Anspruch auf Zahlung von 5500 €, den sie selbst geltend machen kann.

3. Anspruch von A gegen P aus § 93 Abs. 2, 5 AktG i. V. m. §§ 278 Abs. 1, 3, 283 Nr. 3 AktG

P haftet als persönlich haftender Gesellschafter wie ein Vorstandsmitglied nach § 93 Abs. 2 AktG (§ 283 Nr. 3 AktG). Damit A diesen Anspruch der Gesellschaft gegen P als Vorstandsmitglied geltend machen kann, muss entweder ein Fall des § 93 Abs. 3 AktG vorliegen oder aber P muss seine organschaftlichen Pflichten in besonders gröblicher Weise verletzt haben (§ 93 Abs. 5 S. 2 AktG).

Was einen Verstoß gegen § 93 Abs. 3 Nr. 1–9 AktG angeht, so kommt allein Nr. 6 in Betracht. Es ist freilich bereits zweifelhaft, ob die Eingehung einer Verbindlichkeit, hier die Inanspruchnahme des Darlehens, eine Zahlung iSv. §§ 93 Abs. 3 Nr. 6, 92 Abs. 2 AktG ist,[8] jedenfalls aber ist diese nicht durch P veranlasst worden. Vielmehr liegt die ursächliche Pflichtverletzung auch in diesem Kontext in der verspäteten Antragstellung.

Da P die Überschuldungssituation der KGaA bekannt war und er zudem von Aussichtslosigkeit möglicher Rettungsmaßnahmen wusste, ist die Unterlassung der Antragstellung als gröbliche (wenn nicht sogar vorsätzliche) Sorgfaltspflichtverletzung iSv. § 93 Abs. 1, 5 AktG anzusehen.

P ist der Gesellschaft damit grundsätzlich aus § 93 Abs. 2 AktG zum Ersatz des Schadens verpflichtet, der ihr hieraus entstanden ist. Dabei erspart § 93 Abs. 5 AktG dem Gläubiger den Umweg über die zahlungsunfähige Gesellschaft (Verfolgungsrecht). Wie sich aus § 93 Abs. 4 S. 2 AktG ergibt, ändert auch die (stillschweigende) Billigung des Aufsichtsratsmitgliedes G nichts an der grundsätzlichen Haftung des P, zumal G keinen Beschluss für den gesamten Aufsichtsrat treffen kann.

Anders als der Schadensersatzanspruch aus § 15a Abs. 1 InsO i. V. mit § 823 Abs. 2 BGB wird der Anspruch aus § 93 Abs. 2, 5 AktG aber durch die Insolvenz der Gesellschaft berührt. Nach § 93 Abs. 5 S. 4 AktG wird das Verfolgungsrecht der Gläubiger bei Insolvenz der Gesellschaft durch den Insolvenzverwalter ausgeübt.

Somit kann A als Gläubiger den P nicht aus § 93 Abs. 2, 5 i. V. m. §§ 278 Abs. 1, 3, 283 Nr. 3 AktG in Anspruch nehmen, ohne dass es auf die Frage ankäme, ob der Gesellschaft durch die pflichtwidrige Verzögerung überhaupt ein Schaden entstanden ist.

4. Anspruch von A gegen P aus § 93 Abs. 2 AktG i. V. m. § 823 Abs. 2 BGB

Da § 93 Abs. 2 AktG eine Haftungsnorm zugunsten der Gesellschaft und nicht zugunsten außenstehender Gläubiger ist, besteht ein Anspruch aus § 93 Abs. 2 AktG i. V. m. § 823 Abs. 2 BGB nicht.[9]

---

[8] Dagegen: BGHZ 138, 211, 216 = NJW 1998, 2667;Großkomm-AktG/*Habersack*, § 92 Rn. 94; Hüffer/Koch/*Koch*, AktG, § 92 Rn. 33; Kölner Komm-AktG/*Mertens/Cahn*, § 92 Rn. 39; *Röhricht*, ZIP 2005, 505, 511; nunmehr auch Scholz/*K. Schmidt*, GmbHG, § 64 Rn. 33; a. A. *Altmeppen/Wilhelm*, NJW 1999, 673, 678 f.

[9] Hüffer/Koch/*Koch*, AktG, § 93 Rn. 60.

5. Anspruch von A gegen P aus § 826 BGB

Schließlich kommt es in Betracht, dass P der A unter dem Gesichtspunkt einer sittenwidrigen Schädigung gem. § 826 BGB verantwortlich ist. Diese Norm bleibt neben den aktienrechtlichen Vorschriften anwendbar.

Voraussetzung ist zunächst eine sittenwidrige Schädigung. P wusste, dass nach Scheitern der Sanierungsverhandlungen nur noch (wenn überhaupt) vage Hoffnung auf eine Erholung der finanziellen Lage bestand und jedes Abwarten ahnungslose Neugläubiger schädigen würde. Eine sittenwidrige Schädigung liegt somit vor.[10]

Diese Schädigung müsste P vorsätzlich herbeigeführt haben. Zwar wollte er die Gesellschaft aus ihrer finanziellen Krise retten. Für § 826 BGB genügt es aber, wenn er die Schädigung des A (oder anderer Neugläubiger) billigend in Kauf genommen hat.[11] Dies ist hier der Fall, so dass P gegenüber A auch aus § 826 BGB für den entstandenen Schaden i. H. v. 5500 € haftet.

II. Ansprüche von A gegen G

1. Anspruch von A gegen G aus §§ 116, 278 Abs. 1, 3, 93 Abs. 2, 5 AktG

In Betracht kommt, dass A gegen G einen Anspruch der KGaA geltend machen kann. Auch für G als Aufsichtsratsmitglied einer KGaA gilt über die Verweisung in §§ 116, 278 Abs. 1, 3 AktG die Haftungsvorschrift des § 93 Abs. 1 AktG.

Voraussetzung für einen hieraus herzuleitenden Anspruch ist wie schon bei P (vgl. I 3) eine gröbliche Pflichtverletzung iSv. § 93 Abs. 2, 5 AktG.

G wusste nicht nur über die finanziellen Verhältnisse der H Bescheid, sondern er hat die Verschleppung der Antragstellung sogar noch gefördert. Zwar trifft den G als Mitglied des Aufsichtsrates grundsätzlich (zu denkbaren Einschränkungen s. sogleich sub 2) nicht selbst die Pflicht zur rechtzeitigen Antragstellung. Er hat die Einhaltung der Insolvenzantragspflicht des Vorstands – insbesondere in einer Krisensituation – aber zu überwachen.[12] Eine gröbliche Pflichtverletzung i. S. v. § 93 Abs. 2, 5 AktG ist deshalb zu bejahen.

Allerdings findet auch hier § 93 Abs. 5 S. 4 AktG Anwendung, so dass nur der Insolvenzverwalter den Anspruch geltend machen kann.

2. Anspruch von A gegen G aus § 15a Abs. 1 InsO i. V. mit § 823 Abs. 2 BGB

Ein deliktischer Anspruch der A gegen G kann sich § 15a Abs. 1 InsO i. V. mit § 823 Abs. 2 BGB wegen Verletzung der Insolvenzantragspflicht ergeben. Grundsätzlich ist G als Aufsichtsratsmitglied zwar nicht zur Antragstellung verpflichtet. Gleichwohl kann unter bestimmten Voraussetzungen die Pflicht zur Stellung eines Insolvenzantrages auch einen Dritten treffen. Dies gilt jedenfalls für fehlerhaft bestellte Vorstandsmitglieder.[13]

Weniger eindeutig ist die Rechtslage bei den sog. faktischen Organwaltern, also solchen Personen, die die Geschäfte der Gesellschaft tatsächlich wie ein Vorstand

---

[10] Vgl. BGHZ 75, 96, 114 = NJW 1979, 1823 (Herstatt).

[11] BGH NJW 2000, 2896; Erman/*Schiemann*, BGB, § 826 Rn. 14.

[12] Vgl. Großkomm-AktG/*Hopt/M. Roth*, § 116 Rn. 141.

[13] Vgl. *Stein*, ZHR 148 (1984), 207, 217 ff.

führen, ohne zum Vorstand bestellt zu sein. Im GmbH-Recht wird die zivil- und strafrechtliche Verantwortung für die verspätete Antragstellung verbreitet auch auf jene Personen erstreckt.[14]

Indessen kann dies zu einer unerwünschten Aufweichung der Antragsbefugnis im Verfahrensrecht führen. Das Abstellen auf eine Person, die „die Geschäfte der Gesellschaft tatsächlich wie ein Vorstandsmitglied führt", kann schon aus Gründen der Rechtssicherheit nicht überzeugen.[15] Zudem bleibt der beherrschende Einfluss eines Dritten in diesen Zusammenhängen keineswegs sanktionslos, denn die faktischen Organwalter werden regelmäßig unter allgemeinen deliktsrechtlichen Gesichtspunkten oder einer Konzernhaftung den Gläubigern verantwortlich sein. Wie soeben (sub 1) gezeigt, haftet ein Aufsichtsratsmitglied überdies aus §§ 116, 93 AktG.

Selbst wenn man entgegen der hier vertretenen Ansicht eine eigene Antragspflicht des faktischen Organs annehmen wollte, stellt sich die Frage, ob G tatsächlich den P aus dessen Stellung als eigenverantwortlich handelndes Vorstandsmitglied vollständig verdrängt hat.

Dagegen spricht, dass P bereits am Montag und damit offensichtlich gegen den Willen des G den Insolvenzantrag gestellt hat. Hierin kommt eine eigenverantwortliche Handlungsweise zum Ausdruck, was den Schluss nahe legt, dass P bis zur Antragstellung die Geschäfte allein geführt hat.

Folglich besteht kein Anspruch der A gegen G aus § 15a Abs. 1 InsO i. V. mit § 823 Abs. 2 BGB.

3. Anspruch von A gegen G aus §§ 117 Abs. 1 und 5 i. V. mit 278 Abs. 1, 3 AktG

Im Hinblick auf die beherrschende Stellung des G innerhalb der Gesellschaft kommt ein Anspruch aus § 117 AktG in Betracht. Auch dieser Anspruch kann gem. § 117 Abs. 5 S. 1 AktG von den Gläubigern geltend gemacht werden, soweit sie von der Gesellschaft keine Befriedigung erlangen können.

Voraussetzung ist, dass G unter Benutzung seines Einflusses den P als Verwaltungsorgan zu einer gesellschaftsschädigenden Handlung angewiesen hat. Dies kann jedwede Form von Machtstellung sein. In Betracht kommt insbesondere die Stellung als Mehrheitsaktionär.[16] Sodann ist es erforderlich, dass der Betreffende unter rechtswidrigem Gebrauch seines Einflusses ein Führungsmitglied der AG (KG aA) zu einer schädigenden Handlung der Gesellschaft veranlasst und schließlich diese Handlung kausal auf dem geltend gemachten Einfluss beruht.

Hier hatte G aufgrund seiner persönlichen und finanziellen Stellung innerhalb der Gesellschaft in rechtlicher und tatsächlicher Hinsicht eine Machtposition, die geeignet war, P als Organmitglied zu einer schädigenden Handlung zu motivieren. Davon hat er auch durch sein Eintreten für ein weiteres Zuwarten bei der Antragstellung

---

[14] BGHZ 75, 96, 106 = NJW 1979, 1823 (Herstatt); BGHZ 104, 44, 46 = NJW 1988, 1789; BGHSt 3, 32, 38.

[15] Vgl. Großkomm-AktG/*Habersack*, § 92 Rn. 33, ferner Großkomm-AktG/*Kort*, § 117 Rn. 79 f.; *Stein*, ZHR 148 (1984), 207, 223 ff.

[16] Großkomm-AktG/*Kort*, § 117 Rn. 118 (zur institutionellen Einflussnahme aufgrund einer Organstellung vgl. Rn. 121).

Gebrauch gemacht. Indessen ist dem Sachverhalt nicht zu entnehmen, ob P sich diesem Einfluss gebeugt und gerade aufgrund der Intervention des G die Antragstellung bis Montag hinausgezögert hat.

Gegen die Annahme ursächlichen Verhaltens spricht, dass P im Folgenden eigenverantwortlich und insoweit unbeeinflusst vom Einflussnahmeversuch des G den Insolvenzantrag noch am nächsten Werktag gestellt hat. Eine Haftung entfällt damit.

Hinweis:
Selbst bei gegenteiligem Ergebnis kann ein hieraus der KGaA erwachsender Schadensersatzanspruch von A gem. § 117 Abs. 5 S. 3 AktG während der Dauer des Insolvenzverfahrens nicht geltend gemacht werden. Auch in diesem Fall ist der Anspruch materiell der Gesellschaft und damit seine Geltendmachung dem Insolvenzverwalter zugewiesen.

4. Anspruch von A gegen G nach den Grundsätzen der Durchgriffshaftung

Als Ansatzpunkt für eine Durchgriffshaftung kommt hier die beherrschende Stellung des G innerhalb der Gesellschaft in Betracht. Jedoch stellt sich nicht schon die Benutzung einer gesellschaftsrechtlich anerkannten Rechtsform als Missbrauch dar. Dies gilt auch dann, wenn die Stellung des persönlich haftenden Gesellschafters intern eher schwach ausgestaltet ist.

Hinzukommen müssen beispielsweise eine deutliche materielle Unterkapitalisierung oder andere Merkmale anerkannter Fallgruppen der Durchgriffshaftung,[17] wofür hier aber keine Anzeichen bestehen.

5. Anspruch von A gegen G aus § 317 Abs. 1, 4 i. V. m. § 309 Abs. 4 S. 2 AktG

Ferner kommt ein konzernrechtlicher Ersatzanspruch aus § 317 Abs. 1 AktG in Betracht.

Hinweis:
Grundsätzlich genießt § 317 AktG Vorrang vor § 117 AktG.[18] Der hier vorgeschlagene Aufbau weicht davon ab, da die Stellung des G als Unternehmen i. S. v. § 317 AktG weniger nahe liegt.

Einen solchen Ersatzanspruch kann A gem. § 317 Abs. 4 i. V. m. § 309 Abs. 4 S. 2 AktG unmittelbar gegenüber G geltend machen, wenn dieser als herrschendes Unternehmen anzusehen ist und die KGaA von ihm abhängig war. Zwar kann G auch als natürliche Person grundsätzlich herrschendes Unternehmen i. S. v. § 17 AktG sein und die Vermutung des § 17 Abs. 2 AktG legt zudem eine beherrschende Stellung nahe.

[17] Vgl. *K. Schmidt*, GesR, § 9 IV (S. 233 ff.).

[18] S. dazu Großkomm-AktG/*Kort*, § 117 Rn. 264 ff.

Nicht dem Sachverhalt zu entnehmen ist aber, ob G auch außerhalb der H-KGaA einer wirtschaftlichen Interessenbindung unterliegt, die stark genug ist, um die ernste Besorgnis zu begründen, er könnte um ihretwillen seinen Einfluss zum Nachteil der H-KGaA geltend machen.[19] Da eine Einflussmöglichkeit auf zwei oder mehrere Unternehmen in der Person des G nicht ersichtlich ist, ist G nicht als Unternehmen anzusehen und ein Anspruch nach § 317 Abs. 1 AktG abzulehnen. Zudem scheint es fraglich, ob die verzögerte Antragstellung sich als ein negatives Rechtsgeschäft darstellen kann. Selbst wenn man dies annähme, so ist es jedenfalls nicht von G kausal veranlasst, wie bereits unter II 3 festgestellt.

Darüber hinaus könnte auch dieser Anspruch nur vom Insolvenzverwalter geltend gemacht werden (§ 317 Abs. 4 i. V. m. § 309 Abs. 4 S. 5 AktG).

6. Anspruch von A gegen G aus § 826 BGB

Schließlich kommt ein Anspruch aus § 826 BGB in Betracht. Dieser setzt eine vorsätzliche sittenwidrige Schädigung des A voraus.

Eine solche qualifizierte Schädigung kann hier wiederum allein in dem Drängen auf weiteres Zuwarten hinsichtlich der Insolvenzantragstellung gesehen werden. G war zwar bewusst, dass durch weiteres Zögern potentielle Neugläubiger geschädigt werden, und er nahm dies auch billigend in Kauf. Allerdings fehlt es auch hier an der Ursächlichkeit der Handlung für die verspätete Antragstellung durch P (vgl. o. II 3) und damit für den Schaden der A.

Folglich haftet G der A auch nicht nach § 826 BGB.

III. Ansprüche von A gegen D

In Betracht kommt ein Anspruch von A gegen D aus § 826 BGB. Dies setzt eine vorsätzlich sittenwidrige Schädigung der A durch die Unternehmensgruppe D bei den Sanierungsverhandlungen mit P und G voraus.

Allerdings verstößt der ernsthaft unternommene Versuch einer Unternehmensgruppe, ein Not leidendes Unternehmen zu retten, auch dann nicht gegen die guten Sitten, wenn der Versuch misslingt.[20]

Demgegenüber kann der Vorwurf des sittenwidrigen Handelns zum Schaden der Gläubiger begründet sein, wenn eine Unternehmensgruppe aus eigensüchtigen Motiven die Insolvenz des Unternehmens hinausschiebt und für sie abzusehen ist, dass die ergriffenen Stützungsmaßnahmen den Zusammenbruch allenfalls verzögern.[21] Anhaltspunkte hierfür liefert der Sachverhalt indessen nicht.

Ein Anspruch der A aus § 826 BGB gegen die Unternehmensgruppe D scheidet deshalb aus.

---

[19] Vgl. BGHZ 69, 334, 337 = NJW 1978, 104 (Veba/Gelsenberg); BGHZ 74, 359, 365 = NJW 1979, 2401 (WAZ); BGHZ 80, 69, 72 = NJW 1981, 1512 (Süssen); BGHZ 95, 330, 337 = NJW 1986, 188 (Autokran); BGHZ 135, 107, 113 = NJW 1997, 1855 (VW).

[20] Vgl. BGHZ 96, 231, 235 ff. = NJW 1986, 837 (BuM).

[21] BGHZ 75, 96, 114 = NJW 1979, 1823 (Herstatt); BGHZ 96, 231, 237 = NJW 1986, 837 (BuM).

Machtbewusste GmbH 10

10.1 Sachverhalt

Die R-GmbH, Herstellerin eines Erfrischungsgetränks, übernimmt zum Zwecke des verbesserten Vertriebs 55 % der Anteile am Stammkapital der M & Co. Vertriebsgesellschaft mbH. Die übrigen Anteile der M werden von X (25 %) und Y (20 %) gehalten.

Um die steuerliche Organschaft zu erlangen, schließen die beiden Gesellschaften, vertreten durch ihre Geschäftsführer, zu Beginn des Geschäftsjahres 1990 einen schriftlichen Beherrschungs- und Gewinnabführungsvertrag. Darin findet sich u. a. folgende Regelung:

§ 1: Die M & Co.-GmbH unterstellt die Leitung ihres Unternehmens der R-GmbH. Der R-GmbH steht ein Weisungsrecht gegenüber den Geschäftsführern der M & Co.-GmbH zu.

Die Gesellschafter der R-GmbH stimmen dem Vertrag mehrheitlich zu; lediglich Z, der mit 30 % an der R-GmbH beteiligt ist, versagt seine Zustimmung. Die Gesellschafterversammlung der M & Co.-GmbH fasst ebenfalls einen Zustimmungsbeschluss, allerdings ohne die Stimme des Y. Der Geschäftsführer der M & Co.-GmbH, N, lässt diesen Beschluss beurkunden und meldet ihn zum Handelsregister an.

N erhält in der Folgezeit von S, dem Geschäftsführer der R-GmbH, zahlreiche Weisungen, die er gewissenhaft umsetzt. Am Ende des jeweiligen Geschäftsjahres führt die M & Co.-GmbH vertragsgemäß ihren Gewinn an die R-GmbH ab.

Ab 2016 verläuft die geschäftliche Entwicklung der M & Co.-GmbH schlechter. Als S den N anweist, er solle die Geschäftsaktivitäten auf dem Berliner Markt einstellen und die Kundendatei auf die von der R-GmbH für diese Region eigens gegründete neue Vertriebsgesellschaft übertragen, widersetzt sich N. Er meint, hierfür bedürfe es eines wirksamen Beschlusses der Gesellschafterversammlung. Auf den Beherrschungsvertrag könne sich S nicht berufen, weil dieser nichtig sei.

C. Armbrüster, *Fallsammlung zum Gesellschaftsrecht*, Juristische ExamensKlausuren,
https://doi.org/10.1007/978-3-662-56192-8_10

Die sich abzeichnende schlechte Geschäftsentwicklung führt im Geschäftsjahr 2016 zu einem bilanziellen Fehlbetrag von 100.000 €, den N von der R-GmbH ersetzt verlangt.

S möchte nun wissen,

a. ob N seinen Anweisungen widersprechen kann, und
b. ob die R-GmbH zum Ausgleich der 100.000 € verpflichtet ist.

10.2 Lösungshinweise

Frage 1 Widerspruchsrecht des N gegen die Anweisungen des S
N kann sich den Weisungen des S widersetzen, wenn es für diese an einer Rechtsgrundlage fehlt. Zu prüfen ist demnach, ob sich eine Weisungskompetenz des S (oder der von ihm vertretenen R-GmbH) rechtfertigen lässt.

I. Das Weisungsrecht der Gesellschafterversammlung als Rechtsgrundlage für die Anweisung des S
Ein Weisungsrecht kann sich zunächst aus der 55 %-Beteiligung der R-GmbH an der M & Co.-GmbH ergeben.

Anders als im Aktienrecht (vgl. § 76 Abs. 1 AktG) sind die Geschäftsführer einer GmbH gehalten, die Anweisungen der Gesellschafterversammlung auszuführen, §§ 37 Abs. 1, 46 Nr. 6 (und 8) GmbHG.

Zu erwägen ist daher, dass S als Vertreter der R-GmbH einen formlosen Beschluss (einfache Mehrheit) für die M & Co.-GmbH fassen und N auf dessen Grundlage Anweisungen erteilen kann.

Allerdings deckt dieses einfache Weisungsrecht der Gesellschafter über die Gesellschafterversammlung nicht schädigende sowie solche Weisungen, durch die die Gesellschaft in einen Konzern eingegliedert werden soll.[1] Gerade den Mehrheitsgesellschafter trifft nämlich seiner Gesellschaft und seinen Mitgesellschaftern gegenüber das aus der gesellschaftsrechtlichen Treuepflicht fließende Schädigungsverbot. Allein aus der Mehrheitsbeteiligung der R-GmbH ergibt sich mithin kein Weisungsrecht.

II. Der Beherrschungsvertrag als Rechtsgrundlage für die Anweisungen des S
In Betracht kommt somit, das Weisungsrecht des S unmittelbar auf den Unternehmensvertrag zwischen der R-GmbH und der M & Co.-GmbH zu stützen. Aus diesem Vertrag kann sich die Weisungsgebundenheit der M & Co.-GmbH und damit auch des N ergeben.

Voraussetzung ist allerdings, dass der zwischen den Gesellschaften geschlossene Vertrag wirksam ist.

---

[1] *Emmerich/Habersack*, Konzernrecht, S. 535 ff.

1. Zulässigkeit eines mit einem Gewinnabführungsvertrag verbundenen Beherrschungsvertrages

Angesichts der weitreichenden Eingriffe in das Organisations- und Finanzgefüge der beteiligten Gesellschaften lassen sich bereits Zweifel an der grundsätzlichen Zulässigkeit von Beherrschungs- und Gewinnabführungsverträgen anmelden. Immerhin ändert sich durch die Unterstellung unter fremde Leitung und Abführung des Gewinns für die abhängige Gesellschaft der Geschäftszweck. Zudem wird die herrschende Gesellschaft unter Umständen verlustausgleichspflichtig (vgl. § 302 AktG). Schließlich werden Unternehmensverträge bei der GmbH – anders als im Aktienrecht (vgl. § 291 Abs. 1 AktG) – durch das GmbH-Gesetz nicht ausdrücklich zugelassen.

Dennoch kann sich auch eine GmbH unter die Leitung eines fremden Unternehmens stellen und sich vertraglich zur Abführung ihres Gewinnes verpflichten. Unabhängig von einer analogen Anwendung aktienrechtlicher Vorschriften folgt dies schon aus der allgemeinen Vertragsfreiheit, vgl. § 45 Abs. 1 GmbHG, § 311 Abs. 1 BGB.

Das Fehlen einer ausdrücklichen Regelung im GmbH-Gesetz ist auch deshalb unschädlich, weil die Regelungen der §§ 291 ff. AktG der eigenverantwortlichen Leitungsmacht des Vorstands (§ 76 Abs. 1 AktG) sowie der aktienrechtlichen Satzungsstrenge (§ 23 Abs. 5 AktG) geschuldet sind. Wie die § 14 KStG ergänzende Regelung des § 17 Abs. 1 S. 1 KStG zeigt, geht auch der Gesetzgeber davon aus, dass Unternehmensverträge zulässigerweise auch von anderen Kapitalgesellschaften als der Aktiengesellschaft abgeschlossen werden können.

2. Zustandekommen des Unternehmensvertrages zwischen der R-GmbH und der M & Co.-GmbH

Die R-GmbH und die M & Co.-GmbH haben sich über den Abschluss eines Beherrschungs- und Gewinnabführungsvertrages geeinigt. Die Gesellschaften wurden dabei gem. § 164 Abs. 1 BGB, § 35 Abs. 1 GmbHG von ihren Geschäftsführern vertreten. Diese sind, da es sich hierbei um einen Akt der Vertretung der Gesellschaften nach außen handelte, auch zuständig.

3. Unwirksamkeit nach § 177 Abs. 1 BGB

Der Vertrag kann nach § 177 Abs. 1 BGB unwirksam sein.

a) Vertretung ohne Vertretungsmacht

Das setzt zunächst voraus, dass der Vertrag durch einen Vertreter ohne Vertretungsmacht geschlossen wurde.

aa) Vertretungsmacht des N

Problematisch ist zunächst die Vertretungsmacht des N für die M & Co.-GmbH. Nach § 35 GmbHG ist die Vertretungsmacht des N als Geschäftsführer grundsätzlich unbeschränkt.

Etwas anderes ergibt sich möglicherweise im Hinblick auf den Charakter des Unternehmensvertrages. Dieser ist nicht nur ein schuldrechtliches Verpflichtungsgeschäft, sondern auch ein gesellschaftsrechtlicher Organisationsvertrag, durch den tief in die Finanz- und Organisationsstruktur der Gesellschaft eingegriffen wird.[2]

Eine Gewinnabführungsregelung, wie sie hier in Rede steht, hebt das Gewinnbezugsrecht der außenstehenden Gesellschafter faktisch auf. Dass die Gesellschaft der Leitung durch die Obergesellschaft unterstellt wird, neutralisiert praktisch die Weisungskompetenz der Gesellschafterversammlung. Hierdurch ändert sich der Gesellschaftszweck von einer vornehmlich werbenden Gesellschaft hin zu einer ausschließlich auf die Interessen der herrschenden Gesellschaft ausgerichteten GmbH. Man spricht insofern von einer satzungsändernden oder satzungsüberlagernden Wirkung[3] des Unternehmensvertrages.

Ist aber der Charakter des Unternehmensvertrages organisationsrechtlicher Natur und führt der Vertrag deshalb zu einer faktischen Satzungsänderung, so ist seine Wirksamkeit in Anlehnung an die §§ 53 ff. GmbHG von einem Beschluss der Gesellschafterversammlung abhängig. Unanwendbar ist hingegen § 37 Abs. 2 GmbHG, da der Grundsatz der Unbeschränkbarkeit der Vertretungsmacht für Verträge gesellschaftsrechtlicher Natur keine Geltung entfaltet.[4]

Folglich hatte N bei Einigung mit S über den Unternehmensvertrag keine Vertretungsmacht in Bezug auf die M & Co.-GmbH.

bb) Vertretungsmacht des S

Fraglich ist, ob dasselbe auch für S gilt. Auf den ersten Blick ist der Abschluss des Vertrages für die Gesellschafter der R-GmbH nicht nachteilig; so wird insbesondere in ihr Gewinnbezugsrecht nicht eingegriffen.

Allerdings ist auch im GmbH-Recht die Wertung des § 293 Abs. 2 AktG zu berücksichtigen. Danach muss die Hauptversammlung der Obergesellschaft dem Abschluss eines Beherrschungs- und Gewinnabführungsvertrages mit qualifizierter Mehrheit zustimmen.[5] Im Aktienrecht findet dieses Zustimmungserfordernis seine Rechtfertigung in den mit einem Unternehmensvertrag verbundenen Belastungen für die herrschende Gesellschaft aus §§ 302–305 AktG. Außerdem werden die Aktionäre der herrschenden Gesellschaft mit den unternehmerischen Risiken einer Gesellschaft belastet, auf deren Geschäftsführung sie keinen unmittelbaren Einfluss haben.[6]

Im GmbH-Recht kann, da die Gesellschafter sich hier den gleichen Risiken gegenüber sehen, grundsätzlich nichts anderes gelten. Zudem finden jedenfalls die §§ 302, 303 AktG auf die GmbH entsprechende Anwendung.[7]

Besteht aber auch für eine herrschende GmbH in entsprechender Anwendung des § 302 AktG die Pflicht zum Verlustausgleich (oder zur Sicherheitsleistung,

---

[2] BGHZ 103, 1, 4 f. = NJW 1988, 1326 [Familienheim]; BGHZ 105, 324, 331 = BGH NJW 1989, 295 [Supermarkt]; BGHZ 190, 45, 50 = NZG 2011, 902.

[3] *Emmerich/Habersack*, Konzernrecht, S. 558.

[4] *Emmerich/Habersack*, Konzernrecht, S. 559.

[5] *Emmerich/Habersack*, Konzernrecht, S. 256, 562.

[6] Vgl. BGHZ 105, 324, 335 = BGH NJW 1989, 295 (Supermarkt).

[7] BGHZ 103, 1, 4 ff. = NJW 1988, 1326 [Familienheim]; BGHZ 105, 324, 333 = BGH NJW 1989, 295; *Emmerich/Habersack*, Konzernrecht, S. 562; *Raiser/Veil*, Kapitalgesellschaften, § 62 Rn. 53 (S. 765) hins. § 302 AktG.

§ 303 AktG analog), dann kann die gesetzgeberische Wertung in § 293 Abs. 2 AktG nicht aus diesem Gesamtgefüge gelöst werden. Mithin ist für die Wirksamkeit eines Beherrschungs- und Gewinnabführungsvertrages, auch wenn die herrschende Gesellschaft eine GmbH ist, die Zustimmung der Gesellschafterversammlung der Obergesellschaft mit qualifizierter Mehrheit erforderlich.[8]

Damit fehlte auch S bei Abschluss des Unternehmensvertrages die erforderliche Vertretungsmacht.

cc) Zwischenergebnis

Der Vertrag wurde daher sowohl für die M & Co.-GmbH als auch für die R- GmbH durch Vertreter ohne Vertretungsmacht geschlossen. Er war damit zunächst schwebend unwirksam.

b) Genehmigung

Der Vertrag ist (endgültig) wirksam, wenn ihn beide Gesellschaften wirksam genehmigt haben (vgl. § 177 Abs. 1 BGB).

aa) Zustimmungsbeschluss in der M & Co.-GmbH

Eine Genehmigung der M & Co.-GmbH kann sich aus dem Zustimmungsbeschluss der Gesellschafterversammlung ergeben. Dazu muss dieser Beschluss wirksam sein.

(1) Mehrheitserfordernis

Problematisch ist zunächst, ob der Beschluss mit der erforderlichen Mehrheit gefasst wurde. Ob der Zustimmungsbeschluss der Gesellschafterversammlung der beherrschten Gesellschaft mit qualifizierter Mehrheit, einstimmig oder gar mit Zustimmung aller (also auch der bei der Beschlussfassung nicht anwesenden) Gesellschafter zu erfolgen hat, ist umstritten. Hier ist der Beschluss in der M & Co.-GmbH mit einem Stimmverhältnis von 80 zu 20 gefasst worden, so dass es auf den Streit ankommt.

Die wohl überwiegende Ansicht in der Literatur[9] fordert eine einstimmige Beschlussfassung.[10] Danach ist ein effektiver Minderheitenschutz nur über eine strikte Konzerneingangskontrolle möglich. Die Gefahr, dass einzelne Gesellschafter den Abschluss von Unternehmensverträgen aus unsachlichen Gründen hintertreiben, besteht nach dieser Ansicht nicht: Im Einzelfall sollen die Gesellschafter aus der Treuepflicht zur Zustimmung verpflichtet sein (etwa dann, wenn allein durch den Abschluss des Vertrages das Überleben der Gesellschaft gewährleistet werden kann).

Bedenkt man zudem, dass die Unterstellung unter eine einheitliche Leitung und die Abführung des gesamten erwirtschafteten Gewinns für die abhängige GmbH

[8] BGHZ 105, 324, 331 = BGH NJW 1989, 295 [Supermarkt].

[9] Vgl. *Emmerich*, AG 1991, 303, 308; *Raiser/Veil*, Kapitalgesellschaften, § 62 Rn. 25 (S. 756); *Ulmer*, BB 1989, 10, 13; *Zöllner*, ZGR 1992, 173, 174.; *K. Schmidt*, GesR, § 38 III 2 a (S. 1192).

[10] Vgl. *Emmerich/Habersack*, Konzernrecht, S. 560.

einer Änderung des Gesellschaftszwecks gleichkomme (s. schon oben), so liegt es nahe, entsprechend § 33 Abs. 1 S. 2 BGB, § 53 Abs. 3 GmbHG (Vermehrung der den Gesellschaftern auferlegten Leistungen) die Einstimmigkeit zur Mindestvoraussetzung zu erheben.

Dafür, dass eine bloß qualifizierte Mehrheit ausreicht, spricht hingegen die Systematik des Aktiengesetzes. § 293 Abs. 1 S. 2 lässt die qualifizierte Mehrheit der Aktionäre der Hauptversammlung der abhängigen AG für den Zustimmungsbeschluss genügen. Nichts anderes ergibt sich, wenn man auf die satzungsändernde Wirkung eines Unternehmensvertrages für eine GmbH abstellt denn nach § 53 Abs. 2 S. 1 HS. 2 GmbHG erfordert auch diese lediglich eine ¾ Mehrheit der abgegebenen Stimmen.

Zudem würde ein Einstimmigkeitserfordernis die Wertungen des § 298 Abs. 1 und 2 AktG sowie zahlreicher umwandlungsrechtlicher Vorschriften unberücksichtigt lassen. Diese lassen für strukturändernde Maßnahmen, seien sie auch von großer Erheblichkeit, eine satzungsändernde Mehrheit genügen. Schließlich ist ein effektiver Minderheitenschutz auch über die analoge Anwendung der §§ 304, 305 AktG zu erreichen[11] und muss nicht im Vorfeld des Vertragsschlusses erfolgen. Das gilt insbesondere deshalb, weil die außenstehenden Gesellschafter zu diesem Zeitpunkt möglicherweise noch gar nicht überblicken können, wie viel „Schutz" sie zu einem späteren Zeitpunkt überhaupt benötigen.

Überzeugender ist es daher, eine qualifizierte Mehrheit von ¾ der abgegebenen Stimmen ausreichen zu lassen.[12] Der Zustimmungsbeschluss der Gesellschafterversammlung der M & Co.-GmbH erfolgte hier mit 80 % der Stimmen und genügt somit dem qualifizierten Mehrheitserfordernis, wenn man bei der Berechnung der Mehrheit alle abgegebenen Stimmen berücksichtigt.

(2) Stimmverbot der R-GmbH gem. § 47 Abs. 4 S. 2 Fall 1 GmbHG

An der notwendigen Mehrheit fehlt es indes, wenn die mit 55 % beteiligte R-GmbH bei der Beschlussfassung über den Unternehmensvertrag einem Stimmverbot unterlag. Dem Wortlaut des § 47 Abs. 4 S. 2 Fall 1 GmbHG nach ist die R-GmbH von der Abstimmung ausgeschlossen, da der in Rede stehende Vertrag mit ihr selbst abgeschlossen werden sollte. Anders als der Fall des „Richtens in eigener Sache" (§ 47 Abs. 4 S. 2 Fall 2 GmbHG) ist § 47 Abs. 4 S. 2 Fall 1 in Fällen der korporativen Willensbildung (innere Angelegenheiten) allerdings nicht anzuwenden.

[11] Rowedder/Schmidt-Leithoff/*Koppensteiner/Schnorbus*, GmbHG, § 52 Anh. Rn. 98 f.; Lutter/Hommelhoff/*Lutter/Hommelhoff*, GmbHG, Anh. § 13 Rn. 68 f.; *Hoffmann-Becking*, WiB 1994, 57, 59.

[12] In diese Richtung tendiert wohl auch der BGH (BGHZ 190, 45, 47), indem er in einem *obiter dictum* ein *Mehrheitserfordernis* für den Fall der ordentlichen Kündigung eines Beherrschungs- und Gewinnabführungsvertrages als Maßstab setzt und zugleich die ordentliche Kündigung mit dem Abschluss eines Beherrschungs- und Gewinnabführungsvertrags auf eine Stufe stellt (BGHZ 190, 45, 50); nunmehr auch Roth/Altmeppen/*Altmeppen*, GmbHG, Anh. § 13 Rn. 39 (a.A. noch in der Voraufl., Rn. 37, 40).

Das Beteiligungsinteresse des betroffenen Gesellschafters geht dem Schutz vor Interessenkollisionen vor.

So liegt es hier. Folglich war die R-GmbH nicht von der Abstimmung ausgeschlossen. Die erforderliche Mehrheit liegt vor.

(3) Beurkundung und Registereintragung

Die satzungsändernde Wirkung des Abschlusses eines Beherrschungs- und Gewinnabführungsvertrages macht eine notarielle Beurkundung und Registereintragung des Beschlusses in entsprechender Anwendung der §§ 53, 54 GmbHG erforderlich.[13]

Die Beurkundung nach § 53 Abs. 2 S. 1 GmbHG erfüllt Prüfungs-, Belehrungs- und Beweissicherungsfunktionen, die auch im Falle des Zustimmungsbeschlusses bedeutsam sind. Diese Unverzichtbarkeit gilt, nicht zuletzt im Hinblick auf den Gläubigerschutz, auch für die Kontroll- und Publizitätsfunktion der Registereintragung nach § 54 Abs. 3 GmbHG.

In Anlehnung an § 294 Abs. 1 S. 2 AktG sind auch der Zustimmungsbeschluss der herrschenden Gesellschaft sowie der Unternehmensvertrag selbst zum Register einzureichen, da anderenfalls allein aus dem Zustimmungsbeschluss sich u. U. nicht alle notwendigen Informationen ergeben.[14]

Hier hat N den Zustimmungsbeschluss beurkundet und zum Register angemeldet. Von einer Einreichung des Vertrages und des Zustimmungsbeschlusses der R-GmbH kann ausgegangen werden. Damit ist der Zustimmungsbeschluss auch in formeller Hinsicht wirksam.

bb) Zustimmungsbeschluss in der R-GmbH

Problematisch ist, ob ein wirksamer Zustimmungsbeschluss in der R-GmbH gefasst wurde.

Obwohl auf der Seite der herrschenden GmbH keine Satzungsänderung vorliegt, ist auch hier eine qualifizierte Mehrheit der abgegebenen Stimmen erforderlich. Dies folgt zwar nicht aus § 53 Abs. 2 GmbHG, wohl aber aus einer entsprechenden Anwendung des § 293 Abs. 2 S. 2 AktG.[15] Wegen der insoweit nicht satzungsändernden Wirkung des Abschlusses des Vertrages bedarf der Zustimmungsbeschluss allerdings weder der Beurkundung noch der Eintragung in das Handelsregister.

Hier ist der Beschluss der Gesellschafterversammlung in der R-GmbH ohne die Stimmen des mit 30 % am Stammkapital beteiligten Z gefasst worden. Folglich fehlt es an der erforderlichen qualifizierten Mehrheit (75 %).

cc) Zwischenergebnis

Der Beherrschungs- und Gewinnabführungsvertrag ist damit nach § 177 Abs. 1 BGB unwirksam.

---

[13] Vgl. auch BGHZ 105, 324, 338 = NJW 1989, 295 (Supermarkt).

[14] BGHZ 105, 324, 338 = NJW 1989, 295 (Supermarkt); ferner BGH NJW 1992, 1452, 1453 (Siemens).

[15] BGHZ 105, 324, 335 f. = NJW 1989, 295 (Supermarkt).

4. Weitere Wirksamkeitshindernisse

a) Formnichtigkeit gem. § 125 BGB

Der Vertrag ist schriftlich geschlossen worden. Das genügt den Voraussetzungen des § 293 Abs. 3 AktG. Weitergehende Formerfordernisse bestehen nicht.

b) Nichtigkeit wegen fehlender Ausgleichsregelungen; notwendiger Vertragsinhalt

Daraus, dass ein effektiver Minderheitenschutz über eine entsprechende Anwendung der §§ 304, 305 AktG erreicht werden kann (s. o. sub 3 b aa), ergibt sich zugleich, dass der Unternehmensvertrag solche Ausgleichsansprüche auch festlegen muss, um wirksam zu sein.[16]

Daran fehlt es hier. Nähme man mit der h.M. das Erfordernis der Einstimmigkeit im Zustimmungsverfahren an, so wäre die Minderheit allein in der Lage, den für sie nötigen Schutz zu besorgen. Lässt man aber (wie hier vertreten) eine qualifizierte Mehrheit genügen, so bedarf es entsprechend §§ 304, 305 AktG der vertraglichen Festlegung des Minderheitenschutzes. Dies ist hier nicht geschehen, so dass der Vertrag auch aus diesem Grunde nichtig ist.

5. Zwischenergebnis

Der unwirksame Beherrschungs- und Gewinnabführungsvertrag ist damit unmittelbar keine Rechtsgrundlage der Weisungen des S an N.

III. Der nichtige Beherrschungsvertrag i. V. m. den Grundsätzen über die fehlerhafte Gesellschaft als Rechtsgrundlage für die Anweisungen des S an N

Die Weisungsbefugnis des S lässt sich aber möglicherweise auf den Unternehmensvertrag i. V. m. den Grundsätzen über die fehlerhafte Gesellschaft stützen. Der Vertrag kann nach den Grundsätzen über die fehlerhafte Gesellschaft als wirksam zu behandeln sein. Da es sich bei Unternehmensverträgen nicht um allein schuldrechtliche Verträge, sondern gesellschaftsrechtliche Organisationsverträge handelt, die nicht ohne Weiteres auf Grund allgemeiner schuldrechtlicher Vorschriften rückabgewickelt werden können, sind auch auf sie die Grundsätze der fehlerhaften Gesellschaft anwendbar.[17]

Die Anwendung dieser Grundsätze setzt voraus, dass der Unternehmensvertrag in Vollzug gesetzt wurde. Das ist hier seit 1990 der Fall. Außerdem dürfen der Anwendung der Grundsätze über die fehlerhafte Gesellschaft keine höherrangigen Interessen der Allgemeinheit entgegenstehen.

Für das Vorliegen solcher höherrangiger Interessen lässt sich anführen, dass auch Gesellschafter, die dem Vertrag nicht zugestimmt haben, von dessen Wirkungen betroffen werden. Wenn es, wie hier, an der Zustimmung aller Gesellschafter fehlt oder sich im Unternehmensvertrag keine Ausgleichsregelungen entsprechend §§ 304, 305 AktG finden, so blieben diese schützenswerten Belange

---

[16] Lutter/Hommelhoff/*Lutter/Hommelhoff*, GmbHG, Anh. § 13 Rn. 68.

[17] BGHZ 103, 1, 5 = NJW 1988, 1326 (Familienheim); differenzierend *Raiser/Veil*, Kapitalgesellschaften, § 64 Rn. 34 (S. 759).

unberücksichtigt. Das steht einer Anwendung der Grundsätze über die fehlerhafte Gesellschaft entgegen. Anderenfalls wäre es dem herrschenden Unternehmen nicht verwehrt, aus einem nichtigen Vertrag Vorteile zu ziehen.[18]

Zudem hindern die Grundsätze über die fehlerhafte Gesellschaft selbst dann, wenn man sie grundsätzlich für anwendbar hält, eine Geltendmachung der Nichtigkeit nicht für die Zukunft.[19] Hier hat sich N bereits auf die Unwirksamkeit berufen. Zur Geltendmachung sind jedenfalls die Organe der Beteiligten zuständig. Sie kann in beliebiger Form geschehen, einer förmlichen Kündigung bedarf es nicht.[20]

Folglich ergibt sich auch aus dem fehlerhaften Unternehmensvertrag i. V. m. den Grundsätzen der fehlerhaften Gesellschaft kein Weisungsrecht des S gegenüber N.

IV. Ergebnis

Damit besteht für die Weisung des S gegenüber N keine Rechtsgrundlage. Daher kann sich N dem Verlangen des S hinsichtlich der Übertragung der Kundendaten auf die neu gegründete Gesellschaft sowie weiteren, für die Gesellschaft nachteiligen Weisungen widersetzen.

Frage 2 Ansprüche der M & Co.-GmbH gegen die R-GmbH auf Verlustausgleich

Fraglich ist, ob die R-GmbH zum Ausgleich der 100.000 € verpflichtet ist.

I. Ausgleichsanspruch aus § 302 AktG analog

In Betracht kommt zunächst ein Anspruch der M & Co.-GmbH aus einer entsprechenden Anwendung des § 302 AktG.

Zwar ist § 302 AktG wie oben dargelegt auf die konzernierte GmbH entsprechend anwendbar. Die Vorschrift setzt aber einen wirksamen Beherrschungs- oder Gewinnabführungsvertrag voraus, der hier gerade nicht vorliegt.

II. Ausgleichsanspruch aus § 302 AktG analog i. V. m. den Grundsätzen über die fehlerhafte Gesellschaft

Zu erwägen ist ferner ein Ausgleichsanspruch aus § 302 AktG analog i. V. m. den Grundsätzen über die fehlerhafte Gesellschaft. Wie oben gezeigt, steht der Anwendung der Grundsätze über die fehlerhafte Gesellschaft hier der Vorrang höherwertiger Interessen (die Nichtberücksichtigung des Minderheitenschutzes) entgegen.

Dies kann aber im Ergebnis nicht dazu führen, dass der im Interesse der Minderheit und des Gläubigerschutzes[21] gewährte Verlustausgleichsanspruch abzulehnen ist. Insoweit kann dahinstehen, ob dies aus einer analogen Anwendung des § 302 AktG i. V. m. den Grundsätzen über die fehlerhafte Gesellschaft (s. dazu Fall 2 sub Frage 2 A III 2) folgt oder über eine doppelte Analogie der Norm. Nach § 302 AktG

---

[18] Baumbach/Hueck/*Beurskens*, GmbHG, Anh. GmbH-KonzernR Rn. 113.

[19] BGHZ 103, 1, 4 ff. = NJW 1988, 1326 (Familienheim); BGHZ 116, 37, 39 = NJW 1992, 505 (Stromlieferung); *Ulmer*, BB 1989, 10, 15.

[20] Baumbach/Hueck/*Beurskens*, GmbHG, Anh. GmbH-KonzernR Rn. 115; a. A. Lutter/Hommelhoff/*Lutter/Hommelhoff*, GmbHG, Anh. zu § 13 Rn. 85.

[21] Baumbach/Hueck/*Beurskens*, GmbHG, Anh. GmbH-KonzernR Rn. 113, 121 ff.

ist der Jahresfehlbetrag i.H.v. 100.000 € für das Geschäftsjahr 2016 in voller Höhe von der R-GmbH auszugleichen.

Dass es sich bei der M & Co. um eine GmbH handelt, deren Vermögensbindung im Unterschied zu einer Aktiengesellschaft allein auf die Höhe des Stammkapitals begrenzt ist, kann nicht dazu führen, dass auch ein Ausgleichsanspruch dementsprechend begrenzt ist.[22] Angesichts der hier berührten Minderheitsinteressen und der doppelten Schutzrichtung des § 302 AktG kann eine Anspruchsbegrenzung auf die Stammkapitalzahl allenfalls dann überzeugen, wenn sämtliche Gesellschafter dem Vertrag zugestimmt haben.[23]

Das ist hier gerade nicht der Fall. Daher ist der gesamte Fehlbetrag in Geld auszugleichen.

[22] Baumbach/Hueck/*Beurskens*, GmbHG, Anh. GmbH-KonzernR Rn. 107.

[23] Vgl. *Emmerich/Habersack*, Konzernrecht, S. 566.

Missglückte Finanzgeschäfte 11

11.1 Sachverhalt

X und Y sind zwei von fünf Vorständen der ABC-AG. Die Vorstandsaufgaben sind nach einem Ressortverteilungsplan auf die einzelnen Mitglieder des Vorstands verteilt. X ist für das Ressort „Finanzanlagen", Y für das Ressort „Arbeitnehmer" zuständig. Im Anstellungsvertrag des X ist seine Haftung für Pflichtverletzungen im Rahmen seiner Geschäftstätigkeit auf vorsätzliches Handeln begrenzt.

1. Variante
Im Januar 2015 beschließt X aufgrund anhaltend schlechter Geschäfte der ABC-AG, auf Geschäftskonten lagernde Barreserven im erheblichen Umfang in Wertpapiere zu investieren, um durch damit generierte Gewinne die finanzielle Situation der Gesellschaft zu verbessern. Der Großteil der Investitionen erfolgt dabei in folgenden zwei Geschäften:

- Am 2. Februar 2015 erwirbt X bei der Hausbank der ABC-AG Wertpapieranleihen im Wert von 1 Mio. €, die im Oktober 2016 zur Rückzahlung fällig sind. Emittentin der Anleihen ist die L-Sisters B.V. mit Gesellschaftssitz in den Niederlanden, eine Tochtergesellschaft der L-Sisters Holding Inc. aus den USA. Die L-Sisters Holding Inc. übernimmt bzgl. der Anlage eine Einlagegarantie. Die Gesellschaft ist bei den drei führenden Ratingagenturen im Februar 2015 mit dem jeweils höchsten Rating gewertet, worüber sich X auch vor Abschluss des Geschäftes erkundigt hat. Auch die Aktien, an die die Anleihen gekoppelt sind, werden im Februar 2015 als sehr aussichtsreich bewertet.
- Am 4. Februar 2015 tätigt X ebenfalls über die Hausbank hoch komplexe und ebenso riskante Aktienoptionsgeschäfte im Wert von 500.000 €. Er übergeht dabei fahrlässig die Warnungen des Geschäftskundenberaters der Bank, der vom hoch riskanten Geschäft dringend abgeraten hat und verlässt sich allein auf den „Insidertipp" eines Bekannten.

C. Armbrüster, *Fallsammlung zum Gesellschaftsrecht*, Juristische ExamensKlausuren,
https://doi.org/10.1007/978-3-662-56192-8_11

Y hat im Januar 2015 von den beiden geplanten Geschäften des X in groben Zügen erfahren, in der Vorstandssitzung am 1. Februar 2015 aber davon abgesehen, weitere Erkundigungen einzuholen, da „ja X für dieses Ressort zuständig sei".

Im September 2016 kommt es zur Insolvenz der L-Sisters Holding Inc. und deren Tochter L-Sisters B.V. Ebenso werden die Anleihen wertlos, denn eine Rückzahlung ist nur bei einer bestimmten Höhe des mit der Anleihe gekoppelten Aktienkorbes vertraglich vorgesehen, die nun erheblich unterschritten wird. Die Einlagesicherung der L-Sisters Holding Inc. greift aufgrund der Insolvenz nicht.

Auch der Wert der Aktienoptionen ist seit Beginn der Laufzeit von 500.000 auf 100.000 € gesunken. Das Kapital ist für die ABC-AG in Höhe von 400.000 € unwiederbringlich verloren. Der Wertverlust erfolgte gleichbleibend von Beginn des Geschäftes an.

1. **Frage:** Bestehen im Oktober 2016 Ansprüche der ABC-AG gegen X wegen der oben genannten Geschäfte?
2. **Frage:** Bestehen Ansprüche gegen Y?

2. Variante
Y hat, nachdem die Erfolglosigkeit der Finanzgeschäfte des X bekannt wurde, eine Unternehmensprüfungsgesellschaft beauftragt, die Bücher der ABC-AG hinsichtlich einer möglicherweise vorliegenden Überschuldung zu prüfen. Die Prüfungsgesellschaft verneinte dies allerdings fälschlich gegenüber Y.

Als Folge der Finanzgeschäfte des X ist die Gesellschaft in Wahrheit ab dem 1. April 2017 bilanziell und rechtlich überschuldet. Am 5. April 2017 hat Y daraufhin Zahlungen ausstehender Arbeitnehmeranteile zur Sozialversicherung in Höhe von 80.000 € und Zahlungen ausstehender Arbeitgeberanteile zur Sozialversicherung ebenfalls in Höhe von 80.000 € für die ABC-AG vorgenommen.

Am 10. April 2017 beantragt Y die Eröffnung des Insolvenzverfahrens. Der Insolvenzverwalter I der ABC-AG macht nun Ansprüche auf Rückzahlung der 160.000 € gegen Y geltend.

Zu Recht?

11.2 Lösungshinweise

1. Variante
1. Frage
I. Anspruch der ABC-AG gegen X aus § 93 Abs. 2 S. 1 i. V. mit Abs. 1 S. 1 AktG wegen Erwerbs der Wertpapieranleihe

Der ABC-AG kann ein Schadensersatzanspruch gegen X aus § 93 Abs. 2 S. 1 i. V. mit Abs. 1 S. 1 AktG in Höhe von 1 Mio. € zustehen wegen des Erwerbs der Wertpapieranleihen im Februar 2015.

1. Normadressat
X ist als Vorstandsmitglied Normadressat des Anspruchs aus § 93 Abs. 2 S. 1 i. V. mit Abs. 1 S. 1 AktG.

2. Pflichtverletzung
X könnte seine Sorgfaltspflicht zur ordentlichen und gewissenhaften Geschäftsleitung aus § 93 Abs. 1 S. 1 AktG objektiv verletzt haben. § 93 Abs. 1 S. 1 AktG stellt dabei einen im Vergleich zu § 276 BGB erhöhten Sorgfaltsmaßstab auf. Eine solche Pflichtverletzung könnte darin zu sehen sein, dass X für die Gesellschaft Wertpapieranleihen erworben hat, die nicht der Einlagensicherung der Hausbank unterliegen, sondern allein der Emittentin L-Sisters Holding Inc.

3. Ausschluss gem. § 93 Abs. 1 S. 2 AktG
Gem. § 93 Abs. 1 S. 2 AktG liegt eine Pflichtverletzung nicht vor, wenn das Vorstandsmitglied eine unternehmerische Entscheidung trifft, dabei angenommen hat, auf der Basis angemessener Informationen zum Wohl der AG zu handeln und dies auch vernünftigerweise annehmen durfte.

Die eigenverantwortliche Leitung der Gesellschaft durch den Vorstand gem. § 76 Abs. 1 AktG bringt es mit sich, dass dieser auch unternehmerische Entscheidungen zu treffen hat. Demnach verstößt ein Vorstandsmitglied nicht gegen seine Sorgfaltspflicht, wenn es bei einer unternehmerischen Entscheidung vernünftigerweise annehmen durfte, auf der Grundlage angemessener Information zum Wohle der Gesellschaft zu handeln. Liegen diese Voraussetzungen vor, so ist bereits eine objektive Pflichtverletzung ausgeschlossen. Daher wird hinsichtlich der Regelung auch von einem sog. „safe harbor" gesprochen.[1] Damit die Regelung eingreift, müssen folgende Voraussetzungen erfüllt sein.

a) Unternehmerische Entscheidung
Zunächst müsste es sich beim Erwerb der Wertpapieranleihen um eine unternehmerische Entscheidung i. S. d. § 93 Abs. 1 S. 2 AktG handeln. Wann eine solche vorliegt, ist anhand des jeweiligen Einzelfalls zu entscheiden. Ein Indiz ist jedenfalls, wenn die Entscheidung nach unternehmerischen Zweckmäßigkeitsgesichtspunkten zu treffen ist und dem Vorstand Handlungsalternativen zur Verfügung stehen.[2]

Des Weiteren spricht für eine Annahme, dass die Entscheidung aufgrund ihrer Zukunftsbezogenheit einen Prognose- und Risikocharakter aufweist.[3]

Zum hier vorgenommenen Erwerb der Wertpapieranleihen gab es eine Vielzahl an Handlungsalternativen. Da X aufgrund anhaltend schlechter Geschäfte der Gesellschaft durch das Finanzgeschäft deren finanzielle Lage verbessern und brach lagernde Geldreserven anlegen wollte, erfolgte die Entscheidung unter

---

[1] *Bosch/Lange*, JZ 2009, 225, 229; Bürgers/Körber/*Bürgers*, AktG, § 93 Rn. 10; Spindler/Stilz/*Fleischer*, AktG, § 93 Rn. 65.

[2] Bürgers/Körber/*Bürgers*, AktG, § 93 Rn. 11; K. Schmidt/Lutter/*Krieger/Sailer-Coceani*, AktG, § 93 Rn. 15.

[3] Bürgers/Körber/*Bürgers*, AktG, § 93 Rn. 11; Spindler/Stilz/*Fleischer*, AktG, § 93 Rn. 68 mit Beispielen aus der bisherigen Rspr.; MünchKomm-AktG/*Spindler*, § 93 Rn. 41, 42.

unternehmerischen Zweckmäßigkeitserwägungen. Dabei ging es darum, Gewinne zu erzielen. Auch der Prognose- und Risikocharakter ist zu bejahen.

Mithin liegt eine unternehmerische Entscheidung i. S. v. 93 Abs. 1 S. 2 AktG vor.

b) Entscheidung zum Wohle der Gesellschaft

Die Entscheidung muss zudem zum Wohle der Gesellschaft erfolgt sein. Maßgeblich ist dabei das Unternehmensinteresse, das auf den Erhalt sowie auf eine langfristige wirtschaftliche Stärkung der Gesellschaft gerichtet ist.[4] Auch dies ist bei der benannten Zielsetzung der Entscheidung anzunehmen.

c) Angemessene Information

Des Weiteren muss die Entscheidung auf einer angemessenen Information beruht haben. Es bedarf also zunächst der Schaffung einer angemessenen Tatsachengrundlage.[5] Dies ist aus der Sicht ex-ante zu beurteilen.

Der Haftungsfreiraum für Vorstandsmitglieder ist nur bei einer sorgfältigen Ermittlung der Entscheidungsgrundlagen gerechtfertigt, die sich vor allem in der Art und Weise der Informationsbeschaffung widerspiegelt. Welche Information angemessen ist, hängt von den Umständen des Einzelfalles ab, mithin von der jeweiligen konkreten Entscheidung. So ist nicht nur die Vorlaufzeit maßgeblich, sondern auch Art und Umfang sowie die Folgen der unternehmerischen Entscheidung.[6] Außerdem spielen die tatsächlichen und rechtlichen Möglichkeiten der Informationsgewinnung eine Rolle.[7] Überdies sind Kosten und Nutzen der Informationsbeschaffung gegeneinander abzuwägen.[8]

X hat sich bzgl. der Wertpapieranleihe Informationen über die Art der Anleihe eingeholt. Er wusste, dass diese der Einlagegarantie der L-Sisters Holding Inc. unterfällt, dass diese bei den führenden Ratingagenturen mit dem höchsten Rating bewertet wurde. Zudem beschaffte er sich Informationen über die Art des Anlagegeschäftes, nämlich, dass dieses an einen gekoppelten Aktienkorb hängt. Auch über die beinhalteten einzelnen Aktienwerte erkundigte sich X im Vorhinein.

Damit ist von einer angemessenen Tatsachengrundlage auszugehen.

d) Risikoabwägung

Der Vorstand muss aber auch im Rahmen der unternehmerischen Entscheidung, abgesehen von der Schaffung einer ausreichenden Tatsachengrundlage, bestimmte Grundsätze einhalten. Darunter fällt vor allem die Bewertung der einzelnen Aspekte und ihre Abwägung gegenüber den damit verbundenen Risiken.[9] Er darf nicht blindlings auf hohe Renditen setzen, wenn diese nicht mit den entsprechenden Risiken

---

[4] Hüffer/Koch/*Koch*, AktG, § 93 Rn. 23; K. Schmidt/Lutter/*Krieger/Sailer-Coceani*, AktG, § 93 Rn. 18.

[5] Allg. M., s. BGHZ 135, 244, 253 = NJW 1997, 1926 (ARAG/Garmenbeck).

[6] Bürgers/Körber/*Bürgers*, AktG, § 93 Rn. 13; Spindler/Stilz/*Fleischer*, AktG, § 93 Rn. 70.

[7] Spindler/Stilz/*Fleischer*, AktG, § 93 Rn. 70.

[8] K. Schmidt/Lutter/*Krieger/Sailer-Coceani*, AktG, § 93 Rn. 17.

[9] BGH NJW 1980, 1628, 1629; BGHZ 135, 244, 253 = NJW 1997, 1926 (ARAG/Garmenbeck).

abgewogen worden sind.[10] Der Vorstand muss andererseits unter Umständen auch mit einem Risiko behaftete Geschäfte vornehmen können, ohne dass bereits in der Vornahme solcher Geschäfte eine unternehmerische Pflichtwidrigkeit oder ein Verschulden zu sehen ist.[11] Eine Verletzung der Sorgfaltspflichten ist demnach zu bejahen, wenn ein schlechthin unvertretbares Vorstandshandeln vorliegt.[12]

X musste hier die Gewinnaussichten mit dem Risiko der Anleihe abwägen. Dabei hatte er insbesondere zu beachten, dass das Finanzprodukt nicht der Einlagensicherung der Hausbank unterliegt. Allerdings unterfiel die Anleihe dafür der Einlagensicherung der L-Sisters Holding Inc. Diese wurde zudem wie oben erwähnt von den drei führenden Ratingagenturen mit der höchsten Wertung belegt. Des Weiteren war aus damaliger Sicht der Eintritt einer weltweiten Finanzkrise für den X jedenfalls nicht naheliegend.

Demnach ist davon auszugehen, dass X die mit dem Geschäft verbundenen Risiken gegenüber den Chancen ausreichend abgewogen hat.

e) Gutgläubigkeit und Unabhängigkeit
X muss ferner gutgläubig und unabhängig gehandelt haben. Gutgläubig bedeutet, dass das Vorstandsmitglied selbst von der Richtigkeit seines Handelns ausgehen muss.[13] Im Sachverhalt sind keine Anhaltspunkte zu finden, dass X nicht von der Richtigkeit der Anlage ausging. Er handelte damit gutgläubig. Er befand sich auch nicht in einem Interessenkonflikt, so dass von seiner Unabhängigkeit auszugehen ist.

f) Zwischenergebnis
Demnach ist eine Pflichtverletzung bereits aufgrund der Einhaltung des Ermessensspielraums des § 93 Abs. 1 S. 2 AktG ausgeschlossen.

4. Ergebnis
Es besteht kein Anspruch der ABC-AG gegen X aus § 93 Abs. 2 i. V. m. Abs. 1 AktG wegen des Erwerbs der Wertpapieranleihe im Februar 2015.

II. Anspruch der ABC-AG gegen X wegen der Wertpapieranleihe aus Verletzung des Anstellungsvertrages
Ein Anspruch der Gesellschaft wegen Verletzung des Anstellungsvertrages neben einer Haftung aus § 93 Abs. 2 i. V. m. § 93 Abs. 1 S. 1, 2 AktG scheidet aus, da § 93 AktG abschließenden Charakter hat. § 93 AktG ist die speziellere Regel, die Ansprüche aus der Sonderverbindung zwischen Gesellschaft und Vorstand erfasst.[14]

---

[10] MünchKomm-AktG/*Spindler*, § 93 Rn. 54.

[11] BGHZ 135, 244, 253 = NJW 1997, 1926 (ARAG/Garmenbeck).

[12] BGHZ 135, 244, 253 = NJW 1997, 1926 (ARAG/Garmenbeck).

[13] Bürgers/Körber/*Bürgers*, AktG, § 93 Rn. 16; Spindler/Stilz/*Fleischer*, AktG, § 93 Rn. 76.

[14] Großkomm-AktG/*Hopt*, § 93 Rn. 465.

III. Anspruch der ABC-AG gegen X aus § 93 Abs. 2 i. V. m. Abs. 1 S. 1 AktG wegen des Aktienoptionsgeschäftes

Die ABC-AG könnte einen Schadensersatzanspruch gegen X haben aus § 93 Abs. 2 i. V. m. Abs. 1 S. 1 AktG wegen Tätigung des Aktienoptionsgeschäftes am 4. Februar 2015.

1. Normadressat

X ist als Vorstandsmitglied Normadressat des Anspruchs aus § 93 Abs. 2 S. 1 i. V. mit Abs. 1 S. 1 AktG.

2. Pflichtverletzung

X könnte seine Sorgfaltspflicht zur ordentlichen und gewissenhaften Geschäftsleitung aus § 93 Abs. 1 S. 1 AktG objektiv verletzt haben. § 93 Abs. 1 S. 1 AktG stellt dabei einen im Vergleich zu § 276 BGB erhöhten Sorgfaltsmaßstab auf. Eine solche Pflichtverletzung könnte darin zu sehen sein, dass X für die Gesellschaft überaus riskante Aktienoptionen entgegen der ausdrücklichen Empfehlung der Hausbank erworben hat.

3. Ausschluss gem. § 93 Abs. 1 S. 2 AktG

Eine Pflichtverletzung liegt aber dann nicht vor, wenn X dabei im Rahmen der Vorgaben des § 93 Abs. 1 S. 2 AktG handelte.

a) Unternehmerische Entscheidung

Auch bei der Tätigung des Aktienoptionsgeschäftes handelte es sich um eine unternehmerische Entscheidung i.S.d. § 93 Abs. 1 S. 2 AktG.

b) Entscheidung zum Wohle der Gesellschaft

Die Entscheidung erfolgte auch zum Wohle der Gesellschaft, denn X wollte aufgrund anhaltend schlechter Geschäfte der Gesellschaft durch das Finanzgeschäft deren finanzielle Lage verbessern und brach lagernde Geldreserven anlegen.

c) Gutgläubigkeit und Unabhängigkeit

Ebenso handelte er gutgläubig und unabhängig. Etwas anderes lässt sich aus dem Sachverhalt nicht herleiten.

d) Angemessene Information

Fraglich ist aber, ob X sich auch angemessene Informationen über die Aktienoptionen eingeholt hat, um dann auf dieser Basis zu entscheiden. Wie oben dargelegt bildet dies die Rechtfertigung für den Ermessensspielraum des Vorstands. Der Sachverhalt sagt einzig aus, dass X von dem Risiko der Anlage durch die Hausbank wusste und eine Information von einem Bekannten erhalten hat. Wie präzise die Angaben waren, ist den Angaben nicht zu entnehmen. Ob X sich angemessene Informationen besorgt hat, lässt sich daher nicht mit Sicherheit sagen.

Hinweis:
Das auf Schadensersatz in Anspruch genommene Vorstandsmitglied trägt bzgl. aller Voraussetzungen des § 93 Abs. 1 S. 1 AktG die volle Beweislast.[15] Insbesondere muss das Vorstandsmitglied fehlende Pflichtwidrigkeit sowie fehlendes Verschulden darlegen und im Bestreitensfall beweisen.[16] X müsste also darlegen und ggf. beweisen, ob er sich angemessene Informationen über die Aktienoptionen beschafft hat.

e) Risikoabwägung

Auch wenn man davon ausgeht, dass X sich in ausreichender Weise die erforderlichen Informationen beschafft hat, muss er bestimmte Grundsätze einhalten. Darunter fallen, wie erwähnt, vor allem die Bewertung der einzelnen Aspekte und ihre Abwägung gegen die damit verbundenen Risiken.[17] Dies hat X nicht eingehalten. Er tätigte das Geschäft trotz Kenntnis des immensen Risikos. Damit liegt ein schlechthin unvertretbares Vorstandshandeln vor.

f) Zwischenergebnis

X handelte nicht im Rahmen des Ermessensspielraums des § 93 Abs. 1 S. 2 AktG.

4. Verschulden

X hat die Pflichtverletzung auch zu vertreten. Er handelte mindestens leicht fahrlässig.

Fraglich ist, ob sich etwas anderes daraus ergibt, dass im Anstellungsvertrag des X eine Beschränkung der Haftung auf Vorsatz geregelt ist. X handelte nicht vorsätzlich, sondern allenfalls grob fahrlässig. Eine Haftung wäre daher bei Annahme einer Haftungsbegrenzung auf Vorsatz ausgeschlossen.

Die Schadensersatzhaftung aus § 93 Abs. 2 AktG stellt aber in all ihren Teilen zwingendes Recht dar. Sie kann weder durch die Satzung noch durch den Anstellungsvertrag abbedungen werden. Das ergibt sich aus der aktienrechtlichen Satzungsstrenge des § 23 Abs. 5 AktG.[18] Demnach kann der Verschuldensmaßstab auch nicht zugunsten eines Vorstandsmitglieds abgemildert werden.[19]

Mithin hat die im Anstellungsvertrag geregelte Haftungsbegrenzung keinen Einfluss auf den Verschuldensmaßstab im Rahmen des § 93 Abs. 2 AktG.

---

[15] Regierungsbegr., BR-Drucks. 3/05, S. 21.

[16] Hüffer/Koch/*Koch*, AktG, § 93 Rn. 53.

[17] BGHZ 135, 244, 253 = NJW 1997, 1926 (ARAG/Garmenbeck); BGHZ 69, 207, 213 f.; BGH NJW 1980, 1628, 1629.

[18] Großkomm-AktG/*Hopt*, § 93 Rn. 23, 24; Spindler/Stilz/*Fleischer*, AktG, § 93 Rn. 3.

[19] Hüffer/Koch/*Koch*, AktG, § 93 Rn. 2.

5. Kausaler Schaden

Der ABC-AG ist durch die Pflichtwidrigkeit des X ein Schaden in Höhe von 400.000 € entstanden. Maßgebend ist dabei der Schadensbegriff der §§ 249 ff. BGB, der auf der sog. Differenzhypothese basiert. Es ist also ein Vergleich des Vermögens nach dem schädigenden Ereignis mit dem Vermögen bei Hinwegdenken des Ereignisses vorzunehmen. Ohne den Erwerb der Aktienoption hätte das Vermögen einen um 400.000 € höheren Wert.

6. Ergebnis

Der Gesellschaft steht gegen X einen Schadensersatzanspruch in Höhe von 400.000 € zu.

IV. Anspruch der ABC-AG gegen X wegen des Aktienoptionsgeschäftes aus Verletzung des Anstellungsvertrages

Ein Anspruch der Gesellschaft wegen Verletzung des Anstellungsvertrages gem. §§ 611, 280 Abs. 1 BGB scheidet neben einer Haftung aus § 93 Abs. 2 i. V. m. § 93 Abs. 1 S. 1, 2 AktG aus, da § 93 AktG abschließenden Charakter hat. § 93 AktG ist die speziellere Regel, die Ansprüche aus der Sonderverbindung zwischen Gesellschaft und Vorstand erfasst.[20]

2. Frage

I. Anspruch der ABC-AG gegen Y aus § 93 Abs. 2 i. V. m. Abs. 1 S. 1 AktG wegen des Aktienoptionsgeschäftes

In Betracht kommt, dass der ABC-AG ein Schadensersatzanspruch gegen Y aus § 93 Abs. 2 AktG wegen des Aktienoptionsgeschäftes des X für die Gesellschaft vom 4. Februar 2015 in Höhe von 400.000 € zusteht.

1. Vorstandsmitglied

Y ist als Vorstandsmitglied der ABC-GmbH möglicher Gegner eines Anspruchs aus § 93 Abs. 2 i. V. m. § 93 Abs. 1 S. 2 AktG.

2. Pflichtverletzung

a) Zurechnung der Pflichtverletzung des X

Es ist zu erwägen, ob dem Y das pflichtwidrige Verhalten seines Vorstandskollegen X bei Abschluss des Aktienoptionsgeschäftes zuzurechnen ist. Allerdings ist ein Vorstandsmitglied weder nach § 93 AktG noch nach §§ 278, 831 BGB haftbar für das Verhalten anderer Vorstandsmitglieder.[21] Demnach entfällt eine Zurechnung.

b) Eigene Pflichtverletzung

Zu erwägen ist, ob Y eine eigene Pflichtverletzung begangen hat. In Betracht kommt, dass er seine Sorgfaltspflicht aus § 93 Abs. 1 S. 1 AktG verletzt hat, indem

---

[20] Großkomm-AktG/*Hopt*, § 93 Rn. 465.

[21] Kölner Komm-AktG/*Mertens/Cahn*, § 93 Rn. 49.

er den Abschluss des Aktienoptionsgeschäftes nicht verhinderte. Eine Haftung aus § 93 AktG kann sich nämlich dann ergeben, wenn ein Vorstandsmitglied gegen ein rechtswidriges Verhalten eines anderen pflichtwidrig nicht einschreitet.[22]

Dem steht nicht entgegen, dass der Vorstand der ABC-AG in Ressorts unterteilt ist und Y für Finanzanlagen nach dem Ressortverteilungsplan nicht zuständig war. Zwar sind solche Ressortverteilungen zulässig. Denn der Grundsatz der Gesamtverantwortung untersagt eine vorstandsinterne Geschäftsverteilung (sog. Ressortprinzip) nicht.[23] Allerdings ergibt sich aus der Verteilung der Pflichten keine Enthaftung, sondern eine Zweiteilung der Geschäftsführung in eine unmittelbar verwaltende und eine beaufsichtigende Tätigkeit.[24]

Jedes Vorstandsmitglied trägt die volle Verantwortung für die ihm zugewiesene Aufgabe (Ressortverantwortung).[25] Dies entbindet die übrigen Vorstandsmitglieder freilich nicht von jeder Restverantwortung. Vielmehr sind sie nach dem Grundsatz der Gesamtverantwortung verpflichtet, die Geschäfte über die Ressortgrenzen hinweg fortlaufend zu überwachen.[26]

Das Ausmaß dieser ressortübergreifenden Überwachungspflicht ist aber umstritten. Übereinstimmend wird aber davon ausgegangen, dass es grundsätzlich von den Umständen des Einzelfalls abhängt.[27] Hier hatte Y vor Abschluss des Geschäftes durch X in groben Zügen Kenntnis von diesem. Zudem hatte Y in der Vorstandssitzung am 1. Februar 2015 die Möglichkeit, sich eingehender zu Informieren.

Fraglich ist, ob das Unterlassen des Einschreitens gegen das Geschäft einerseits und/oder die fehlende weitere Informationsbeschaffung andererseits einen Verstoß gegen die zuvor erläuterte Überwachungspflicht darstellen. Ersteres ist nach den Angaben des Sachverhalts nicht mit Sicherheit darzulegen, denn dieser enthält abgesehen vom Abraten des Kundenberaters nicht, was genau X über das Geschäft wusste. Demnach scheidet dieser Anknüpfungspunkt aus.

In Betracht kommt aber das Unterlassen der weiteren Nachforschung v. a. im Rahmen der Vorstandssitzung. Die „pflichtgemäße Neugier" beginnt spätestens dort, wo greifbare Anhaltspunkte für eine pflichtwidrige Amtsführung eines Vorstandskollegen vorliegen.[28] Solche Anhaltspunkte sind in der Information, dass der Kundenberater ausdrücklich vom Geschäft abrät, gegeben. Demnach liegt eine Verletzung der Überwachungspflicht des Y vor.

3. Verschulden

Der Y hat die Pflichtverletzung auch zu vertreten. Er handelte mindestens leicht fahrlässig.

---

[22] Kölner Komm-AktG/*Mertens/Cahn*, § 93 Rn. 49.

[23] Spindler/Stilz/*Fleischer*, AktG, § 77 Rn. 46.

[24] Grundlegend RGZ 98, 98, 100; Spindler/Stilz/*Fleischer*, AktG, § 77 Rn. 47.

[25] Großkomm-AktG/*Hopt*, § 93 Rn. 61.

[26] Hüffer/Koch/*Koch*, AktG, § 77 Rn. 15; Kölner Komm-AktG/*Mertens/Cahn*, § 77 Rn. 26.

[27] Großkomm-AktG/*Hopt*, § 93 Rn. 62; Hüffer/Koch/*Koch*, AktG, § 77 Rn. 15.

[28] So u. a. BGH WM 1986, 789; NJW 1986, 54, 55.

4. Kausaler Schaden

Der ABC-AG ist durch die Pflichtwidrigkeit des Y ein Schaden in Höhe von 400.000 € entstanden.[29]

5. Ergebnis

Der ABC-AG steht ein Schadensersatzanspruch gegen Y in Höhe von 400.000 € zu.

2. Variante

I. Anspruch des I gegen Y aus § 93 Abs. 3 Nr. 6 i. V. m. § 92 Abs. 2 S. 1 AktG wegen Auszahlung der Arbeitnehmeranteile in Höhe von 80.000 €

In Betracht kommt ein Anspruch des I gegen Y aus § 93 Abs. 3 Nr. 6 i. V. m. § 92 Abs. 2 S. 1 AktG wegen der Abführung der Arbeitnehmerbeiträge zur Sozialversicherung in Höhe von 80.000 €.

1. Aktivlegitimation

I müsste als Insolvenzverwalter zur Geltendmachung des Anspruches berechtigt sein. Der Insolvenzverwalter ist gem. § 80 Abs. 1 InsO Partei kraft Amtes. Er macht die Ansprüche der ABC-AG im eigenen Namen zu Gunsten der Insolvenzmasse geltend. Damit kann I die Ansprüche der Gesellschaft geltend machen.

2. Anspruchsgegner

Y ist als Vorstandsmitglied tauglicher Schuldner eines Anspruchs aus § 93 Abs. 3 Nr. 6 i. V. m. § 92 Abs. 2 S. 1 AktG.

3. Zahlung entgegen § 92 Abs. 2 S. 1 AktG

Des Weiteren müsste Y gem. § 93 Abs. 3 Nr. 6 AktG eine Zahlung vorgenommen haben, die gegen § 92 Abs. 2 S. 1 AktG verstößt. Eine solche könnte in der Auszahlung der Arbeitnehmerbeiträge zur Sozialversicherung in Höhe von 80.000 € liegen.

§ 92 Abs. 2 S. 1 AktG untersagt Zahlungen, die zeitlich nach Zahlungsunfähigkeit oder Überschuldung der Gesellschaft erfolgt sind. Die ABC-AG war ausweislich des Sachverhalts ab dem 1. April 2017 überschuldet. Die Zahlung erfolgte am 5. April 2017. Mithin wurde gegen § 92 Abs. 2 S. 1 AktG verstoßen.

4. Ausschluss der Pflichtverletzung

In Betracht kommt aber, dass ein pflichtwidriges Verhalten deshalb ausgeschlossen ist, weil es sich um Arbeitnehmerbeiträge handelt. Y würde sich bei Nichtabführung der Arbeitnehmerbeiträge nämlich gem. § 266a Abs. 1 StGB strafbar machen. Nach früherer Rechtsprechung führte dies aber nicht zum Ausschluss eines Verstoßes gegen § 92 Abs. 2 S. 1 AktG.[30]

---

[29] Zur Berechnung s. o. bei III. 5.

[30] BGHZ 143, 184, 185 = NJW 2000, 668; BGHZ 146, 264, 274 = NJW 2001, 1280.

Von dieser Ansicht ist der BGH mittlerweile abgerückt.[31] Im Hinblick auf die Einheit der Rechtsordnung kann es demnach dem organschaftlichen Vertreter nicht angesonnen werden, die Massesicherungspflicht nach § 92 Abs. 2 AktG zu erfüllen und fällige Leistungen an die Sozialkassen oder die Steuerbehörden nicht zu erbringen, wenn er sich dadurch strafrechtlicher Verfolgung aussetzt. Sein die entsprechenden sozial- und steuerrechtlichen Vorschriften befolgendes Verhalten muss deswegen im Rahmen der bei § 92 Abs. 2 AktG anzustellenden Prüfung als mit den Pflichten eines ordentlichen und gewissenhaften Geschäftsleiters vereinbar angesehen werden.

Mithin liegt in der Zahlung der ausstehenden Arbeitnehmeranteile zur Sozialversicherung keine Pflichtverletzung.

5. Ergebnis
Die ABC-AG hat keinen Anspruch § 93 Abs. 3 Nr. 6 i. V. m. § 92 Abs. 2 S. 1 AktG gegen Y wegen Abführung der Arbeitnehmerbeiträge.

II. Anspruch des I gegen Y aus § 93 Abs. 3 Nr. 6 i. V. m. § 92 Abs. 2 S. 1 AktG wegen Auszahlung der Arbeitgeberanteile in Höhe von 80.000 €
In Betracht kommt ein Anspruch des I gegen Y aus § 93 Abs. 3 Nr. 6 i. V. m. § 92 Abs. 2 S. 1 AktG wegen der Abführung der Arbeitgeberbeiträge zur Sozialversicherung in Höhe von 80.000 €.

1. Aktivlegitimation
I ist gem. § 80 Abs. 1 InsO aktivlegitimiert.

2. Anspruchsgegner
Y ist als Vorstandsmitglied tauglicher Schuldner eines Anspruchs aus § 93 Abs. 3 Nr. 6 i. V. m. § 92 Abs. 2 S. 1 AktG.

3. Zahlung entgegen § 92 Abs. 2 S. 1 AktG
Die Auszahlung verstößt, da die Gesellschaft im Zeitpunkt der Zahlung überschuldet war, grundsätzlich – wie auch die oben dargelegte Auszahlung der Arbeitnehmeranteile – gegen § 92 Abs. 2 S. 1 AktG.

4. Ausschluss der Pflichtverletzung
Fraglich ist aber, ob auch hier wie bei der Abführung der Arbeitnehmeranteile eine Ausnahme gilt. Vorliegend käme es bei einer Nichtabführung der Arbeitgeberanteile nicht zu einer Strafbarkeit aus § 266a Abs. 1 StGB, denn diese Norm bezieht sich allein auf Beiträge des Arbeitnehmers zur Sozialversicherung nicht auf solche des Arbeitgebers. Demnach widerspricht die Annahme einer Pflichtwidrigkeit auch nicht der Einheit der Rechtsordnung.[32] Demnach liegt ein pflichtwidriges Verhalten des Y vor.

---

[31] BGH NJW 2007, 2118; BGH NJW-RR 2008, 1253; BGH NJW 2009, 295.

[32] BGH NZG 2009, 913.

5. Vorsatz

Des Weiteren müsste Y vorsätzlich gehandelt haben. Er müsste also die Auszahlung in Kenntnis der Überschuldung der Gesellschaft vorgenommen haben. Y hatte davon allerdings keine positive Kenntnis, denn er verließ sich auf das Ergebnis der von ihm beauftragten Unternehmensprüfungsgesellschaft, die eine Überschuldung verneinte. Für die Haftung des Vertretungsorgans reicht aber grundsätzlich die Erkennbarkeit der Insolvenzreife aus; das Verschulden des Vorstandsmitglieds oder Geschäftsführers wird dann vermutet.[33]

Das in Anspruch genommene Vorstandsmitglied trifft die Darlegungs- und Beweislast dafür, dass er seine Insolvenzantragspflicht nicht schuldhaft verletzt hat. Er handelt daher fahrlässig, wenn er nicht nachweisen kann, dass er sich rechtzeitig die erforderlichen Informationen und die für die Insolvenzantragspflicht erforderlichen Kenntnisse verschafft hat.[34] Dabei muss sich der organschaftliche Vertreter, sollte er nicht über ausreichende persönliche Kenntnisse verfügen, gegebenenfalls extern beraten lassen.[35] Dafür reicht eine schlichte Anfrage bei einer von dem organschaftlichen Vertreter für fachkundig gehaltenen Person nicht aus. Erforderlich ist vielmehr, dass sich das Vertretungsorgan unter umfassender Darstellung der Verhältnisse der Gesellschaft und Offenlegung der erforderlichen Unterlagen von einem unabhängigen, für die zu klärenden Fragestellungen fachlich qualifizierten Berufsträger beraten lässt.[36]

Hier ist davon auszugehen, dass Y über keine ausreichenden persönlichen Erkenntnisse über die finanzielle Lage der Gesellschaft hatte. Denn sonst hätte er nicht die Unternehmensprüfungsgesellschaft beauftragt. Diese stellt auch einen fachlich qualifizierten Berufsträger dar.

Mithin kann Y sich exkulpieren. Er handelte nicht schuldhaft.

6. Ergebnis

Zwar handelte Y pflichtwidrig. Mangels Verschuldens besteht aber kein Anspruch der ABC-AG gegen X aus § 93 Abs. 3 Nr. 6 i. V. m. § 92 Abs. 2 S. 1 AktG wegen Abführung der Arbeitgeberbeiträge zur Sozialversicherung in Höhe von 80.000 €.

[33] BGHZ 143, 184, 185 = NJW 2000, 668; BGHZ 146, 264, 277 = NJW 2001, 1280.

[34] Rowedder/Schmidt-Leithoff/*Schmidt-Leithoff/Baumert*, GmbHG, § 64 Rn. 46 (zur GmbH).

[35] BGHZ 126, 181, 199 = NJW 1994, 2220, dort zur Prüfung der positiven Fortführungsprognose; OLG Düsseldorf, NZG 1999, 944, 946, zur Feststellung der Überschuldung; MünchKomm-AktG/*Spindler*, § 92 Rn. 29; Kölner Komm-AktG/*Mertens/Cahn*, § 93 Rn. 99; Großkomm-AktG/*Hopt*, § 93 Rn. 255; MünchHdb-GesR/*Wiesner*, Band IV, § 26 Rn. 16.

[36] BGH NJW 2007, 2118.

12 Streit im Aufsichtsrat

12.1 Sachverhalt

Der Vorstandsvorsitzende V der börsennotierten A-AG, deren Satzungszweck die Erbringung von Transportdienstleistungen ist, erwirbt aufgrund eines „heißen Tipps" von einem südafrikanischen Händler für die AG Goldschürfrechte zum Preis von 3 Mio. €. Diese Rechte stellen sich alsbald als wertlos heraus; sie müssen vollständig abgeschrieben werden. In einer Aufsichtsratssitzung wird ein Antrag, Schadensersatzklage gegen V zu erheben, mit einfacher Mehrheit abgelehnt. Die überstimmten Aufsichtsratsmitglieder X, Y und Z erheben zwei Monate später Klage gegen die AG auf Feststellung der Nichtigkeit dieses Beschlusses. Zur Begründung führen sie an, dass V den entstandenen Schaden eindeutig verursacht und zu vertreten habe und dass deshalb ein positiver Beschluss hätte gefasst werden müssen. V entgegnet, die Klage sei zu spät erhoben. Im Übrigen könne in solchen Fällen der Vorstand die Gesellschaft gar nicht in einem Prozess vertreten. V kritisiert die Klage als geschäftsschädigend, weil dadurch das Vertrauen der Kunden in die A-AG leide und zudem mit erheblichen Kursrückgängen zu rechnen sei. Auch könne er sich nicht vorstellen, wie er als Vorstandsvorsitzender seine Aufgaben ordnungsgemäß erfüllen solle, während er sich einem gegen ihn laufenden Gerichtsverfahren ausgesetzt sieht.

Hat die Klage von X, Y und Z Aussicht auf Erfolg?

12.2 Lösungshinweise

I. Zulässigkeit der Klage

1. Rechtsschutzziel; Klageart

Zu klären sind die Erfolgsaussichten einer Klage, die auf die Feststellung der Nichtigkeit eines Aufsichtsratsbeschlusses gerichtet ist. Das Gesetz enthält in den §§ 241 ff. AktG Vorschriften über fehlerhafte Beschlüsse der Hauptversammlung,

C. Armbrüster, *Fallsammlung zum Gesellschaftsrecht*, Juristische ExamensKlausuren,
https://doi.org/10.1007/978-3-662-56192-8_12

nicht aber Entsprechendes zum Aufsichtsrat.[1] Es kommt in Betracht, dass die für Hauptversammlungsbeschlüsse normierten Klagearten (§ 246 I AktG: Anfechtungsklage; § 249 I AktG: Nichtigkeitsklage) analog heranzuziehen sind. Für eine solche Analogie sind eine vergleichbare Interessenlage und eine planwidrige Gesetzeslücke erforderlich.

Was die Vergleichbarkeit der Interessenlage angeht, so ist Folgendes festzuhalten: Die Regelung des § 241 AktG unterscheidet zwischen Nichtigkeit und Anfechtbarkeit; zudem geht sie stets von einer ex nunc-Wirkung des Urteils aus. Dem liegt die Überlegung zugrunde, dass Beschlüsse der Hauptversammlung auch Außenwirkung entfalten können, etwa wenn sie eine Strukturänderung der Gesellschaft oder eine Erhöhung oder Herabsetzung des Kapitals betreffen. Für diese Beschlüsse besteht daher im Interesse der Rechtssicherheit und des Rechtsverkehrs ein besonderes Bedürfnis nach Bestandskraft. Aus diesem Grund ist die Nichtigkeitsklage nur in besonderen, enumerativ aufgezählten Fällen möglich, und die Anfechtungsklage ist zudem durch weitere Voraussetzungen eingeschränkt (Anfechtungsbefugnis gem. § 245 AktG; Monatsfrist gem. § 246 Abs. AktG).

Es fragt sich, ob dieses Regelungskonzept auf die Tätigkeit des Aufsichtsrats übertragbar ist. Wie sich aus § 111 Abs. 1 AktG ergibt, liegt die Hauptaufgabe des Aufsichtsrats in der Überwachung des Vorstands, mithin in einer nur nach innen wirkenden Tätigkeit. Durch die Beschlüsse des Aufsichtsrats wird mithin der allgemeine Rechtsverkehr regelmäßig nicht unmittelbar berührt. Ein vergleichbares Interesse nach Bestandsschutz besteht daher hinsichtlich der Aufsichtsratsbeschlüsse nicht, sodass kein Bedürfnis für die differenzierende Regelung des § 241 AktG erkennbar ist. Überdies erscheint die Monatsfrist des § 246 Abs. 1 AktG im Hinblick auf den internen Willensbildungsprozess des Aufsichtsrats, der möglicherweise noch zu einer gütlichen Einigung führen kann, nicht sachgerecht.

Hinweis:
Eine ähnliche Argumentation kommt hinsichtlich der Frage einer analogen Anwendung des § 246 AktG bei Anfechtungsklagen gegen Beschlüsse einer GmbH-Gesellschafterversammlung zum Tragen: Dort soll § 246 AktG nach überwiegender Ansicht jedenfalls nicht streng analog angewandt werden, und zwar wegen des in der Regel personalistischen Charakters der GmbH, der einen Einigungsprozess noch eher möglich macht als in einer Publikumsgesellschaft.

Mithin können die §§ 241 ff. AktG nach ihrem Sinn und Zweck keine analoge Anwendung auf Beschlüsse des Aufsichtsrats finden, ohne dass es noch auf die weitere Analogievoraussetzung einer planwidrigen Regelungslücke ankäme. Vielmehr ist eine eigenständige Beurteilung der Rechtsfolgen fehlerhafter Aufsichtsratsbeschlüsse erforderlich. Da, wie aufgezeigt, wegen der reinen Innenwirkung ein Bedürfnis nach Bestandskraft dieser Beschlüsse nicht besteht, ist davon auszugehen, dass fehlerhafte Beschlüsse des Aufsichtsrats nicht lediglich anfechtbar,

[1] Vgl. zum Ganzen BGHZ 135, 244 = NJW 1997, 1926 – *ARAG/Garmenbeck*.

sondern eo ipso nichtig sind. Richtige Klageart zur Feststellung dieser Nichtigkeit ist die allgemeine (Nichtigkeits-)Feststellungsklage nach § 256 Abs. 1 ZPO.

2. Sachliche und örtliche Zuständigkeit

Der Streitwert der Nichtigkeitsfeststellungsklage ist nach § 3 ZPO zu schätzen.[2] Er übersteigt hier nach den Umständen angesichts der im Raume stehenden Schadensersatzforderung jedenfalls 5000 €, sodass nach § 1 ZPO i.V.m. §§ 23 Nr. 1, 59 ff. GVG das Landgericht sachlich zuständig ist. Die örtliche Zuständigkeit richtet sich nach §§ 12, 17 Abs. 1 ZPO. Maßgeblich ist mithin der Sitz der A-AG als einer juristischen Person; dieser ergibt sich aus der Satzung (§ 23 Abs. 2 Nr. 1 AktG).

3. Parteifähigkeit

Die A-AG ist nach § 1 AktG rechtsfähig und damit nach § 50 ZPO auch parteifähig. Die Aufsichtsratsmitglieder X, Y und Z sind als natürliche Personen nach § 1 BGB rechtsfähig und können die Klage nach § 59 ZPO gemeinschaftlich als Streitgenossen erheben.

4. Prozessfähigkeit

Die A-AG ist als juristische Person prozessfähig, wenn sie vor Gericht ordnungsgemäß vertreten wird. Für die AG handelt nach § 52 Abs. 1 ZPO ihr gesetzlicher Vertreter. Dies ist nach § 78 AktG der Vorstand, der sie gerichtlich vertritt. Dies gilt nach richtiger Ansicht[3] auch für Klagen einzelner Aufsichtsratsmitglieder auf Feststellung der Nichtigkeit eines Aufsichtsratsbeschlusses.

Sofern V einwendet, der Vorstand sei im Prozess nicht vertretungsberechtigt, ist zwar richtig, dass gem. § 112 AktG der Aufsichtsrat die AG gegenüber dem Vorstand vertritt. Indessen ist hier nicht der Vorstand Beklagter des Verfahrens, sondern die AG selbst, sodass § 112 AktG nicht eingreift. Damit bleibt es bei der allgemeinen Vertretungsregel des § 78 Abs. 1 AktG.

Hinweis:

Man mag hier noch die Regelung des § 246 Abs. 2 S. 2 AktG erwägen, wonach bei Beschlussanfechtungsklagen die AG durch Vorstand und Aufsichtsrat gemeinsam vertreten wird. Allerdings sind, wie dargelegt, die §§ 241 ff. AktG auf Beschlüsse des Aufsichtsrats nicht analog anwendbar. Wenn man dies anders beurteilen wollte, ist jedenfalls Satz 3 des § 246 Abs. 2 AktG zu beachten. Demnach wird die Gesellschaft durch den Vorstand vertreten, wenn ein Aufsichtsratsmitglied klagt. Näher läge es, an die Bestellung besonderer Vertreter nach § 147 Abs. 3 AktG zu denken. Der Sachverhalt bietet jedoch zu entsprechenden Ausführungen keinen Anlass, da das Prozedere des § 147 AktG hier nicht in Gang gesetzt ist; zudem handelt es sich um eine „kann“-Vorschrift.[4]

---

[2] Vgl. etwa BGH NJW-RR 1995, 225; NJW 2002, 3465, 3466 f.

[3] BGHZ 122, 342, 345 f. = NJW 1993, 2307; OLG Düsseldorf ZIP 1995, 1183, 1187; *Bork*, ZIP 1991, 137, 143, 146.

[4] Vgl. zum Ganzen auch *Mertens*, ZHR 154 (1990), 24, 37.

Nach allem ist die AG prozessfähig. Für X, Y und Z ergeben sich keine Besonderheiten.

5. Feststellungsinteresse

Das nach § 256 Abs. 1 ZPO erforderliche rechtliche Interesse von X, Y und Z an der Feststellung der Nichtigkeit besteht darin, dass sie beabsichtigen später namens der AG einen Schadensersatzprozess gegen den Vorstand zu führen. Dies ist ihnen nur mit einem entsprechenden Beschluss des Aufsichtsrats möglich, während hier das Gegenteil beschlossen worden ist.

Ein Feststellungsinteresse ergibt sich zudem daraus, dass die Überwachung der Geschäftsführung des Vorstands nach § 111 Abs. 1 AktG zu den Aufgaben des Aufsichtsrats gehört. Die Überwachungspflicht umfasst auch abgeschlossene Geschäftsvorgänge. Aus ihr resultiert die Pflicht zur Prüfung und aus § 112 AktG die Pflicht zur Verfolgung von Schadensersatzansprüchen der AG gegen den Vorstand.[5]

Allerdings kann auch die Hauptversammlung oder eine Minderheit beschließen, dass Schadensersatzansprüche gegen den Vorstand geltend zu machen sind (§ 147 Abs. 1 S. 3 AktG). Solange aber ein solcher Beschluss nicht gefasst wurde, verbleibt es bei der originären Zuständigkeit des Aufsichtsrats gem. §§ 111 Abs. 1, 112 AktG und damit beim rechtlichen Interesse seiner Mitglieder X, Y und Z an der gerichtlichen Klärung der behaupteten Nichtigkeit des Aufsichtsratsbeschlusses. Dieses Interesse erlischt erst, wenn die Hauptversammlung von ihrem Recht nach § 147 AktG Gebrauch gemacht oder aber einen Verzicht nach § 93 Abs. 4 S. 3 AktG erklärt hat. Beides ist hier nicht der Fall, sodass es bei dem bereits festgestellten rechtlichen Interesse von X, Y und Z verbleibt.

6. Klagefrist

Was die Klagefrist angeht, so wurde bereits dargelegt, dass eine analoge Anwendung von § 246 Abs. 1 AktG im Hinblick darauf nicht sachgerecht erscheint, dass die kurze Monatsfrist dem Aufsichtsrat eine interne Streitbeilegung erschwert. Nach allgemeinen Regeln ist die Klage nach § 256 Abs. 1 ZPO nicht fristgebunden. Allenfalls kann ein großer zeitlicher Abstand, für den dem Sachverhalt keine Anhaltspunkte zu entnehmen sind, das Rechtsschutzbedürfnis entfallen lassen. Mithin ist die Klage hier nicht verspätet erhoben worden.

7. Ergebnis

Nach alledem ist die von X, Y und Z gegen die A-AG erhobene Klage zulässig.

II. Begründetheit der Klage

Die Klage ist begründet, wenn der Beschluss des Aufsichtsrats nichtig ist. Dafür kommt es darauf an, ob der Aufsichtsrat gem. §§ 111 Abs. 1, 112 AktG zur Verfolgung eines bestehenden Schadensersatzanspruchs gegen V verpflichtet ist. In diesem Fall wäre der Beschluss, mit dem sich die Aufsichtsratsmitglieder mehrheitlich gegen eine solche Anspruchsverfolgung ausgesprochen haben, nichtig.

[5] BGH ZIP 1997, 883, 884; *Dreher*, ZHR 158 (1994), 614, 637; *Horn*, ZIP 1997, 129, 138.

1. Feststellung des Anspruchs

Mit der Überwachung der Geschäftsführung geht notwendig die Pflicht einher, bei zutage tretenden Unregelmäßigkeiten das Vorstandshandeln in tatsächlicher und rechtlicher Hinsicht auf etwaige Schadensersatzansprüche hin zu überprüfen. Sofern solche Ansprüche in Betracht kommen, hat der Aufsichtsrat das Prozessrisiko und die Aussichten auf die Beitreibbarkeit zu analysieren. In Bezug hierauf steht dem Aufsichtsrat kein der gerichtlichen Überprüfung entzogener Ermessensspielraum zu.

Hinweis:
Der BGH hat dazu in dem Grundsatzurteil „ARAG/Garmenbeck" Folgendes dargelegt: „Eine ‚Entscheidungsprärogative', die zur Beschränkung der gerichtlichen Nachprüfbarkeit führt, kann der Aufsichtsrat für diesen Teil seiner Entscheidung entgegen der Ansicht des BerGer. nicht in Anspruch nehmen. Bei der Prüfung des Bestehens und der Durchsetzbarkeit eines Schadenersatzanspruchs steht dem Aufsichtsrat keine andere Aufgabe zu als jedem anderen, der in eigener oder fremder Sache ein Urteil über das Bestehen eines Anspruchs und die Aussichten einer gerichtlichen Geltendmachung desselben abzugeben hat. Die Haltbarkeit und Richtigkeit seiner Beurteilung der Erfolgsaussichten einer gerichtlichen Anspruchsverfolgung sind im Streitfall vor Gericht grundsätzlich voll nachprüfbar, da es bis hierher nicht um Fragen des Handlungs-, sondern allein des Erkenntnisbereichs geht, für die allenfalls die Zubilligung eines begrenzten Beurteilungsspielraums in Betracht kommen kann. Die Frage eines Handlungsermessens kann sich nur dort stellen, wo eine Entscheidung zwischen verschiedenen Handlungsmöglichkeiten zu treffen ist."[6]

Bei seiner Beurteilung, ob der festgestellte Sachverhalt den Vorwurf eines schuldhaft pflichtwidrigen Vorstandsverhaltens i.S.v. § 93 Abs. 1 S. 1, Abs. 2 S. 1 AktG rechtfertigt, hat der Aufsichtsrat Folgendes zu berücksichtigen: Dem Vorstand ist bei der Leitung der Geschäfte ein weiter Handlungsspielraum zuzubilligen, ohne den eine unternehmerische Tätigkeit und die damit verbundene Eröffnung von Chancen für die AG schlechterdings nicht denkbar ist. Dazu gehört neben dem bewussten Eingehen geschäftlicher Risiken grundsätzlich auch die Gefahr von Fehlbeurteilungen und Fehleinschätzungen, der jeder Unternehmensleiter, mag er auch noch so verantwortungsbewusst handeln, ausgesetzt ist. Ein Vorstandsmitglied handelt daher nicht pflichtwidrig, wenn es bei einer unternehmerischen Entscheidung vernünftigerweise annehmen durfte, auf der Grundlage angemessener Information zum Wohle der Gesellschaft zu handeln (§ 93 Abs. 1 S. 2 AktG; sog. Business Judgment Rule). § 93 Abs. 1 S. 2 AktG umschreibt damit einen „sicheren Hafen". Umgekehrt genügt die Überschreitung seiner Grenzen, indem ein Organwalter gegen die Pflicht sich zu informieren verstößt, allein noch nicht für eine Pflichtverletzung; es handelt sich vielmehr lediglich um ein Indiz.[7]

[6] BGHZ 135, 244 = NJW 1997, 1926, 1928 (ARAG/Garmenbeck).
[7] BGH NJW 2017, 578 Rn. 31 (strafrechtlich).

Mithin kommt es darauf an, ob bei Anlegung dieses Maßstabs aus dem Handeln des V ein Schadensersatzanspruch resultiert. Man könnte bereits bezweifeln, dass überhaupt eine unternehmerische Entscheidung anzunehmen ist, da das Geschäft außerhalb des Satzungsgegenstands lag. V hat hier zudem aufgrund eines „heißen Tipps" gehandelt. Der Sachverhalt deutet nicht darauf hin, dass er zuvor Tatsachen ermittelt hatte, die eine sachliche Entscheidungsgrundlage hätten bieten können. An den Umfang der gebotenen Informationsverschaffung mögen in Situationen, in denen die unternehmerische Entscheidung aufgrund besonderen Zeitdrucks sehr schnell erfolgen muss, keine allzu hohen Anforderungen zu stellen sein. Indessen sind hier keine Anhaltspunkte für eine derartige Eilbedürftigkeit ersichtlich; zudem darf auch in solchen Fällen auf die Einholung gewisser Mindestinformationen nicht verzichtet werden. Der Erwerb von Schürfrechten für 3 Mio. € ohne weitere Sicherungen ist mithin als pflichtwidrig i.S.v. § 93 Abs. 1 S. 1 AktG anzusehen. Dieses Verhalten überschreitet klar die Grenzen, in denen sich ein von Verantwortungsbewusstsein getragenes, auf sorgfältiger Ermittlung der Entscheidungsgrundlagen beruhendes unternehmerisches Handeln bewegen muss.

V handelte zudem vorsätzlich und mithin schuldhaft; er fügte dadurch der A-AG einen Schaden i.H. des Erwerbspreises von 3 Mio. € für die inzwischen wertlosen Schürfrechte zu.

Ergebnis: Der A-AG steht gegen den V ein Schadensersatzanspruch gem. § 93 Abs. 2 S. 1 i.V.m. Abs. 1 S. 1 AktG zu. Für den Schaden haften die Mitglieder des Vorstandes gesamtschuldnerisch (§ 93 Abs. 2 S. 1 AktG).

2. Berücksichtigung des Unternehmenswohls

In einem zweiten Schritt hat der Aufsichtsrat zu prüfen, ob die Geltendmachung des Anspruchs dem Unternehmenswohl zuwiderläuft. Sind durch die Schadensersatzklage Nachteile für gewichtige Interessen und Belange des Unternehmens zu erwarten, die dem Vorteil des zu erwartenden Schadensausgleichs in etwa gleichwertig sind, dann rechtfertigt dies ausnahmsweise den Verzicht auf die Verfolgung der Ansprüche. Zu den Belangen des Unternehmenswohls zählen der Schutz vor einem Vertrauensverlust der Öffentlichkeit (Fremd- und Eigenkapitalgeber, Handelspartner, sonstige gegenwärtige und potenzielle Vertragspartner), vor einer Behinderung der Vorstandsarbeit sowie vor Kursrückgängen. Zwar hat V entsprechende Einwände erhoben; aus dem Sachverhalt ergeben sich jedoch keine Anhaltspunkte dafür, dass der hohe Liquiditätszuwachs bei einer Realisierung des Anspruchs hinter diese Belange zurückträte.

Hinweis:
Zur Frage des Ermessensspielraums führt der BGH in dem „ARAG/Garmenbeck"-Urteil Folgendes aus: „Entgegen der Ansicht des BerGer. steht dem Aufsichtsrat auch bei dieser Entscheidung kein autonomer unternehmerischer Ermessensspielraum zu. Die unternehmerische Handlungsfreiheit ist Teil und notwendiges Gegenstück der dem Vorstand und nicht dem Aufsichtsrat obliegenden Führungsaufgabe. An ihr hat der Aufsichtsrat nur insoweit Anteil, wie das Gesetz auch ihm unternehmerische Aufgaben überträgt [dazu

Mutter, Unternehmerische Entscheidungen und Haftung des Aufsichtsrats der Aktiengesellschaft, 1994], wie z. B. bei der Bestellung und Abberufung von Vorstandsmitgliedern oder im Rahmen des § 111 IV 2 AktG, d. h. überhaupt überall dort, wo er die unternehmerische Tätigkeit des Vorstands im Sinne einer präventiven Kontrolle begleitend mitgestaltet. Die Entscheidung über die Geltendmachung von Schadenersatzansprüchen gegen pflichtwidrig handelnde Vorstandsmitglieder ist dagegen Teil seiner nachträglichen Überwachungstätigkeit, deren Ziel darauf gerichtet ist, den Vorstand zur Erfüllung seiner Pflichten anzuhalten und Schäden von der Gesellschaft abzuwenden (so zutr. insb. Th. Raiser, NJW 1996, 552 [554]). Bei dieser Kontrolltätigkeit hat der Aufsichtsrat zwar die dem Vorstand zustehende unternehmerische Handlungsfreiheit (oben aa) im Rahmen seiner Prüfung des Vorliegens eines pflichtwidrigen Vorstandshandelns zu berücksichtigen. Für seine eigene Entscheidung kann der Aufsichtsrat aber ein unternehmerisches Ermessen in dem vom BerGer. angenommenen Sinne nicht in Anspruch nehmen.“[8]

Nach allem steht das Unternehmenswohl der Anspruchsverfolgung im vorliegenden Fall nicht entgegen.

3. Schonung des Vorstands

Neben dem Unternehmenswohl ist dem Aspekt der Schonung eines wohlverdienten Vorstandsmitgliedes nur in eng umgrenzten Ausnahmefällen Raum zu geben. Ein solcher Ausnahmefall kann z. B. dann in Betracht kommen, wenn das pflichtwidrige Verhalten nicht allzu schwer wiegt und die der Gesellschaft zugefügten Schäden verhältnismäßig gering sind, während dem Vorstandsmitglied einschneidende Folgen drohen. Von einer solchen Situation ist hier indessen nicht auszugehen, sodass der Aufsichtsrat zur Geltendmachung des Schadensersatzanspruchs verpflichtet war.

Hinweis:
Insgesamt muss die Verfolgung der Schadensersatzansprüche gegenüber einem Vorstandsmitglied die Regel sein. Hingegen bedarf es gewichtiger Gegengründe und einer besonderen Rechtfertigung, von einer aussichtsreichen Anspruchsverfolgung abzusehen, was einem Anspruchsverzicht der Gesellschaft sehr nahe kommt; sie muss die Ausnahme darstellen.[9]

III. Gesamtergebnis

Der in Rede stehende Aufsichtsratsbeschluss ist unwirksam und damit nichtig. Die zulässige Nichtigkeitsfeststellungsklage von X, Y und Z ist mithin auch begründet; sie hat also Aussicht auf Erfolg.

---

[8] BGHZ 135, 244 = NJW 1997, 1926, 1928 (ARAG/Garmenbeck).

[9] BGHZ 135, 244 = NJW 1997, 1926, 1928 (ARAG/Garmenbeck). S. auch *Habersack*, NZG 2016, 321, 323 ff.

Teil II

Fragen zum Gesellschaftsrecht

Gesellschaftsrecht AT

13

Frage 1 Das Gesellschaftsrecht teilt sich in zwei verschiedene Gruppen privatrechtlicher Personenvereinigungen. Wie heißen diese und welche ist jeweils die Grundform?
Antwort Personengesellschaften und Körperschaften; die Grundformen sind die BGB-Gesellschaft (§§ 705 ff. BGB) und der eingetragene Verein (§§ 21 ff. BGB).

Frage 2 Worin liegt ein prägender Unterschied beider Gruppen hinsichtlich ihrer Mitglieder?
Antwort Personengesellschaften zeichnen sich durch ihre Abhängigkeit vom Mitgliederbestand aus, Körperschaften sind dagegen von ihrem Mitgliederbestand unabhängig.

Frage 3 Welche Gesellschaften bezeichnet man als Körperschaften?
Antwort Vereine des bürgerlichen Rechts, Kapitalgesellschaften (z. B. AG, GmbH), eingetragene Genossenschaften, Reedereien, Versicherungsvereine auf Gegenseitigkeit.

Frage 4 Was bedeuten die Begriffe „konstitutiv" und „deklaratorisch" im Gesellschaftsrecht?
Antwort Die Begriffe werden im Zusammenhang mit der Erlangung der Rechtsfähigkeit einer bestimmten Gesellschaftsform verwendet. Zu differenzieren ist zwischen Körperschaften und Personengesellschaften. Körperschaften erwerben die eigene Rechtspersönlichkeit durch Eintragung in ein staatliches Register (Vereins-, Handelsregister) oder durch staatliche Verleihung (wirtschaftlicher Verein) bzw. Anerkennung (Stiftungen). Die Eintragung konstituiert also die Körperschaft als eigene Rechtspersönlichkeit. Personengesellschaften hingegen entstehen regelmäßig allein schon durch einen Gesellschaftsvertrag. Die Eintragung in ein Register sind dann lediglich anzeigender (=deklaratorischer) Natur. Eine Ausnahme regelt § 105 Abs. 2 HGB für Personengesellschaften, die nicht bereits kraft Gesetzes eine OHG sind; hier wirkt die Eintragung konstitutiv.

C. Armbrüster, *Fallsammlung zum Gesellschaftsrecht*, Juristische ExamensKlausuren,
https://doi.org/10.1007/978-3-662-56192-8_13

Frage 5 Stimmt der Satz „Personengesellschaften sind nicht rechtsfähig.“?
Antwort Nein. Personengesellschaften können nach der sog. Gesamthandslehre Zuordnungsobjekte und damit Trägerinnen von Rechten und Pflichten sein (= Rechtsfähigkeit). Der Unterschied zu Körperschaften wird traditionell darin gesehen, dass Personengesellschaften nur als Gesamthandsgemeinschaft rechtsfähig sein können, während Körperschaften als solche rechtsfähig sind. Seit die Rechtsfähigkeit der Außen-GbR anerkannt wurde, ist eine wesentliche Annäherung der Gesamthandsgemeinschaften an juristische Personen zu verzeichnen (vgl. *Saenger*, GesR, § 3 Rn. 49).

Frage 6 Was versteht man unter dem sog. numerus clausus im Gesellschaftsrecht?
Antwort Der numerus clausus besagt, dass nur Rechtsformen zugelassen sind, die der Gesetzgeber vorgesehen hat. Es besteht also ein sog. Rechtsformzwang.

Frage 7 Warum gilt dieser Grundsatz?
Antwort Er dient der Rechtssicherheit und insbesondere dem Verkehrsschutz: Gläubiger und Gesellschafter sollen wissen, welche Regeln auf die Personenvereinigung anwendbar sind.

Frage 8 Wird ein Gesellschaftsvertrag wie objektives Recht behandelt oder rechtsgeschäftlich eingeordnet?
Antwort Dies ist umstritten. Überwiegend wird differenziert: Demnach ist der Abschluss des Gesellschaftsvertrages rechtsgeschäftlich einzuordnen, so dass im Grundsatz insbesondere die §§ 133, 157, 242 BGB gelten; die dadurch geschaffene Verbandsverfassung wird jedoch jedenfalls bei Körperschaften wie objektives Recht behandelt.

Frage 9 Führt die Nichtigkeit eines Gesellschaftsvertrages nach allgemeinen zivilrechtlichen Regeln stets dazu, dass sich keine Rechtsfolgen aus dem Gesellschaftsvertrag ergeben?
Antwort Nein; in den meisten Fällen greift vielmehr die Lehre von der fehlerhaften Gesellschaft ein.

Frage 10 Welche Rechtsfolge hat die Anwendung der Lehre von der fehlerhaften Gesellschaft?
Antwort Die Gesellschaft wird für die Vergangenheit als wirksam behandelt. Die Nichtigkeit des Vertrages kann nur ex nunc geltend gemacht werden.

Frage 11 Welches sind die Voraussetzungen für die Anwendung dieser Lehre?
Antwort

- Abschluss eines Gesellschaftsvertrages, der nach den allgemeinen Regeln (z. B. §§ 123, 142 Abs. 1 BGB) nichtig ist;
- In-Vollzug-Setzen der Gesellschaft;
- keine entgegenstehenden höherrangigen Interessen.

Frage 12 Wann liegt ein In-Vollzug-Setzen der Gesellschaft vor?
Antwort Spätestens mit der Aufnahme der Geschäftstätigkeit nach außen. Nach verbreiteter Ansicht genügt darüber hinaus bereits die Konstituierung des Gesellschaftsvermögens durch Leistung der Beiträge im Innenverhältnis.

Frage 13 Nennen Sie höherrangige Schutzinteressen, die der Anwendung der Lehre von der fehlerhaften Gesellschaft vorgehen!
Antwort Minderjährigenschutz; Verbots- oder Sittenwidrigkeit des Gesellschaftsvertrages.

Frage 14 Was ist der formelle und was der materielle Geltungsgrund für diese Lehre?
Antwort Formell handelt es sich um zu Gewohnheitsrecht erstarktes Richterrecht. Materiell dient die Lehre dazu, dem Faktum der in Vollzug gesetzten Gesellschaft Rechnung zu tragen und die Schwierigkeiten einer Rückabwicklung nach den §§ 812 ff. BGB zu vermeiden.

Frage 15 Sind die Regeln von der fehlerhaften Gesellschaft nur auf den fehlerhaften Vertragsabschluss anwendbar?
Antwort Nein. Sie gelten sinngemäß auch für den fehlerhaften Beitritt, zudem auch für fehlerhafte Unternehmensverträge (vgl. Fall 10 und Frage 17 Konzernrecht).

Frage 16 Gilt dies für jeden fehlerhaften Beitritt?
Antwort Nein. Neben der Ausnahme wegen höherrangiger Interessen (s. Frage 11) ist § 16 GmbHG zu beachten, der einen Sonderfall der Lehre vom fehlerhaften Beitritt betrifft.

Frage 17 Gilt die Lehre von der fehlerhaften Gesellschaft auch dann, wenn dem Gesellschafter ein Widerrufsrecht nach § 355 BGB zusteht? In welchen Fällen wird diese Frage praktisch bedeutsam?
Antwort Dies ist umstritten (s. a. Fall 2). Nach einer Ansicht ist die Lehre des fehlerhaften Vertrages vorrangig, nach anderer Meinung sind die Widerrufsregeln anwendbar. Praktisch ist die Frage bei geschlossenen Fonds (BGB-Gesellschaft, GmbH & Co. KG) bedeutsam, die eine Vielzahl von Kapitalanlegern geworben haben, denen die Verbraucherschutzregeln (insbesondere: §§ 312 ff. BGB) zugute kommen.

Frage 18 Was spricht für einen Vorrang der Lehre von der fehlerhaften Gesellschaft?
Antwort Sie führt zu einem interessengerechten Ausgleich, denn dem Gesellschafter wird lediglich der ihm zustehende Anteil an dem noch vorhandenen Gesellschaftsvermögen zurückgewährt. Damit wird ein „Windhunderennen“ vermieden, das dazu führen würde, dass die später ihr Widerrufsrecht geltend machenden Kapitalanleger leer ausgehen.

Frage 19 Lässt sich auch etwas für die Gegenansicht anführen?
Antwort Für einen Vorrang der Widerrufsregeln spricht, dass die Lehre von der fehlerhaften Gesellschaft lediglich den Rang nationalen (Gewohnheits-)Rechts einnimmt, während die Widerrufsregeln auf europarechtlichen Richtlinienvorgaben beruhen und daher vorrangig sind. Dieser Konflikt lässt sich freilich durch teleologische Reduktion der Richtlinienvorgabe lösen, die zulässig ist, da es hier um den angemessenen Ausgleich konkurrierender Verbraucherinteressen geht.

Frage 20 Finden die Regeln von der fehlerhaften Gesellschaft auch auf eine reine Innengesellschaft Anwendung, etwa auf die stille Gesellschaft gem. §§ 230 ff. HGB?
Antwort Dies ist umstritten. Nach einer Ansicht fehlt es hier am Bedürfnis für einen Verkehrsschutz, denn die Gesellschaft tritt nicht nach außen auf. Nach anderer Ansicht finden die Regeln dennoch Anwendung, um interne Rückabwicklungsprobleme zu vermeiden.

Frage 21 Auf welche Weise übt eine Gesellschaft den Besitz an einer Sache aus?
Antwort Dies geschieht durch ihre Gesellschafter bzw. – bei Körperschaften – Organe (sog. Organbesitz). Das bedeutet, dass die Gesellschaft Besitzerin der Sache ist und die Organwalter den Besitzwillen für die Gesellschaft ausüben. Die Organe selbst sind nicht Besitzer.

Frage 22 Wie wird das Verhalten der für sie handelnden Personen einer Gesellschaft zugerechnet?
Antwort Die Zurechnungsnorm des § 31 BGB, die für den eingetragenen Verein gilt, wird als Ausdruck eines allgemeinen Rechtsgedankens außerhalb des Vereinsrechts entsprechend angewandt. Im Körperschaftsrecht gilt dies generell; im Personengesellschaftsrecht stützen manche die Zurechnung stattdessen auf § 278 BGB.

Frage 23 Welchen Inhalt hat die gesellschaftsrechtliche Treuepflicht? Nennen Sie Beispiele!
Antwort Die Treuepflicht begrenzt den Umfang von dem Gesellschafter zugewiesenen Rechten; daneben konkretisiert sie sich in selbstständigen Pflichten. Sie führt zu Förder- und Rücksichtnahmepflichten sowie zu einem Schädigungsverbot; sie kann auch die Stimmabgabe in einem bestimmten Sinne gebieten. Beispiele für rechtsbegrenzende Ausprägungen der Treuepflicht sind das Gebot zur Zustimmung zu unabweisbaren Sanierungsmaßnahmen oder die Subsidiarität von Ansprüchen gegen Mitgesellschafter gegenüber solchen gegen die Gesellschaft. Beispiele für selbstständige Pflichten bieten die Geheimhaltungspflicht, das Wettbewerbsverbot oder das Verbot der Vereitelung von Geschäftschancen (wegen Einzelheiten s. die Fragen zu den einzelnen Gesellschaftstypen).

Frage 24 Woraus lässt sich die Treuepflicht herleiten?
Antwort Nach einer Ansicht folgt sie aus der Zweckförderungspflicht gem. § 705 BGB. Jedoch lässt sich darauf nur eine Pflicht gegenüber der Gesellschaft und nicht eine solche zur Rücksichtnahme auf die Individualinteressen der anderen

Gesellschafter stützen. Überzeugender ist es, die Treuepflicht aus der Korrelation zwischen qualifizierter Einwirkungsmacht und Verantwortung herzuleiten.

Frage 25 Gegenüber wem besteht die Treuepflicht?
Antwort Sie besteht einerseits gegenüber der Gesellschaft, andererseits auch im Verhältnis zu den Mitgesellschaftern. Mittlerweile ist sie sogar im Verhältnis von Aktionären untereinander anerkannt (s. Aktienrecht Frage 26), obwohl die persönliche Verbundenheit hier sehr viel weniger intensiv ist als bei der GmbH und insbesondere bei den (gesetzestypisch strukturierten) Personengesellschaften.

Frage 26 Welche Rechtsfolgen kann ein Verstoß gegen die Treuepflicht auslösen?
Antwort Eine Rechtshandlung kann als unwirksam anzusehen sein (z. B. eine treupflichtwidrige Stimmabgabe). Zudem kann das Verhalten Schadensersatzansprüche auslösen.

Personengesellschaftsrecht 14

14.1 Gesellschaft bürgerlichen Rechts (GbR)

1. Rechtsfähigkeit

Frage 1 Ist eine GbR rechtsfähig?
Antwort Die Außengesellschaft bürgerlichen Rechts wird vom BGH seit dem Jahr 2001 als teilrechtsfähig angesehen (vgl. hierzu im Einzelnen BGH NJW 2001, 1056 ff.). Dies bedeutet, dass sie insoweit rechtsfähig ist, als sie im Rechtsverkehr nach außen auftritt.

Frage 2 Welche Normen sprechen für, welche gegen die Teilrechtsfähigkeit der GbR?
Antwort Für die Teilrechtsfähigkeit sprechen einige neuere Gesetzesbestimmungen:
§ 11 Abs. 2 Nr. 1 InsO („Gesellschaft ohne Rechtspersönlichkeit"),
§ 191 Abs. 2 Nr. 1 UmwG (GbR ist „Rechtsträger neuer Rechtsform"),
§ 14 BGB („rechtsfähige Personengesellschaft").

Gegen die Rechtsfähigkeit sprechen ältere Gesetzesbestimmungen:
§ 714 BGB (Vertretungsmacht der Gesellschafter gegenüber den Gesellschaftern und nicht gegenüber der Gesellschaft),
§ 736 ZPO (Zwangsvollstreckung in das Gesellschaftsvermögen setzt Titel gegen alle Gesellschafter voraus).

Frage 3 Gilt die Lehre von der Teilrechtsfähigkeit auch für die BGB-Innengesellschaft?
Antwort Nein, nur BGB-Außengesellschaften werden als teilrechtsfähig angesehen.

C. Armbrüster, *Fallsammlung zum Gesellschaftsrecht*, Juristische ExamensKlausuren,
https://doi.org/10.1007/978-3-662-56192-8_14

Frage 4 Was versteht man unter einer BGB-Innengesellschaft? Nennen Sie Beispiele!
Antwort Innengesellschaften bilden kein Gesellschaftsvermögen und nehmen nicht am Rechtsverkehr teil. Sie sind nicht teilrechtsfähig und bilden keine Gesamthandsgemeinschaften. Beispiele: Zusammenschluss zu einer gemeinsamen Ferienreise; Fahrgemeinschaft; Ehegatten erwerben und bewirtschaften gemeinsam ein Mietshaus.

Frage 5 Kann eine BGB-Innengesellschaft Vermögen bilden?
Antwort Im Rechtsverkehr nach außen mit Dritten ist die Innengesellschaft nicht in der Lage Vermögensgegenstände für sich zu erwerben und dadurch Vermögen zu bilden. Allerdings können bereits die Ansprüche der Gesellschaft auf die Leistung der im Gesellschaftsvertrag zugesagten Einlagen durch die Gesellschafter Vermögen sein (s. dazu *Beuthien*, NZG 2017, 201, 204; *Fleischer/Hahn*, NZG 2017, 1, 5 f.).

Frage 6 Wie hat der Gesetzgeber die Problematik der Eintragungsfähigkeit einer teilrechtsfähigen GbR im Grundbuch gelöst?
Antwort Nach dem nunmehr geltenden § 47 Abs. 2 S. 1 GBO sind neben der Gesellschaft zwingend auch die Gesellschafter einzutragen.

Frage 7 Welche Auswirkungen hat die Eintragung der Gesellschafter in das Grundbuch?
Antwort Nach § 899a S. 1 BGB wird in Ansehung des eingetragenen Rechts vermutet, dass die im Grundbuch eingetragenen Personen tatsächlich Gesellschafter sind und darüber hinaus keine Gesellschafter bestehen. Durch die Verweisung in § 899a S. 2 BGB auf § 892 BGB wird ein Gutglaubenserwerb ermöglicht, wenn die Grundbucheintragung hinsichtlich der Gesellschafter falsch ist.

Frage 8 Wieso enthält das § 899a S. 2 BGB eine Verweisung auf die Gutglaubensvorschriften hinsichtlich der Gesellschafterstellung?
Antwort Grundsätzlich scheitert ein Eigentumserwerb an der nicht (mehr) vorliegenden Gesellschafterstellung der handelnden Personen, mithin an der mangelnden Vertretungsmacht, nicht aber an der fehlenden Eigentümerstellung der Gesellschaft. Nach § 892 BGB besteht jedoch nur ein Gutglaubensschutz hinsichtlich der Rechtsinhaberschaft, und nicht bezüglich der Vertretungsmacht. Ist nunmehr die Gesellschaft tatsächlich Eigentümer, sind aber beispielsweise schon ausgeschiedene Gesellschafter an der Verfügung beteiligt, so kann sich der Erwerber grundsätzlich nicht auf § 892 BGB berufen. Dies ist nunmehr durch den ausdrücklichen Verweis in § 899a S. 2 BGB ausnahmsweise möglich.

Frage 9 Welche Ansichten wurden vor Änderung des § 47 GBO hinsichtlich der Grundbuchfähigkeit einer Außen-GbR vertreten?
Antwort Außen-GbR ist nicht grundbuchfähig; Außen-GbR ist stets neben den Gesellschaftern im Grundbuch einzutragen; Außen-GbR ist grundbuchfähig, aber die Gesellschafter sind unter Hinweis auf das Gesellschaftsverhältnis einzutragen; Außen-GbR ist ohne Einschränkung grundbuchfähig.

Frage 10 Welche Ansicht hat der BGH hinsichtlich der Grundbuchfähigkeit einer Außen-GbR vertreten?
Antwort Nach Ansicht des BGH war die Außen-GbR nach altem Recht grundbuchfähig. Sie konnte unter der Bezeichnung in das Grundbuch eingetragen werden, den ihre Gesellschafter im Gesellschaftsvertrag vorgesehen haben. Fehlte eine solche, so musste sie als „Gesellschaft bürgerlichen Rechts bestehend aus … " mit den Namen der Gesellschafter eingetragen werden (vgl. hierzu im Einzelnen BGH NJW 2009, 594, 595 ff.).

Frage 11 Welche Argumente sprechen gegen diese vom BGH vertretene Ansicht?
Antwort Gegen die Ansicht des BGH spricht, dass mangels eines öffentlichen Registers für BGB-Gesellschaften nicht ohne Weiteres die Zusammensetzung der Gesellschaft sowie die Vertretungsmacht der handelnden Personen feststellbar sind. Dies ist jedoch problematisch im Hinblick auf den strengen Publizitätsgrundsatz im Grundbuchrecht. Zudem sah das formalisierte Grundbuchrecht nicht die (alleinige) Eintragung einer GbR vor, § 47 GBO a.F. (näher BayObLG NJW 2003, 70, 71 f.; OLG Celle NJW 2006, 2194 f.).

Frage 12 Nennen Sie Gründe, die für die Grundbuchfähigkeit der Außen-GbR bereits nach altem Recht sprechen!
Antwort Für die Grundbuchfähigkeit der Außen-GbR bereits nach altem Recht spricht, dass sich die Eintragungsfähigkeit eines Rechtsträgers nach seiner Fähigkeit richtet, Eigentümer zu sein. Eine GbR kann aufgrund ihrer Teilrechtsfähigkeit nach materiellem Recht Eigentümerin sein, sodass sich hieraus die Grundbuchfähigkeit als notwendige Folge ergibt. Das Grundbuchrecht war daher dementsprechend auf die Teilrechtsfähigkeit der GbR anzupassen, denn dieses soll gerade den nach materiellem Recht möglichen Grundstücksverkehr sicherstellen, und nicht verhindern.

Frage 13 Kann eine GbR Gesellschafterin einer anderen Gesellschaft sein?
Antwort Die Beteiligungsfähigkeit einer GbR an einer anderen GbR, an einer AG oder GmbH ist anerkannt. Dasselbe gilt für die Kommanditistenstellung in einer KG. Demgegenüber soll sie nach überwiegender Ansicht nicht in der Lage sein, in einer OHG oder KG die Stellung einer persönlich haftenden Gesellschafterin einzunehmen, da die fehlende Registerpublizität der BGB-Gesellschaft zu nicht hinnehmbaren Unklarheiten führen könnte.

2. Gründung/Gesellschaftsvertrag

Frage 14 Nennen Sie die drei konstitutiven Merkmale einer GbR!
Antwort Ein Vertrag, ein gemeinsamer Zweck und die Pflicht aller Gesellschafter zur Förderung dieses Zwecks, § 705 BGB.

Frage 15 Ist für den Gesellschaftsvertrag eine besondere Form vorgeschrieben?
Antwort Nein. Der Gesellschaftsvertrag einer GbR unterliegt (anders als insbesondere die Satzung einer GmbH oder AG) keinem gesellschaftsrechtlich angeordneten

Formerfordernis. Er kann, was in der Praxis häufig der Fall ist, auch konkludent zustande kommen.

Frage 16 Wann ist der Gesellschaftsvertrag einer GbR dennoch formbedürftig?
Antwort Wenn der Gesellschaftsvertrag eine Verpflichtung enthält, die ihrerseits ein Formbedürfnis auslöst. Dies gilt insbesondere, wenn sich ein Gesellschafter zur Übereignung eines Grundstücks an die GbR verpflichtet oder wenn die GbR ein bestimmtes Grundstück erwerben soll, im Hinblick auf das Beurkundungserfordernis nach § 311b BGB.

Frage 17 Besteht eine Formbedürftigkeit auch dann, wenn der Zweck der Gesellschaft der Handel mit Immobilien ist?
Antwort Nein. Der Gesellschaftsvertrag ist nur dann formbedürftig, wenn der Zweck den Erwerb bereits konkretisierter Grundstücke umfasst (s. dazu Frage 16), nicht aber wenn die Erwerbsabsicht allgemein gehalten ist.

Frage 18 Ist die Gründung einer Ein-Personen-GbR möglich?
Antwort Nein. Die Gründung einer GbR setzt stets voraus, dass mindestens zwei Personen einen Gesellschaftsvertrag schließen (vgl. den Wortlaut von § 705 BGB).

Frage 19 Wie erfolgt der Eintritt eines neuen Gesellschafters in die Gesellschaft?
Antwort Dies geschieht durch einen Aufnahmevertrag zwischen sämtlichen Gesellschaftern (nicht: der GbR) und dem Beitretenden. Übernimmt der neu Eintretende eine bereits bestehende Beteiligung, so bedarf ein Übertragungsvertrag zwischen altem und neuem Gesellschafter der Zustimmung aller übrigen Gesellschafter (s. a. Fall 3).

Frage 20 Beim Abschluss eines solchen Aufnahmevertrages wird Gesellschafter A durch seinen (bislang einzigen) Mitgesellschafter B vertreten. Muss A den B gesondert bevollmächtigen?
Antwort Ja. Die Vertretungsregel des § 714 BGB bezieht sich lediglich auf die Vertretung der Gesellschaft, nicht aber auf die Vertretung der anderen Gesellschafter bei Grundlagengeschäften.

3. Innenverhältnis

Frage 21 Welche Rechtsbeziehungen entstehen durch die Gesellschafterstellung in einer GbR?
Antwort Es entstehen Individual- und Sozialbeziehungen, aus denen sich sowohl Individualansprüche und Verpflichtungen als auch Sozialansprüche und Verpflichtungen ableiten.

Frage 22 Was versteht man unter Sozialbeziehungen?
Antwort Als Sozialbeziehungen werden alle Rechtsbeziehungen zwischen dem Gesellschafter und der Gesellschaft aufgrund des Gesellschaftsvertrages verstanden.

Frage 23 Wer ist zuständig für die Geltendmachung von Sozialansprüchen der GbR?
Antwort Die geschäftsführungsbefugten Geschäftsführer der Gesellschaft, da die Geltendmachung von Sozialansprüchen eine Maßnahme der Geschäftsführung ist.

Frage 24 Was versteht man unter einer actio pro socio?
Antwort Unter der actio pro socio versteht man das Recht jedes Gesellschafters, von den Mitgesellschaftern im eigenen Namen (auch durch Klage) die Erfüllung ihrer Verpflichtungen gegenüber der Gesellschaft zu verlangen.

Frage 25 Nennen Sie die Voraussetzungen der actio pro socio!
Antwort Die actio pro socio setzt voraus, dass die vertretungsberechtigten Gesellschafter nicht willens oder in der Lage sind, einen Sozialanspruch der Gesellschaft durchzusetzen.

Frage 26 Definieren Sie den Begriff der Individualbeziehungen!
Antwort Als Individualbeziehungen werden Rechtsverhältnisse zwischen den einzelnen Gesellschaftern aufgrund des Gesellschaftsvertrages bezeichnet.

Frage 27 Bilden Sie Beispiele für Verpflichtungen der Gesellschafter!
Antwort Beitragspflicht, Pflicht zur Mitwirkung bei der Geschäftsführung und Vertretung. Auch eine Nachschusspflicht kann vereinbart werden; zu den Anforderungen an eine entsprechende Beschlussermächtigung im Gesellschaftsvertrag s. aber BGH NJW 2007, 1685 und Frage 38).

Frage 28 Wie ist die Geschäftsführung einer GbR geregelt?
Antwort Die Gesellschafter sind gem. § 709 BGB gemeinschaftlich zur Geschäftsführung berechtigt und verpflichtet (Gesamtgeschäftsführung). Dieser Grundsatz ist allerdings dispositiv, also durch gesellschaftsvertragliche Regelung abdingbar (arg. § 709 Abs. 2 BGB).

Frage 29 Wodurch wird diese Gestaltungsfreiheit begrenzt?
Antwort Durch den Grundsatz der Selbstorganschaft. Mindestens ein Gesellschafter muss demnach zur Geschäftsführung berechtigt sein.

Frage 30 Welcher Verschuldensmaßstab gilt bei Verletzung der Geschäftsführungspflichten?
Antwort Der allgemeine Verschuldensmaßstab des § 276 BGB wird durch die Haftungsprivilegierung gem. § 708 BGB eingeschränkt. Demnach haben Gesellschafter bei Erfüllung ihrer gesellschaftsvertraglichen Pflichten nur für die Sorgfalt in eigenen Angelegenheiten einzustehen.

Frage 31 Worin findet diese Privilegierung ihre Grenze?
Antwort Der Maßstab der Sorgfalt in eigenen Angelegenheiten (diligentia quam in suis) befreit gem. § 277 BGB nicht von der Haftung für grobe Fahrlässigkeit.

Letztere liegt vor, wenn ein Gesellschafter in besonders schwerwiegender Weise die im Verkehr erforderliche Sorgfalt außer Acht lässt.

Frage 32 Gibt es Ausnahmen von diesem Verschuldensmaßstab?
Antwort Ja. Der Haftungsprivilegierung liegt der Gedanke zugrunde, dass Personen, die einen Gesellschaftsvertrag schließen, einander so akzeptieren, wie sie sind. Daher gilt dieser Maßstab nicht bei kapitalistisch strukturierten Publikumsgesellschaften. Zudem gilt die Privilegierung generell nicht im Straßenverkehr, da hier die gefährdeten Schutzgüter keine Reduzierung des Sorgfaltsmaßstabs zulassen.

Frage 33 Gibt es ein Wettbewerbsverbot für die Gesellschafter einer GbR?
Antwort Ja. Zwar ist ein Wettbewerbsverbot – anders als etwa bei der OHG (s. §§ 112 f. HGB) – nicht ausdrücklich kodifiziert, ein solches leitet sich aber aus der Treuepflicht ab (zu ihr s. AT Fragen 21 ff.).

Frage 34 Gilt dieses Wettbewerbsverbot für alle Gesellschafter unabhängig von ihrer Stellung in der GbR?
Antwort Nein. Nur wer an der Geschäftsführung beteiligt ist, unterliegt dem Verbot (Str., s. noch OHG Frage 14).

Frage 35 In welchen Fällen ist die Beschlussfassung der Gesellschafterversammlung notwendig?
Antwort § 712 Abs. 1 BGB (Entziehung der Geschäftsführungsbefugnis); § 715 Abs. 1 i. V. m. § 712 Abs. 1 BGB (Entziehung der Vertretungsmacht); § 737 BGB (Ausschluss eines Gesellschafters); Änderung des Gesellschaftsvertrages; Aufnahme oder Austritt eines Gesellschafters; in gesellschaftsvertraglich vorgesehenen Fällen.

Frage 36 Gilt in der Gesellschafterversammlung das Mehrheitsprinzip?
Antwort Nein. Grundsätzlich müssen Beschlüsse einstimmig gefasst werden (§ 709 Abs. 1 BGB).

Frage 37 Gibt es eine Ausnahme von diesem Grundsatz für Grundlagengeschäfte?
Antwort Nein. Gerade Grundlagengeschäfte bedürfen schon allein wegen der allgemeinen Regel, dass Verträge nur im Einvernehmen aller daran Beteiligten geändert werden können, der Zustimmung sämtlicher Gesellschafter.

Frage 38 Können Mehrheitsbeschlüsse für Grundlagengeschäfte im Gesellschaftsvertrag vorgesehen werden?
Antwort Grundsätzlich ist dies möglich. Der Gesellschaftsvertrag muss hierfür jedoch gewissen Voraussetzungen genügen.

Frage 39 Welche Voraussetzungen sind dies?
Antwort Eine Mehrheitsklausel muss zunächst eindeutig die Mehrheit ermächtigen, über bestimmte Themen Beschlüsse zu fassen. Eine Auflistung der Kompetenzen ist hierfür nicht erforderlich. Auf dieser „ersten Stufe“ geht es um die Prüfung der

formalen Beschlusskompetenz zugunsten der Mehrheit. Auf einer „zweiten Stufe" ist sodann zu prüfen, ob der Beschluss auch inhaltlich wirksam ist. Insoweit kann fraglich sein, ob ein zulässiger Eingriff in den Kernbereich der Mitgliedschaft vorliegt oder ein Treuepflichtverstoß (näher BGH NJW 2007, 1685, 1686 f. [Otto]; NJW 2009, 669, 672 [Schutzgemeinschaftsvertrag II]).

Frage 40 Ein fehlerhafter Beschluss führt grundsätzlich zu dessen Nichtigkeit. Gilt dies ausnahmslos?
Antwort Beruht die Fehlerhaftigkeit bei der Beschlussfassung auf einem Verfahrensfehler, so ist der Beschluss dann wirksam, wenn sich der Fehler nicht auf das Abstimmungsergebnis ausgewirkt haben kann. Außerdem sind nach der Lehre von der fehlerhaften Gesellschaft solche an einem Fehler leidende Beschlüsse, die den Gesellschaftsvertrag ändern, zunächst wirksam, können aber durch Erklärung mit Wirkung für die Zukunft beseitigt werden.

Frage 41 Wer ist der Klagegegner bei einer Klage auf Feststellung der Nichtigkeit eines Beschlusses der Gesellschafterversammlung?
Antwort Die Klage ist nach ganz überwiegender Ansicht gegen die Mitgesellschafter zu richten, nicht gegen die Gesellschaft, da diese für Binnenstreitigkeiten (vorbehaltlich einer Ermächtigung durch die Gesellschafter) nicht zuständig sein soll. Dagegen lässt sich einwenden, dass es nicht um die einzelnen Stimmabgaben geht, sondern um die Wirksamkeit des Beschlusses, der den Willen der Gesellschaft verkörpert.

4. Außenverhältnis
a) Vertretungsregelungen

Frage 42 Wer vertritt die GbR im Rechtsverkehr?
Antwort Die Vertretungsbefugnis richtet sich grundsätzlich nach der Geschäftsführungsbefugnis (§ 714 i. V. m. § 709 BGB). Demnach besteht Gesamtvertretung aller Gesellschafter. § 709 BGB ist allerdings gesellschaftsvertraglich abdingbar (s. Frage 28); eine abweichende Regelung schlägt dann auch auf die Vertretungsbefugnis durch. Überdies stellt § 714 BGB lediglich eine Vermutungsregel auf, sodass die Vertretungsbefugnis auch durch Vereinbarung von der Geschäftsführungsbefugnis abgekoppelt werden kann.

b) Haftung der Gesellschafter

Frage 43 Erläutern Sie die Haftung eines GbR-Gesellschafters!
Antwort Ein GbR-Gesellschafter haftet nach mittlerweile nahezu einhelliger Ansicht analog § 128 S. 1 HGB akzessorisch für die Verbindlichkeiten der Gesellschaft (sog. Akzessorietätstheorie). Dies ist entgegen verbreiteter Ansicht freilich keine zwangsläufige Folge der Anerkennung der Teilrechtsfähigkeit der GbR, wenngleich der BGH beides in derselben Grundsatzentscheidung geklärt hat (s. Frage 1). Mit der Anerkennung der akzessorischen Haftung hat sich die BGB-Gesellschaft weiter an das Recht der Handelsgesellschaften angenähert.

Frage 44 Was ist die Anspruchsgrundlage für die Gesellschafterhaftung?
Antwort § 128 S. 1 HGB (analog) ist lediglich eine Überleitungsnorm, die der Haftungserstreckung dient. Grundlage für die Haftung des Gesellschafters ist daher der Anspruch des Gläubigers gegen die Gesellschaft (z. B. auf Kaufpreiszahlung aus Kaufvertrag, § 433 Abs. 2 BGB) i. V. m. § 128 S. 1 HGB analog.

Frage 45 Welche Lehre steht der Akzessorietätstheorie gegenüber?
Antwort Die sog. Theorie von der Doppelverpflichtung.

Frage 46 Bitte erläutern Sie kurz diese Theorie!
Antwort Der handelnde Gesellschafter soll demnach neben der GbR auch sich selbst sowie im Wege der Stellvertretung alle Mitgesellschafter persönlich rechtsgeschäftlich verpflichten.

Frage 47 Nennen Sie Argumente gegen die Theorie der Doppelverpflichtung!
Antwort Der Haupteinwand liegt darin, dass diese Theorie auf eine reine Fiktion hinausläuft, die sich vom wirklichen Willen des handelnden Gesellschafters entfernt. Bisweilen verweisen die Kritiker zudem auch darauf, dass sich anders als mit der Akzessorietätstheorie eine Haftung der Mitgesellschafter aus unerlaubter Handlung sowie die Haftung eines Neugesellschafters für Altverbindlichkeiten nicht begründen ließen. Ob freilich diese beiden (keineswegs zwangsläufigen) Folgen der Akzessorietätstheorie sachgerecht sind, lässt sich durchaus bezweifeln (s. noch Frage 48).

Frage 48 Haftet ein Neugesellschafter für vor seinem Beitritt begründete Verbindlichkeiten der Gesellschaft?
Antwort Nach § 128 S. 1 HGB (analog) nicht, denn diese Haftung setzt ungeschrieben voraus, dass der Gesellschafter zu dem Zeitpunkt, zu dem die Verbindlichkeit begründet wurde, der Gesellschaft angehört hat. Bis vor einigen Jahren wurde eine Haftung für Altschulden denn auch ganz überwiegend abgelehnt. Der Altgläubiger verdiene keinen Schutz, da er allein im Vertrauen auf die Leistungsfähigkeit der Altgesellschafter geleistet habe. Nach seiner Entscheidung für die akzessorische Haftung hat der BGH jedoch auch § 130 HGB analog auf die GbR angewandt (vgl. hierzu im Einzelnen BGH NJW 2003, 1803, 1804 f.). Dafür spricht, dass es den Gesellschaftsgläubigern auf diese Weise erspart wird nachzuforschen, zu welchem Zeitpunkt ein Gesellschafter beigetreten ist. Andererseits handelt es sich aus Sicht der Gläubiger um ein Zufallsgeschenk, während der Neugesellschafter sich mangels Buchführungspflicht der GbR kaum zuverlässig über die Altschulden informieren kann und wegen der Lehre von der fehlerhaften Gesellschaft sogar dann haftet, wenn ihn die übrigen Gesellschafter beim Beitritt gerade über die Altschulden getäuscht haben (s. AT Frage 9).

Frage 49 Kann ein ausgeschiedener Gesellschafter zeitlich unbegrenzt für die bis zu seinem Austritt entstandenen Verbindlichkeiten der GbR persönlich in Anspruch genommen werden?
Antwort Nein, durch die Verweisung des § 736 Abs. 2 BGB gelten die Vorschriften zur Nachhaftungsbegrenzung bei Personenhandelsgesellschaften, also § 160

Abs. 1 HGB. Hierbei wird § 160 Abs. 1 S. 2 HGB bezüglich des Fristbeginns so modifiziert, dass es auf die Kenntnis des Gläubigers vom Ausscheiden des Gesellschafters ankommt (näher BGH NJW 2007, 3784, 3785).

Frage 50 Ist eine Haftungsbegrenzung auf das Gesellschaftsvermögen möglich?
Antwort Grundsätzlich ist dies nur auf Grundlage einer individualvertraglichen Abrede zwischen Gläubiger und Gesellschaft (vertreten durch die Geschäftsführer) möglich.

Frage 51 Wann ist eine klauselmäßige Haftungsbegrenzung zulässig?
Antwort Bei Publikumsgesellschaften (insbesondere: geschlossene Fonds) kann eine Haftungsbegrenzung auf das Gesellschaftsvermögen auch in Form von AGB vorgenommen werden.

Frage 52 Welcher Gedanke liegt dieser Ausnahme zugrunde?
Antwort Eine persönliche Haftung des einzelnen Kapitalanlegers könnte für diesen ruinöse Folgen haben, denen kein schutzwürdiges Vertrauen der Vertragspartner (z. B. Baustofflieferanten) auf die akzessorische Haftung gegenübersteht. Zudem steht den Gläubigern jedenfalls bei einem Immobilienfonds meist in Gestalt der Immobilie eine gewisse Haftungsmasse zur Verfügung (s. a. Fall 2).

Frage 53 Lässt sich eine Haftungsbeschränkung durch eine Beschränkung der Vertretungsmacht erreichen?
Antwort Die Vertretungsmacht der geschäftsführenden Gesellschafter kann im Gesellschaftsvertrag auf den Abschluss solcher Verträge beschränkt werden, in denen eine Haftungsbeschränkung auf das Gesellschaftsvermögen vereinbart wird. Grundsätzlich entfaltet eine solche Beschränkung aber keine Außenwirkung (§ 128 S. 2 HGB analog). Eine Ausnahme von diesem Grundsatz ist lediglich dann anzunehmen, wenn die Beschränkung für den Dritten offenkundig ist. Allerdings ist hierfür allein ein Namenszusatz wie „GbRmbH" oder eine Regelung in AGB nicht ausreichend.

Frage 54 Haftet ein Treugeber, der für einen Gesellschafter den Gesellschaftsanteil treuhänderisch hält, ebenfalls persönlich analog §§ 128 S. 1, 130 HGB?
Antwort Nach einer Ansicht wird dies für den Fall bejaht, dass dem Treugeber unmittelbar Rechte und Ansprüche übertragen werden, wie etwa das Stimmrecht. Gleichwohl ist mit der überwiegenden Ansicht auch in diesem Fall eine Haftung analog §§ 128 S. 1, 130 HGB abzulehnen. Es fehlt insoweit an einer notwendigen gesetzlichen Grundlage. Da die §§ 128 S. 1, 130 HGB nur das Außenverhältnis betreffen, können jene Normen nicht auf eine lediglich das Innenverhältnis betreffende Rechtsbeziehung übertragen werden (näher BGH NZG 2009, 57, 58 f.).

c) Beendigung

Frage 55 Nennen Sie die einzelnen Stufen der Beendigung einer GbR!
Antwort Erste Stufe ist die Auflösung der GbR (§§ 723–728 BGB); zweite Stufe ist die Auseinandersetzung (§§ 730–735 BGB); erst an deren Ende steht als dritte Stufe die Vollbeendigung der GbR.

Frage 56 Besteht die GbR nach der Auflösung überhaupt noch?
Antwort Ja. Allerdings hat sich der Gesellschaftszweck i.S. von § 705 BGB durch die Auflösung geändert: Die vormals werbende Gesellschaft verfolgt im Auseinandersetzungsstadium lediglich das Ziel, das Gesellschaftsvermögen zu liquidieren und einen etwaigen Auseinandersetzungserlös auf die Gesellschafter zu verteilen (s. auch § 730 Abs. 2 S. 1 BGB).

Frage 57 Wie sind die Vertretungsverhältnisse in der Liquidationsphase geregelt?
Antwort Da die Liquidationsgeschäftsführung gem. § 730 Abs. 2 S. 2 Halbs. 2 BGB allen Gesellschaftern gemeinschaftlich zusteht, besteht gem. § 714 BGB auch Gesamtvertretungsmacht. § 730 Abs. 2 S. 2 Halbs. 2 BGB ist allerdings dispositiv. Zudem ist die Fiktion des § 729 S. 1 BGB zu beachten.

Frage 58 Können einzelne Gesellschafter auch im Liquidationsstadium Ansprüche der Gesellschaft im Wege der actio pro socio geltend machen?
Antwort Ja, die Regeln der actio pro socio (s. AT Frage 18) gelten auch in der Liquidationsphase.

14.2 OHG

Frage 1 Beschreiben Sie das Verhältnis der OHG zur GbR!
Antwort Die OHG ist eine Sonderform der GbR. Der Zweck einer OHG muss sich grundsätzlich auf den Betrieb eines Handelsgewerbes beziehen (§ 105 Abs. 1, 2 HGB). Über § 105 Abs. 3 HGB sind die Vorschriften über die GbR subsidiär anwendbar. Freilich sind umgekehrt für die GbR bisweilen auch Regeln des OHG-Rechts anwendbar. Beispiele bieten die Verweisung in § 736 Abs. 2 BGB auf die Regeln über die Nachhaftungsbegrenzung bei Personenhandelsgesellschaften (§ 160 HGB) oder die analoge Heranziehung von § 128 HGB für die Gesellschafterhaftung.

Frage 2 Entsteht eine OHG nur mit der Eintragung ins Handelsregister?
Antwort Nein. Wenn der Gesellschaftszweck auf den Betrieb eines Handelsgewerbes i. S. von § 1 Abs. 2 HGB gerichtet ist, also kein kleingewerblicher Betrieb vorliegt und die Gesellschaft nicht nur eigenes Vermögen verwaltet, wirkt die Eintragung lediglich deklaratorisch (arg. § 105 Abs. 1 HGB: „ist" eine OHG; 123 Abs. 2 HGB; vgl. demgegenüber § 105 Abs. 2 HGB).

Frage 3 Nennen Sie die Regressmöglichkeiten eines Gesellschafters, der eine Gesellschaftsschuld beglichen hat, gegenüber der OHG!
Antwort Der Regressanspruch gegenüber der OHG ergibt sich aus § 110 Abs. 1 HGB. Bei der Parallelfrage zur GbR wird teils ein Anspruch analog § 774 Abs. 1 S. 1 BGB i. V. m. der Gesellschaftsschuld diskutiert.

Frage 4 Haften die Gesellschafter für den Regressanspruch?
Antwort Nein. Rein konstruktiv könnte man dies zwar aus § 128 S. 1 HGB herleiten, denn es handelt sich bei dem Regressanspruch um eine Gesellschaftsschuld. Indessen bezweckt § 128 S. 1 HGB allein den Gläubigerschutz und gilt daher nicht für Sozialverbindlichkeiten der Gesellschaft. Anderenfalls käme es überdies zu einer Nachschusspflicht, die nach § 707 BGB i. V. m. § 105 Abs. 3 HGB (vorbehaltlich abweichender Vereinbarung) gerade nicht bestehen soll.

Frage 5 Gilt § 110 Abs. 1 HGB auch für den ausgeschiedenen Gesellschafter?
Antwort Teils wird diese Vorschrift analog angewendet (vgl. etwa *Preuß*, ZHR 160 (1996), 174). Nach der Gegenansicht fehlt es wegen des Anspruchs aus § 738 Abs. 1 S. 2 BGB i. V. m. § 105 Abs. 3 HGB an einer planwidrigen Regelungslücke.

Frage 6 Woraus ergibt sich der Regressanspruch gegenüber den Mitgesellschaftern nach Tilgung einer Gesellschaftsschuld?
Antwort Der Anspruch folgt aus § 426 Abs. 1 BGB sowie aus § 426 Abs. 2 BGB i. V. m. der Gesellschaftsschuld. Dabei hat die Legalzession gem. § 426 Abs. 2 BGB im Hinblick darauf eigenständige Bedeutung, dass gem. §§ 412, 401 BGB Nebenrechte (insbesondere: Pfandrechte) mit übergehen.

Frage 7 Kann ein Mitgesellschafter von den übrigen Gesellschaftern ohne weiteres und in voller Höhe im Wege des Regresses in Anspruch genommen werden?
Antwort Nein. Er haftet lediglich pro rata (im Verhältnis seines Verlustanteils, für den gem. § 121 Abs. 3 HGB im Zweifel das Kopfprinzip gilt) und überdies aufgrund der gesellschaftsrechtlichen Treuepflicht (s. AT Fragen 21 ff.) nur subsidiär zur Gesellschaft.

Frage 8 Was versteht man unter einem sog. Drittgeschäft zwischen einem Gesellschafter und der OHG?
Antwort Drittgeschäfte beruhen nicht auf dem Gesellschaftsvertrag, sondern auf einem gesonderten Vertragsverhältnis (z. B. Kauf, Darlehen), wie es die OHG auch mit einem außenstehenden Dritten hätte eingehen können.

Frage 9 Wie kann ein Gesellschafter in einem solchen Fall einen Mitgesellschafter in Anspruch nehmen?
Antwort Aus § 128 S. 1 HGB i. V. m. dem vertraglichen Anspruch gegen die OHG (z. B. Kaufpreisschuld). Jedoch ist dieser Anspruch gekürzt um seinen eigenen Verlustanteil, denn der Gesellschafter ist zugleich Schuldner und Gläubiger in einer Person. Umstritten ist, ob der Anspruch subsidiär ist. Dafür spricht die aus der Treuepflicht herzuleitende Pflicht zur Rücksichtnahme auf die Vermögensinteressen der Mitgesellschafter. Andererseits tritt der Gesellschafter hier der OHG wie ein Dritter gegenüber, was dafür spricht, dass er auch nicht schlechter als ein solcher stehen soll, zumal derartige Drittgeschäfte für die Gesellschaft oft vorteilhaft sind.

Frage 10 Wie haften die Mitgesellschafter untereinander bei einem solchen Drittgeschäft eines Gesellschafters?
Antwort Nach einer Ansicht haften sie als Gesamtschuldner gem. § 426 Abs. 1 BGB, denn der Gesellschafter soll nicht schlechter stehen als andere Gläubiger. Nach anderer Ansicht haften sie lediglich pro rata, denn die gläubigerfreundliche Anordnung einer Gesamtschuld § 128 S. 1 HGB sei auf außenstehende Dritte zugeschnitten.

Frage 11 Was versteht man unter der Geschäftschancenlehre?
Antwort Es handelt sich um ein aus der gesellschaftsrechtlichen Treuepflicht herzuleitendes, ungeschriebenes Gebot, der Gesellschaft offen stehende und für sie interessante Geschäfte nicht stattdessen für eigene Rechnung abzuschließen.

Frage 12 Ist das Wettbewerbsverbot ein Unterfall der Geschäftschancenlehre?
Antwort Nein, die beiden Regeln ergänzen sich.

Frage 13 Wie wird in § 112 Abs. 1 Fall 2 HGB das Wort „gleichartig" ausgelegt?
Antwort Nach einer Ansicht bedeutet „gleichartig" lediglich, dass die andere Gesellschaftsbeteiligung ebenfalls eine persönliche Haftung zur Folge haben muss. Demnach bezweckt das Beteiligungsverbot es sicherzustellen, dass das Privatvermögen des Gesellschafters (als Haftungsmasse für Gesellschaftsgläubiger) und/oder dessen eigene Arbeitskraft für die OHG reserviert bleibt. Nach anderer Ansicht meint das Wort hingegen, dass die Gesellschaft im selben Handelszweig tätig sein muss. Nur die zweite Auslegung wird dem Charakter eines Wettbewerbsverbots und dem Umstand gerecht, dass das Personengesellschaftsrecht auch ansonsten keine Regeln aufstellt, nach denen ein Gesellschafter sein Privatvermögen oder seine Arbeitskraft allein im Gesellschaftsinteresse einzusetzen hat.

Frage 14 Gilt das Wettbewerbsverbot des § 112 HGB auch für einen nicht geschäftsführenden Gesellschafter?
Antwort Dies ist umstritten. Nach verbreiteter Ansicht gilt es auch für ihn, da er gleichfalls über Informationsrechte verfügt (§ 118 Abs. 1 HGB) und die erlangten Informationen (über Bezugs- und Absatzquellen, Ertragszahlen etc.) zu gesellschaftsfremden Zwecken einsetzen könnte. Dagegen spricht jedoch der Rechtsgedanke des § 165 HGB, wonach den (gesetzestypischen, d. h. von der Geschäftsführung ausgeschlossenen) Kommanditisten gerade kein Wettbewerbsverbot trifft.

Frage 15 Ist die Vertretungsmacht bei der OHG ebenso wie bei der GbR an die Geschäftsführungsbefugnis gekoppelt?
Antwort Nein. Im Gegensatz zur GbR ist die Vertretungsmacht bei der OHG unabhängig von der Geschäftsführungsbefugnis geregelt. Grundsätzlich besteht Einzelvertretung, § 125 Abs. 1 HGB

Frage 16 Wie kann einem Gesellschafter die Vertretungsmacht entzogen werden?
Antwort Dies kann gem. § 127 HGB aus einem wichtigen Grund durch ein gerichtliches Urteil (Gestaltungsurteil) geschehen.

Frage 17 Was versteht man unter „echter", was unter „unechter" Gesamtvertretung?
Antwort „Echte" Gesamtvertretung liegt dann vor, wenn alle oder mehrere Gesellschafter die Gesellschaft nur gemeinsam vertreten können, § 125 Abs. 2 S. 1 HGB. Unechte Gesamtvertretung liegt dagegen dann vor, wenn einer oder mehrere Gesellschafter nur gemeinschaftlich mit einem Prokuristen zur Vertretung befugt sind, vgl. § 125 Abs. 3 HGB.

Frage 18 Was bedeutet das Prinzip der Selbstorganschaft für die Vertretung der OHG?
Antwort Nach diesem Prinzip muss gewährleistet sein, dass die Gesellschaft jedenfalls auch (d. h. neben anderen Vertretungsmöglichkeiten) ausschließlich durch (einen oder mehrere) Gesellschafter vertreten werden kann. Die alleinige Anordnung einer unechten Gesamtvertretung ist damit unvereinbar. Dies findet in § 125 Abs. 3 HGB durch die Wendung „wenn nicht mehrere zusammen handeln" einen – freilich unvollkommenen – Ausdruck: Der Gesetzgeber ging demnach davon aus, dass die unechte Gesamtvertretung nicht als alleinige Vertretungsmöglichkeit vorgesehen wird.

Frage 19 Warum gilt dieses Prinzip?
Antwort Weil die Gesellschafter für die durch Vertrag begründeten Verbindlichkeiten der OHG gem. § 128 S. 1 HGB persönlich haften, sollen sie selbst über den Haftungsumfang entscheiden können. So stellt das Prinzip der Selbstorganschaft etwa sicher, dass eine als unvorteilhaft angesehene vertragliche Bindung (z. B. Miet- oder Dienstvertrag) sich beenden lässt, ohne dass ein von der persönlichen Haftung betroffener Dritter (Prokurist) dies verhindern kann. Der damit – jedenfalls bei einem Gesellschafter vorhandene – Gleichlauf von Herrschaft und Haftung bietet zugleich eine gewisse „Richtigkeitsgewähr" für die vertraglichen Bindungen, da der Handelnde die wirtschaftlichen Folgen auch persönlich zu tragen hat.

Frage 20 Kann die OHG sich überhaupt durch Prokuristen vertreten lassen?
Antwort Ja, denn die OHG ist gem. § 6 Abs. 1 HGB Kaufmann und kann daher nach § 48 Abs. 1 HGB Personen Prokura erteilen. Solange die Vertretung der Gesellschaft nicht allein von einem oder mehreren Prokuristen abhängt, sondern auch unabhängig von ihnen durch Gesellschafter möglich ist, können sie ohne Weiteres eingesetzt werden.

Frage 21 Welchen Inhalt hat die Haftung nach § 128 S. 1 HGB?
Antwort Nach einer Ansicht hat der Gesellschafter lediglich das Erfüllungsinteresse des Gläubigers auszugleichen, also haftet er nur auf Geld (sog. Haftungstheorie). Nach überwiegender Meinung haftet er hingegen – vorbehaltlich § 275 BGB – auf dasselbe wie die Gesellschaft (sog. Erfüllungstheorie).

Frage 22 Besteht eine Gesamtschuld zwischen den nach § 128 S. 1 HGB haftenden Gesellschaftern und der Gesellschaft?
Antwort Nein. Auch wenn man mit der Erfüllungstheorie einen identischen Haftungsinhalt annimmt (s. Frage 21), besteht lediglich eine Gesamtschuld der

Gesellschafter untereinander, nicht aber mit der OHG. Dies liegt daran, dass die Gesellschafterhaftung nur akzessorisch der Gesellschaftsschuld folgt, sodass keine Gleichstufigkeit besteht: Letztlich hat stets die Gesellschaft für die Verbindlichkeit aufzukommen.

Frage 23 Ist die Eintragung des Ausscheidens eines Gesellschafters in das Handelsregister für den Fristbeginn gem. § 160 Abs. 1 S. 2 HGB konstitutiv?
Antwort Nach verbreiteter Ansicht in der Literatur ist die Eintragung in das Handelsregister aufgrund des Wortlauts von § 160 Abs. 1 S. 2 HGB unabdingbare und damit konstitutive Voraussetzung für den Fristbeginn der Nachhaftung. Nach Ansicht des BGH genügt für den Fristbeginn jedoch auch die positive Kenntnis des Gläubigers. Diese Sichtweise erscheint vorzugswürdig. Der neu gefasste § 160 Abs. 1 S. 2 HGB bezweckt nämlich – wie sich an § 736 Abs. 2 BGB ablesen lässt – eine einheitliche Nachhaftung im Personengesellschaftsrecht (vgl. hierzu Frage 49 zur GbR). Zudem führt die Ansicht der Literatur zu einer nicht gerechtfertigten Privilegierung von Gläubigern einer OHG bei positiver Kenntnis vom Ausscheiden eines Gesellschafters (näher BGH NJW 2007, 3784, 3785 f.).

Frage 24 Kann ein Gesellschafter im Wege der außerordentlichen Kündigung aus der OHG austreten?
Antwort Gegen eine solche Kündigungsmöglichkeit spricht der Wortlaut von § 133 Abs. 1 HGB, der eine Auflösung vorsieht. Führt jedoch schon die ordentliche Kündigung zu einem Ausscheiden (§§ 131 Abs. 3 S. 1 Nr. 3, 132 HGB), so muss eine außerordentliche Kündigung erst recht zum Ausscheiden führen können.

Frage 25 Genügt für die außerordentliche Kündigung lediglich die Kündigungserklärung oder muss der Gesellschafter nach § 133 HGB Klage erheben?
Antwort Es genügt die Kündigungserklärung. Hierfür spricht sowohl der Wortlaut des § 131 Abs. 3 S. 1 Nr. 3 HGB als auch der Normzweck des § 133 HGB.

Frage 26 Sind die Gesellschafter einer OHG Kaufleute?
Antwort Teils wird dies verneint, da die Gesellschafter nur gemeinschaftlich ein Handelsunternehmen betreiben. Nach anderer Ansicht ist die Kaufmannseigenschaft der OHG-Gesellschafter aufgrund ihrer persönlichen Haftung zu bejahen.

14.3 KG

Frage 1 Worin liegt der Unterschied zwischen KG und OHG?
Antwort Die KG hat im Unterschied zur OHG zwei verschiedene Arten von Gesellschaftern, nämlich außer einem oder mehreren Komplementären (die wie OHG-Gesellschafter zu behandeln sind) auch mindestens einen Kommanditisten (beschränkt haftenden Gesellschafter).

Frage 2 Können für die KG auch Regeln des BGB-Gesellschaftsrechts anwendbar sein?
Antwort Ja. Über § 161 Abs. 2 HGB gilt ergänzend zu den §§ 161 ff. HGB das Recht der OHG. Diese Verweisung umfasst auch § 105 Abs. 3 HGB, der seinerseits auf die §§ 705 ff. BGB verweist. Dementsprechend gilt beispielsweise § 707 BGB (Ausschluss der Nachschusspflicht) auch für die OHG und die KG.

Frage 3 Wie entsteht eine KG im Innenverhältnis?
Antwort Durch Abschluss eines Gesellschaftsvertrages zwischen mindestens zwei Personen, der auf den Betrieb eines Handelsgewerbes gerichtet ist und neben einem oder mehreren persönlich haftenden Gesellschaftern mindestens einen Kommanditisten nebst Haftsumme festlegt.

Frage 4 Ist die Eintragung ins Handelsregister deklaratorisch?
Antwort Wenn die KG lediglich kleingewerblich i. S. v. § 1 Abs. 2 HGB tätig ist, wirkt die Eintragung konstitutiv (zuvor gelten jedenfalls im Außenverhältnis die Regeln der GbR), anderenfalls deklaratorisch; § 161 Abs. 2 i. V. m. § 105 Abs. 2, 3 HGB.

Frage 5 Wie haften die verschiedenen Gesellschafter?
Antwort Der Komplementär haftet gem. § 161 Abs. 2 i. V. m. § 128 S. 1 HGB persönlich und unbeschränkt, der Kommanditist dagegen beschränkt auf die Höhe seiner noch nicht geleisteten Einlage, § 171 Abs. 1 Halbs. 1 HGB.

Frage 6 Kann der Kommanditist trotz des § 164 HGB geschäftsführungsbefugt sein?
Antwort Ja. Nach § 163 HGB ist diese Vorschrift dispositiv.

Frage 7 Wann trifft den Kommanditisten trotz § 165 HGB ein Wettbewerbsverbot?
Antwort Wenn seine Gesellschafterstellung nicht gesetzestypisch ausgestaltet ist. Nach einer Ansicht genügt es hierfür, dass seine Informations- und Kontrollrechte über diejenigen des § 166 Abs. 1 HGB hinausgehen. Nach anderer Ansicht muss der Kommanditist zur Geschäftsführung befugt sein.

Frage 8 Wie ist das Widerspruchsrecht in § 164 S. 1 Halbs. 2 HGB auszulegen?
Antwort Nach überwiegender Ansicht besteht bei außergewöhnlichen Geschäften kein Widerspruchsrecht, sondern ein Zustimmungsvorbehalt (Vetorecht) des Kommanditisten. Könnte der Kommanditist lediglich widersprechen, so hätte er keine ausreichende Möglichkeit, seine Interessen gegenüber einem eigenmächtig handelnden Komplementär zu schützen.

Frage 9 Was versteht das Gesetz in § 171 Abs. 1 Halbs. 1 HGB unter „Einlage"?
Antwort Hierunter wird die sog. Hafteinlage oder Haftsumme verstanden.

Frage 10 Erläutern Sie den Unterschied zwischen Hafteinlage und Pflichteinlage!
Antwort Unter Hafteinlage versteht man die für das Außenverhältnis maßgebliche Haftsumme. Die Pflichteinlage betrifft hingegen das Innenverhältnis und bezeichnet die Höhe der intern zu erbringenden Einlage. Beide können unterschiedlich hoch sein: Eine die Pflichteinlage übersteigende Hafteinlage erhöht die Kreditfähigkeit; im umgekehrten Fall ist der Kommanditist besser vor einem direkten Zugriff der Gesellschaftsgläubiger geschützt.

Frage 11 Was besagt das Prinzip der realen Kapitalaufbringung?
Antwort Der Kommanditist wird nur in dem Umfang gem. § 171 Abs. 1 Halbs. 2 HGB von seiner Haftung befreit, in dem er der KG objektiv werthaltige Vermögensgegenstände zuführt. Beispiel: Tritt der Kommanditist der KG eine Forderung ab, so ist deren Verkehrswert und nicht ihr (nicht selten erheblich höherer) Nominalwert für die Haftungsbefreiung maßgeblich (s. a. Fall 3).

Frage 12 Was versteht man unter einer Einlagenrückgewähr i. S. v. § 172 Abs. 4 S. 1 HGB?
Antwort Entgegen dem engen Wortlaut („zurückbezahlt") werden Leistungen aller Art erfasst, denen keine gleichwertige Gegenleistung gegenübersteht. Anders gewendet: Einlagenrückgewähr ist jeder Vermögensabfluss aus der KG an den Kommanditisten ohne adäquate Gegenleistung. Beispiele: Erbringung von Dienstleistungen an die KG zu überhöhtem Preis; Veräußerung einer der KG gehörenden Sache an den Kommanditisten unter Verkehrswert.

Frage 13 Kann der Kommanditist einen im guten Glauben bezogenen Gewinn stets behalten?
Antwort Nach dem Wortlaut von § 172 Abs. 5 HGB ist dies so. Indessen ist der systematische Zusammenhang zu beachten: § 172 HGB regelt im Übrigen allein das Außenverhältnis, und es ist nicht ersichtlich, wieso der Kommanditist einen ihm nicht zustehenden Gewinn auch im Verhältnis zur KG soll behalten können dürfen; er wird durch § 818 Abs. 3 BGB hinreichend geschützt (str.).

Frage 14 Gilt § 176 Abs. 2 HGB auch bei Eintritt eines neuen Gesellschafters im Wege der Anteilsübertragung?
Antwort Dies ist umstritten. Nach einer Ansicht ist die Norm anwendbar, denn auch hier besteht hinsichtlich der Frage, wer Gesellschafter ist, ein Klarstellungsinteresse, das durch Registereintragung befriedigt werden kann. Nach anderer Ansicht ist die Norm wegen des entgegenstehenden Wortlauts nicht anwendbar. Zudem verändere sich bei einem derivativen Erwerb die Struktur der KG nicht. Daher werde auch nicht der Anschein eines neuen, zusätzlichen Kommanditisten erweckt.

Frage 15 Findet § 176 Abs. 1 HGB auch auf eine sog. Schein-KG Anwendung?
Antwort Auch das ist umstritten. Nach dem Wortlaut des § 176 Abs. 1 S. 2 HGB ist dies nicht der Fall. Für eine Anwendung lässt sich aber anführen, dass der

Rechtsschein sich auf die Handelsgesellschaft selbst und nicht auf die Eintragung bezieht. Außerdem ist eine abweichende Behandlung der Schein-KG sachlich nicht begründbar.

14.4 GmbH & Co. KG

Frage 1 Erläutern Sie die rechtliche Konstruktion der GmbH & Co. KG!
Antwort Die GmbH & Co. KG ist eine KG, bei der der Komplementär aus einer juristischen Person besteht, üblicherweise einer GmbH. Auch eine AG kann als Komplementärin eingesetzt werden. Diese Konstruktionen entstehen durch eine Verflechtung von Personen- und Kapitalgesellschaften.

Frage 2 Müssen die Gesellschafter der GmbH und der KG verschiedene Personen sein?
Antwort Nein, alle Kommanditisten können zugleich Gesellschafter der Komplementär-GmbH sein. Auch möglich ist eine sog. eingliedrige oder Einmann-GmbH & Co. KG, bei der der alleinige Gesellschafter der Komplementär-GmbH deren Geschäftsführer und zugleich einziger Kommanditist der KG ist.

Frage 3 Wie wird die GmbH & Co. KG vertreten?
Antwort Die KG wird gem. §§ 161 Abs. 2, 125 ff. HGB durch den Komplementär vertreten. Da hier der Komplementär eine GmbH ist und diese wiederum nach §§ 35 ff. GmbHG durch ihren Geschäftsführer vertreten wird, vertritt er auch die KG.

Frage 4 Unterliegt der Kommanditist einer GmbH & Co. KG ebenfalls dem Auszahlungsverbot der §§ 30, 31 GmbHG?
Antwort Grundsätzlich nicht, denn er ist nicht Gesellschafter der GmbH. Jedoch kann er analog §§ 30, 31 GmbHG rückzahlungspflichtig sein, wenn er Auszahlungen aus dem Vermögen der KG entgegennimmt und damit zugleich das zur Erhaltung des Stammkapitals erforderliche Vermögen der GmbH gemindert wird.

Frage 5 Kann die Einlage des Kommanditisten auch durch die Einbringung von Anteilen an der Komplementär-GmbH haftungsbefreiend erbracht werden?
Antwort Nein, s. § 172 Abs. 6 S. 1 HGB. Anderenfalls könnte der Kommanditist durch eine einzige (nämlich die an die GmbH geleistete) Einlage letztlich gegenüber zwei Gesellschaften seine Einlageschuld erfüllen.

Frage 6 Hat der Geschäftsbesorgungsvertrag des Geschäftsführers mit der GmbH Auswirkungen auf die KG?
Antwort Ja, vgl. BGHZ 75, 321. Die KG ist in den Schutzbereich dieses Vertrages mit einbezogen. Bei Pflichtverletzungen des Geschäftsführers kann somit neben der GmbH auch der KG nach den Regeln des Vertrages mit Schutzwirkung zugunsten Dritter ein Schadensersatzanspruch zustehen.

Frage 7 Was versteht man unter einer doppelstöckigen GmbH & Co. KG?
Antwort Bei der doppelstöckigen GmbH & Co. KG ist die Komplementärin der KG wiederum eine GmbH & Co. KG. Die Errichtung einer solchen Gesellschaft beruht auf steuer- und umwandlungsrechtlichen Erwägungen; sie wird auch dazu eingesetzt, um den Mitbestimmungserfordernissen nach § 4 MitbestG auszuweichen (vgl. MünchKomm-GmbHG/*Fleischer*, § 1 Rn. 90).

Frage 8 Haben die Nur-Kommanditisten ein Auskunfts- und Einsichtsrecht gegenüber der GmbH gem. § 51a GmbHG?
Antwort Nein. Den Nur-Kommanditisten steht allein das eingeschränkte Informationsrecht des § 166 HGB zu. Teilweise wird vorgeschlagen, eine ungerechtfertigte Benachteiligung zwischen Nur-Kommanditisten und Kommanditisten, die gleichzeitig Gesellschafter der Komplementär-GmbH sind, durch eine möglichst weite Auslegung des § 166 HGB zu vermeiden und in dieser Vorschrift ein „allgemeines Informationsrecht des Kommanditisten" zu sehen (vgl. *Saenger*, GesR, § 9 Rn. 424).

Frage 9 Wodurch zeichnet sich die sog. sternförmige GmbH & Co. KG aus?
Antwort Ein und dieselbe GmbH tritt bei mehreren KGs als Komplementärin auf. In Betracht kommt bei einer solchen Konstruktion eine Durchgriffshaftung unter den Schwestergesellschaften.

15 Kapitalgesellschaftsrecht

15.1 GmbH

1. Grundlagen/Gründung

Frage 1 Was ist eine GmbH?
Antwort Die GmbH ist eine Handelsgesellschaft mit eigener Rechtspersönlichkeit, die zu jedem gesetzlich zulässigen Zweck errichtet werden kann und für deren Verbindlichkeiten den Gläubigern nur das Gesellschaftsvermögen haftet (§§ 1, 13 GmbHG).

Frage 2 Nennen Sie wesentliche Unterschiede der Unternehmergesellschaft (UG) zur GmbH!
Antwort Ein maßgeblicher Unterschied besteht darin, dass sie mit einem geringeren Stammkapital gegründet werden kann, als sonst nach § 5 Abs. 1 GmbHG vorgesehen (§ 5a Abs. 1 GmbHG); es genügt damit 1 € (daher wird die UG umgangssprachlich bisweilen außer als „Mini-GmbH" auch als „1-Euro-GmbH" bezeichnet). Zudem dürfen keine Sacheinlagen erbracht werden (§ 5a Abs. 2 S. 2 GmbHG sowie Frage 10). Überdies ist nach § 5a Abs. 3 GmbHG zwingend eine gesetzliche Rücklage zu bilden.

Frage 3 Ab welchen Zeitpunkt sind die Sonderregelungen für die Unternehmergesellschaft nicht mehr anwendbar?
Antwort Sobald das Stammkapital der Gesellschaft den Betrag des Mindeststammkapitals gem. § 5 Abs. 1 GmbHG erreicht oder überstiegen hat (§ 5a Abs. 5 GmbHG).

Frage 4 Durch welche Vorschriften werden die Gläubiger einer Unternehmergesellschaft zum Ausgleich eines fehlenden Mindeststammkapitals geschützt?
Antwort Zum einen ist der Firma die Bezeichnung „Unternehmergesellschaft (haftungsbeschränkt)" oder „UG (haftungsbeschränkt)" hinzuzufügen (§ 5a

C. Armbrüster, *Fallsammlung zum Gesellschaftsrecht*, Juristische ExamensKlausuren,
https://doi.org/10.1007/978-3-662-56192-8_15

Abs. 1 GmbHG). Zum anderen besteht ein erhöhter Kapitalschutz der Gesellschaft durch die zwingend erforderliche Rücklagenbildung gem. § 5a Abs. 3 GmbHG.

Frage 5 Ist die GmbH den Normen des HGB auch dann unterworfen, wenn sie (ausnahmsweise) kein Handelsgewerbe betreibt?
Antwort Ja. Die GmbH ist Handelsgesellschaft qua Gesetz, § 13 Abs. 3 GmbHG. Die Vorschriften für Kaufleute sind gem. § 6 Abs. 1 HGB auf Handelsgesellschaften anwendbar, unabhängig davon, ob die Gesellschaft ein Handelsgewerbe i. S. v. § 1 Abs. 2 HGB betreibt.

Frage 6 Worin besteht der Mindestinhalt des Gesellschaftsvertrags?
Antwort Gemäß § 3 GmbHG sind dies: Firma, Sitz, Gegenstand des Unternehmens sowie der Betrag des Stammkapitals und der darauf anfallende jeweilige Anteil der Gesellschafter (sog. Stammeinlage).

Frage 7 Was versteht man unter dem Stammkapital der GmbH?
Antwort Das Stammkapital ist – wie auch das Grundkapital bei der AG – in erster Linie eine reine Rechnungsgröße, nämlich die Summe der Stammeinlagen der Gesellschafter (§ 5 Abs. 3 S. 2 GmbHG). Darüber hinaus spiegelt das Stammkapital das durch die Einlagen der Gesellschafter aufzubringende ursprüngliche Gesellschaftsvermögen wieder. Das Stammkapital entspricht im Zeitpunkt der Gründung der GmbH dem von den Gesellschaftern aufgebrachten oder noch aufzubringenden (vgl. § 7 Abs. 2 S. 2 GmbHG) Gesellschaftsvermögen. Es zeigt zugleich das anfängliche Eigenkapital der Gesellschaft an. Vom tatsächlichen Vermögen der GmbH ist es jedoch scharf zu unterscheiden. Dem trägt auch das Gesetz Rechnung. So heißt es etwa in § 30 Abs. 1 S. 1 GmbHG, dass „das zur Erhaltung des Stammkapitals erforderliche Vermögen" (und nicht etwa letzteres, als reine Rechenzahl) nicht an die Gesellschafter ausgezahlt werden darf.

Frage 8 Wie ist das Stammkapital bilanziell einzuordnen?
Antwort Das Stammkapital ist auf der Passivseite der Bilanz auszuweisen (§ 266 Abs. 3 lit. A I HGB: „gezeichnetes Kapital").

Frage 9 Welche Arten von Stammeinlagen gibt es?
Antwort Geldeinlagen und Sacheinlagen.

Frage 10 Sind stets beide Arten von Stammeinlagen zulässig?
Antwort Lediglich bei der sog. Unternehmergesellschaft sind Sacheinlagen unzulässig (§ 5a Abs. 2 S. 2 GmbHG). Im Übrigen besteht für die Gesellschafter Wahlfreiheit.

Frage 11 Was versteht man unter vinkulierten Geschäftsanteilen? Ist daran ein gutgläubiger Erwerb möglich?
Antwort Gem. § 15 Abs. 5 GmbHG kann durch den Gesellschaftsvertrag bestimmt werden, dass die Abtretung von Geschäftsanteilen an weitere Voraussetzungen geknüpft ist (sog. Vinkulierung). Solche Voraussetzungen können neben der

Zustimmung der Gesellschaft selbst etwa jene der Gesellschafterversammlung, der Geschäftsführer oder eines Dritten (str.) sein (vgl. Baumbach/Hueck/*Fastrich*, GmbHG, § 15 Rn. 38). Ein gutgläubiger Erwerb vinkulierter Geschäftsanteile ist nicht möglich. Für das dingliche Geschäft sind die zusätzlichen Anforderungen gem. § 15 Abs. 5 GmbhG Wirksamkeitsvoraussetzungen. Bis zur Erteilung oder Verweigerung der Genehmigung ist die Abtretung des Geschäftsanteils schwebend unwirksam. Die Erteilung wirkt gem. § 184 Abs. 1 BGB zurück.

Frage 12 Was versteht man unter einer Sacheinlage gem. § 5 Abs. 4 GmbHG?
Antwort Vom Begriff der Sacheinlage gem. § 5 Abs. 4 GmbHG wird die Sacheinlage im engeren Sinn und die Sachübernahme erfasst.

Frage 13 Grenzen Sie die Sacheinlage im engeren Sinn von der Sachübernahme ab!
Antwort Eine Sacheinlage im engeren Sinn liegt vor, wenn ein Gesellschafter aufgrund des Gesellschaftsvertrages zur Aufbringung des Stammkapitals statt eines Geldbetrages andere Vermögensgegenstände einbringt (§ 5 Abs. 4 S. 1 GmbHG).

Dagegen spricht man von einer Sachübernahme, wenn eine Bargründung durch die Abrede ergänzt wird, dass die Gesellschaft einen Gegenstand entgeltlich vom Gesellschafter erwirbt und der Preis auf die Bareinlage angerechnet wird (§ 19 Abs. 2 S. 2 GmbHG). Hierdurch wird eine Bareinlage mit einer ausnahmsweise zulässigen Aufrechnung kombiniert.

Frage 14 Kann auch ein Unternehmen als Sacheinlage eingebracht werden?
Antwort Ja. Der Begriff der Sacheinlage ist weit zu verstehen. Darunter fallen neben Sachen (§ 90 BGB) auch Rechte (Forderungen, Patente etc.) oder sonstige Vermögensgegenstände. Die Möglichkeit, ein Unternehmen einzubringen, ergibt sich zudem aus § 5 Abs. 4 S. 2 GmbHG a. E.

Frage 15 Ist mit der Eintragung einer Auflassungsvormerkung für ein Grundstück bereits letzteres als Sacheinlage wirksam erbracht?
Antwort Erforderlich ist, dass das Grundstück zur endgültigen freien Verfügung der Geschäftsführer steht (§ 8 Abs. 2 S. 1 i. V. m. § 7 Abs. 3 GmbHG). Nach einer Ansicht genügt dafür die Eintragung einer Eigentumsverschaffungsvormerkung in das Grundbuch. Andere meinen, das Grundstück sei erst dann als in die Gesellschaft eingebracht anzusehen, wenn die Gesellschaft als Eigentümerin ins Grundbuch eingetragen ist. Dafür lässt sich der Wortlaut von § 8 Abs. 2 S. 1 i. V. m. § 7 Abs. 3 GmbHG anführen. Dagegen spricht jedoch, dass der Zeitpunkt der Eintragung der Eigentumsposition ins Grundbuch ungewiss und meist nicht zeitnah ist. Bei wirtschaftlicher Betrachtungsweise erlangen die Geschäftsführer bereits mit der Vormerkung eine hinreichend gesicherte Rechtsposition.

Frage 16 Worin unterscheiden sich die Anforderungen an die Erbringung einer Geld- und einer Sacheinlage?
Antwort Eine Sacheinlage muss nicht nur zur endgültigen freien Verfügung der Geschäftsführer erbracht werden (s. Frage 14), sondern sie erfordert auch einen

Sachgründungsbericht mit Angaben zur Angemessenheit der Leistung (§ 5 Abs. 4 S. 2 GmbHG) und einen Beleg der Werthaltigkeit des Vermögensgegenstandes durch Bewertungsunterlagen. Außerdem kann sie nicht wie die Geldeinlage als Teilleistung (§ 7 Abs. 2 S. 1 GmbHG), sondern muss vollständig erbracht werden. Dies gilt allerdings nunmehr auch für Geldeinlagen bei der sog. Unternehmergesellschaft (§ 5a Abs. 2 S. 1 GmbHG).

Frage 17 Wann ist eine GmbH errichtet, wann gegründet?
Antwort Mit Abschluss des Gesellschaftsvertrages ist die Gesellschaft errichtet, mit Eintragung in das Handelsregister ist sie gegründet.

Frage 18 Nennen Sie die Gründungsstadien einer GmbH
Antwort Vorgründungsgesellschaft, Vorgesellschaft (Vor-GmbH) und GmbH.

Frage 19 Wodurch entsteht die Vorgründungsgesellschaft?
Antwort Die Vorgründungsgesellschaft entsteht durch den Zusammenschluss einer oder mehrerer Personen zu dem Zweck, eine GmbH zu gründen.

Frage 20 Welche Rechtsform hat diese Gesellschaft?
Antwort Die Vorgründungsgesellschaft ist je nachdem, ob sie bereits ein Handelsgewerbe betreibt oder nicht, eine GbR oder eine OHG.

Frage 21 Wodurch endet die Vorgründungsgesellschaft?
Antwort Sie endet regelmäßig mit Zweckerreichung, mithin mit Abschluss des formgerecht geschlossenen GmbH-Gesellschaftsvertrages.

Frage 22 Nennen Sie die formellen Voraussetzungen des Gesellschaftsvertrages!
Antwort Der Gesellschaftsvertrag muss von sämtlichen Gründern (nicht notwendig zeitgleich) unterzeichnet und notariell beurkundet werden (§ 2 Abs. 1 GmbHG). Bei Bevollmächtigung ist § 2 Abs. 2 GmbHG zu beachten (Ausnahme vom Grundsatz des § 167 Abs. 2 BGB). Diese Formerfordernisse sind ebenfalls bei dem vereinfachten Gründungsverfahren einzuhalten (§ 2 Abs. 1a S. 5 GmbHG). Der Gesellschaftsvertrag ist zugleich Vertrag und Organisationsordnung (Satzung).

Frage 23 Welche Rechtsform hat die Vor-GmbH?
Antwort Die Vor-GmbH ist eine Gesellschaft *sui generis*.

Frage 24 Welches Recht ist auf die Vor-GmbH anwendbar?
Antwort Auf die Vor-GmbH sind diejenigen Regeln des GmbH-Rechts anwendbar, die nicht gerade die Eintragung voraussetzen.

Frage 25 Gilt die unbeschränkte Vertretungsmacht des Geschäftsführers aus § 37 Abs. 2 GmbHG auch für die Vor-GmbH?
Antwort Die unbeschränkte Vertretungsmacht gem. § 37 Abs. 2 GmbHG gilt allein für solche Geschäfte, die für die Errichtung der GmbH notwendig sind. Für

darüber hinausgehende Geschäfte bedarf der Geschäftsführer einer gesonderten Bevollmächtigung.

Frage 26 Kommt ein wirksamer Vertrag zwischen der Vor-GmbH und dem Geschäftspartner zustande, wenn der Geschäftsführer im Namen der (noch nicht eingetragenen) GmbH handelt?
Antwort Das Handeln in fremdem Namen (§ 164 Abs. 1 BGB) ist hier auf die Vor-GmbH zu beziehen. Verpflichtet wird mithin der wahre Unternehmensträger (vgl. auch die Regeln vom unternehmensbezogenen Rechtsgeschäft, die gleichfalls eine Ausnahme vom Offenkundigkeitsprinzip vorsehen). Der Geschäftsführer handelt mit Vertretungsmacht, soweit die Geschäfte zur Errichtung der Gesellschaft notwendig sind oder der Geschäftsführer gesondert bevollmächtigt wurde.

Frage 27 Gehen Verbindlichkeiten der Vorgründungsgesellschaft mit Zweckerreichung auf die Vor-GmbH über?
Antwort Nein. Vielmehr gilt hier der Grundsatz der Diskontinuität. Ein Übergang der Verbindlichkeiten ist nur unter Einbeziehung des Gläubigers möglich, etwa im Wege der Schuldübernahme gem. §§ 414 ff. BGB.

Frage 28 Genügt für die Annahme einer antizipierten Zustimmung zur Schuldübernahme für Verbindlichkeiten der Vorgründungsgesellschaft durch die Vor-GmbH der Vertragsschluss zwischen dem Gläubiger und dem Geschäftsführer der Vor-GmbH, der in ihrem Namen gehandelt hat?
Antwort Nein. Daraus, dass der Gläubiger davon ausging, mit der Vor-GmbH zu kontrahieren, kann nicht geschlossen werden, dass er eine konkludente Zustimmung gem. § 415 Abs. 1 S. 1 BGB zur Schuldübernahme gegeben hat. Ihm entginge die wirtschaftlich werthaltigere persönliche Außenhaftung der Gesellschafter nach § 128 S. 1 HGB (bei der GbR: in analoger Anwendung).

Frage 29 Gehen Rechte und Pflichten der Vor-GmbH auf die entstandene GmbH über?
Antwort Ja. Die Vorgesellschaft ist ein notwendiges Durchgangsstadium auf dem Weg zur eingetragenen GmbH. Demnach müssen Rechte und Verbindlichkeiten der Vor-GmbH auch auf die entstandene GmbH übergehen. Anders als beim Übergang von der Vorgründungs- zur Vorgesellschaft (s. Frage 26) gilt hier mithin Kontinuität.

2. Haftung in den Gründungsphasen

Frage 30 Wie haften die Gesellschafter für Verbindlichkeiten der Vor-Gesellschaft nach Eintragung der GmbH?
Antwort Früher wurde bzgl. nicht notwendiger Geschäfte das sog. Vorbelastungsverbot vertreten. Ein dem Stammkapital entsprechendes Vermögen sollte im Zeitpunkt der Entstehung der Gesellschaft, also bei der Eintragung, unversehrt vorliegen. Mittlerweile gilt die sog. Verlustdeckungshaftung der Gesellschafter. Demnach besteht eine grundsätzlich unbeschränkte Innenhaftung der Gesellschafter gegenüber der Gesellschaft im Verhältnis ihrer Anteile.

Frage 31 Wieso kam es zum Wechsel des Haftungskonzepts?
Antwort Das Vorbelastungsverbot war aus wirtschaftlichen Gründen nur durch Schaffung mehrerer Ausnahmen aufrechtzuerhalten. Dies zeigt sich vor allem bei der Einbringung eines Handelsbetriebes, die als Sacheinlage anerkannt ist. Würde auch in diesem Fall das Vorbelastungsverbot gelten, müsste das Unternehmen bis zur Eintragung die Geschäfte ruhen lassen. Wegen mangelnder Praktikabilität hat der BGH das Vorbelastungsverbot daher aufgegeben (näher BGH NJW 1981, 1373 ff.).

Frage 32 Welche vier Meinungen zur Haftung der Gesellschafter der Vor-Gesellschaft für deren Verbindlichkeiten vor der Eintragung wurden früher vertreten?
Antwort

- Keine Haftung der Gesellschafter. § 13 Abs. 2 GmbHG gelte bereits für die Vor-GmbH;
- unbeschränkte Außenhaftung der Gesellschafter;
- *summenmäßig begrenzte kommanditistenähnliche Außenhaftung auf die noch offene Einlageschuld;*
- unbeschränkte Innenhaftung wie nach Eintragung der Gesellschaft.

Frage 33 Worin liegen die jeweiligen Kritikpunkte?
Antwort Ein Wegfall der Gesellschafterhaftung hätte zur Folge, dass die Eintragung der Gesellschaft lediglich förmlichen Charakter hätte. Gegen die Annahme einer Außenhaftung spricht, dass die Vor-GmbH ein notwendiges Durchgangsstadium für die GmbH ist und eine unterschiedliche Haftung vor und nach der Eintragung nicht begründbar ist. Die Innenhaftung erweist sich für Gläubiger als weniger praktikabel, sie entspricht aber einem vom Gesetzgeber verfolgten Prinzip (vgl. etwa §§ 9a, 31 GmbHG) und hat sich weitgehend durchgesetzt.

Frage 34 Wie wird die heute ganz überwiegend favorisierte Innenhaftung bezeichnet?
Antwort Die unbeschränkte Innenhaftung der Gesellschafter vor Eintragung der GmbH wird Unterbilanzhaftung genannt. Im Außenverhältnis gilt § 13 Abs. 2 GmbHG.

Frage 35 Demnach besteht kein direkter Anspruch des Gläubigers gegen den Gesellschafter. Wie erlangt ein Gläubiger nun den Innenanspruch der Gesellschaft?
Antwort Er kann den Anspruch der Gesellschaft gem. §§ 829, 835 ZPO pfänden und ihn sich zur Einziehung überweisen lassen.

Frage 36 Was versteht man unter einer sog. unechten Vor-GmbH?
Antwort Es handelt sich um eine Vor-GmbH, bei der die Gesellschafter ihre ursprüngliche Eintragungsabsicht aufgegeben haben oder bei der eine solche nie bestanden hat.

Frage 37 Gilt auch hier das Haftungskonzept der unbeschränkten Innenhaftung?
Antwort Nein, jedenfalls nicht für Verbindlichkeiten nach Aufgabe der Eintragungsabsicht oder bei nie vorhandener Eintragungsabsicht. Der maßgebliche Grund für die Innenhaftung greift hier nicht, da es sich nicht um ein notwendiges Durchgangsstadium zu einer GmbH handelt. In Betracht kommt allenfalls eine Innenhaftung für Verbindlichkeiten bis zum Zeitpunkt der Aufgabe der Eintragungsabsicht. Dagegen spricht aber, dass dies auf die Schaffung einer neuen Gesellschaftsform hinausliefe, was dem numerus clausus des Gesellschaftsrechts widerspräche (vgl. AT Frage 4). Wird die Eintragungsabsicht aufgegeben, so haften die Gesellschafter mithin umfassend für die Verbindlichkeiten, d. h. auch für solche, die zuvor der Aufgabe der Eintragungsabsicht eingegangen worden sind. Anderenfalls bestünde die Gefahr von Umgehung und Rechtsformenmissbrauch.

Frage 38 Wen trifft die Handelndenhaftung gem. § 11 Abs. 2 GmbHG?
Antwort Als Handelnde kommen nur Organwalter der Vorgesellschaft oder diejenigen Personen in Betracht, die im Geschäftsverkehr nach außen im Namen der Vorgesellschaft wie Geschäftsführer tätig werden.

Frage 39 Besteht diese Haftung auch nach Eintragung der Gesellschaft weiter?
Antwort Nein. Sinn und Zweck der Handelndenhaftung ist es, die Geschäftsführer zur schnellstmöglichen Eintragung anzuhalten; es handelt sich damit (insofern vergleichbar mit der persönlichen Haftung nach § 176 HGB) um ein Instrument zur Verhaltenssteuerung. Nach der Eintragung besteht kein solches Bedürfnis mehr und ein etwaiges Vertrauen der Gläubiger auf einen Fortbestand der Handelndenhaftung wäre nicht schutzwürdig.

3. Finanzverfassung/Kapitalaufbringung

Frage 40 Was versteht man unter einer verdeckten Sacheinlage?
Antwort Eine verdeckte Sacheinlage liegt vor, wenn formell eine Bareinlage geschuldet ist, materiell aber eine Sacheinlage vorgenommen wird. Im wirtschaftlichen Ergebnis handelt es sich um eine Sachgründung. Der Begriff der verdeckten Sacheinlage ist nunmehr in § 19 Abs. 4 S. 1 GmbHG legaldefiniert.

Frage 41 Nennen Sie den Unterschied zwischen einer verdeckten Sacheinlage und einem Hin- und Herzahlen!
Antwort Gegenstand einer verdecken Sacheinlage kann nur eine sacheinlagefähige Leistung sein. Beim Hin- und Herzahlen (vgl. § 19 Abs. 5 S. 1 GmbHG) fehlt es hingegen an der endgültigen Verfügbarkeit der Bareinlageleistung gem. § 8 Abs. 2 GmbHG, weil die Bareinlage etwa als Darlehen oder auf Grund einer Treuhandabrede an den Gesellschafter zurückfließt. In diesen Fällen handelt es sich im Ergebnis um eine verdeckte Finanzierung der Einlagemittel durch die Gesellschaft. (näher BGH NJW 2009, 2375 ff. [Qivive]).

Frage 42 Sind Dienstleistungen sacheinlagefähig?
Antwort Nach überwiegender Ansicht sind Dienstleistungen nicht sacheinlagefähig. Dies ergibt sich aus der analogen Anwendung des § 27 Abs. 2 AktG. Grund hierfür ist, dass Dienstleistungen gerichtlich nur schwer durchsetzbar sind (vgl. §§ 887, 888 Abs. 3 ZPO; näher BGH NJW 2009, 2375, 2376 [Qivive]; BGH NJW 2010, 1747 [Eurobike]).

Frage 43 Unter welchen Voraussetzungen wird eine Geldeinlage als verdeckte Sacheinlage behandelt?
Antwort Es muss ein enger zeitlicher und sachlicher Zusammenhang zwischen Bareinlage und Verkehrsgeschäft vorliegen. Die zeitlichen Anforderungen sind regelmäßig dann erfüllt, wenn das Verkehrsgeschäft bereits vor Eintragung der GmbH oder innerhalb eines Zeitraums von sechs Monaten danach vorgenommen wurde. Ein ausreichender sachlicher Zusammenhang wird insbesondere angenommen, wenn die Werte von Bareinlage und Verkehrsgeschäft zumindest annähernd gleich sind.

Frage 44 Bestehen auch subjektive Voraussetzungen?
Antwort Teils wird eine Umgehungsabsicht des Gesellschafters gefordert. Allerdings lässt sich eine solche regelmäßig kaum nachweisen. Der BGH wählt einen Mittelweg: Er verlangt eine Umgehungsabrede und schließt zugleich aus den oben genannten äußeren Umständen typischerweise darauf, dass sie besteht (BGH NJW 1994, 1477).

Frage 45 Welche Rechtsfolge ergibt sich bei der Vereinbarung einer verdeckten Sacheinlage für die GmbH?
Antwort Nach altem Recht galt nach ganz überwiegender Ansicht § 19 Abs. 5 GmbHG a. F. analog. Die außerhalb des Gesellschaftsvertrages erbrachte Sacheinlage hatte keine befreiende Wirkung. Die Einlage musste also nochmals in bar geleistet werden. Nunmehr bestimmt § 19 Abs. 4 S. 1 GmbHG, dass grundsätzlich die befreiende Wirkung der verdeckten Sacheinlage entfällt. Jedoch wird nach der sog. „Anrechnungslösung" des § 19 Abs. 4 S. 3 GmbHG der Wert des Vermögensgegenstandes auf die fortbestehende Einlagepflicht angerechnet.

Frage 46 Zu welchem Zeitpunkt erfolgt die Anrechnung auf die noch bestehende Einlagepflicht?
Antwort Nach § 19 Abs. 4 S. 4 GmbHG erst mit der Eintragung der Gesellschaft in das Handelsregister.

Frage 47 Ist es durch die Anrechnungslösung nunmehr möglich, bewusst ohne Einhaltung der Sachgründungsvorschriften eine Sacheinlage zu erbringen?
Antwort Nein. Da die Anrechnung erst nach der Eintragung erfolgt, darf der Geschäftsführer in der Anmeldung nicht die nach § 8 Abs. 2 S. 1 GmbHG erforderliche Versicherung abgeben. Verstößt er hiergegen, so unterliegt er der Haftung nach

§ 9a Abs. 1 GmbHG und macht sich bei Vorsatz nach § 82 Abs. 1 Nr. 1 GmbHG strafbar.

Frage 48 Welche Rechtsfolge hat eine verdeckte Sacheinlage auf das Verkehrsgeschäft?
Antwort Nach früherer Rechtslage wurde verbreitet sowohl das schuldrechtliche als auch das dingliche Rechtsgeschäft analog § 27 Abs. 3 S. 1 AktG a. F. für nichtig erachtet. Der Gesellschafter hatte daher einen Anspruch auf Herausgabe der von ihm erbrachten Bareinlage aus § 812 Abs. 1 S. 2 Fall 2 BGB. Zudem konnte er die Herausgabe des im Zuge des Verkehrsgeschäftes übertragenen Vermögensgegenstandes gem. § 985 BGB verlangen. Dies ist nunmehr gem. § 19 Abs. 4 S. 2 GmbHG nicht mehr möglich, da die Verträge über die Sacheinlage und deren Ausführung wirksam bleiben.

Frage 49 Kann ein Gesellschafter gegen den Einlageanspruch der Gesellschaft aufrechnen?
Antwort Dies ist nur mit einer Forderung aus der Überlassung von Vermögensgegenständen zulässig, deren Anrechnung auf die Einlageverpflichtung nach § 5 Abs. 4 S. 1 GmbHG vereinbart worden ist (§ 19 Abs. 2 S. 2 GmbHG).

Frage 50 Trifft die Gesellschaft ein Aufrechnungsverbot hinsichtlich der Einlageforderung?
Antwort Trotz des Wortlauts des § 19 Abs. 2 S. 2 GmbHG ist auch die Aufrechnung durch die GmbH nicht uneingeschränkt zulässig. Die Gegenforderung des Gesellschafters muss wirtschaftlich vollwertig, fällig und liquide sein, damit sie durch eine Aufrechnung zu Fall gebracht werden kann.

Frage 51 Wann ist die Forderung des Gesellschafters wirtschaftlich vollwertig und liquide?
Antwort Die Forderung ist wirtschaftlich vollwertig, wenn das Gesellschaftsvermögen zum maßgeblichen Zeitpunkt ausreicht, um sämtliche fälligen Gläubigerforderungen zu erfüllen. Liquide ist sie, wenn sie nach Prüfung durch den Geschäftsführer ohne Zweifel besteht.

Frage 52 Führt ein Hin- und Herzahlen zur Erfüllung der Einlageschuld?
Antwort Grundsätzlich nicht. Dies ist nur der Fall, wenn der Gesellschaft ein vollwertiger Rückgewähranspruch zusteht, der fällig oder jederzeit fällig gestellt werden kann (§ 19 Abs. 5 S. 1 GmbHG). Zudem ist die Offenlegung dieser Vorgehensweise in der Anmeldung erforderlich (§ 19 Abs. 5 S. 2 GmbHG).

Frage 53 Wann werden in der Praxis verdeckte Sacheinlagen oder ein Hin- und Herzahlen typischerweise aufgedeckt?
Antwort Typischerweise treten verdeckte Sacheinlagen oder ein Hin- und Herzahlen im Zuge der Insolvenz der Gesellschaft zutage. Der Insolvenzverwalter macht dann die Ansprüche der Gesellschaft gegen den Gesellschafter geltend (§ 80 Abs. 1 InsO).

4. Kapitalerhaltung

Frage 54 Welche Regelungen sichern die Kapitalerhaltung in der GmbH?
Antwort Bisher haben die §§ 30, 31 GmbHG, die hierzu entwickelten Rechtsprechungsregeln sowie die §§ 32a, 32b GmbHG hinsichtlich eigenkapitalersetzender Darlehen die Kapitalerhaltung der GmbH sichern sollen. Durch die Abschaffung der §§ 32a, 32b GmbHG und der Rechtsprechungsregeln (§ 30 Abs. 1 S. 3 GmbHG; vgl. Frage 64) wird die Kapitalerhaltung der GmbH gesellschaftsrechtlich nunmehr ausschließlich durch die §§ 30, 31 GmbHG sichergestellt.

5. Einlagenrückgewähr

Frage 55 Wann verstößt eine Auszahlung gegen das Kapitalbindungsgebot des § 30 Abs. 1 S. 1 GmbHG?
Antwort Eine Auszahlung muss aufgrund des Mitgliedschaftsverhältnisses erfolgen, dadurch muss das Gesellschaftsvermögen gemindert werden und durch die Zahlung muss eine Unterbilanz herbeigeführt oder vertieft werden. Darüber hinaus sind auch Zahlungen erfasst, die eine Überschuldung herbeiführen.

Frage 56 Wann liegt eine Unterbilanz und wann eine Überschuldung vor?
Antwort Eine Unterbilanz besteht, wenn die Aktiva nach Abzug der Verbindlichkeiten nicht mehr das Stammkapital decken. Eine Überschuldung tritt ein, wenn das Aktivvermögen der GmbH nicht mehr ihre Verbindlichkeiten deckt, es sei denn, es liegt eine positive Fortführungsprognose vor (§ 19 Abs. 2 InsO)

Frage 57 Können auch Zuwendungen an Dritte unter das Auszahlungsverbot des § 30 Abs. 1 S. 1 GmbHG fallen?
Antwort Ja. Zuwendungen an Dritte fallen unter § 30 Abs. 1 S. 1 GmbHG, wenn diese wirtschaftlich dem Gesellschafter zugute kommen, etwa wenn die Zahlung für Rechnung des Gesellschafters an den Dritten erfolgt oder wenn an einen Treugeber gezahlt wird.

Frage 58 Ist bereits die Bestellung einer dinglichen Sicherheit durch die Gesellschaft für einen Sicherungsnehmer, mit welchem ein Gesellschafter einen Darlehensvertrag geschlossen hat und dessen Rückzahlungsanspruch hierdurch abgesichert werden soll, als „verbotene Auszahlung" i.S.d. § 30 GmbHG anzusehen? Welche weiteren Zeitpunkte kommen in Betracht? Welcher Gegenanspruch verhindert eine verbotene Auszahlung?
Antwort Während einige Stimmen bereits den Zeitpunkt der Verpflichtung der Gesellschaft zur Bestellung der dinglichen Sicherheit für maßgeblich halten, stellen andere auf die drohende Inanspruchnahme aus der Sicherheit oder gar erst auf deren Verwertung ab. Der BGH (ZIP 2017, 971 m. Anm. *Heerma/Bergmann*, ZIP 2017, 1261) hat sich hingegen jüngst der überwiegenden Auffassung angeschlossen, wonach die Bestellung der Sicherheit entscheidend ist. Dann nämlich hätten die übrigen Gläubiger im Umfang der Sicherheit keinen Zugriff auf das

Gesellschaftsvermögen mehr. Einen späteren Zeitpunkt anzunehmen, etwa denjenigen der Inanspruchnahme, würde demnach dazu führen, dass eine ursprünglich positive Rückzahlungsprognose für die Frage der „verbotenen Auszahlung" nicht von Belang wäre. Es bestünde also ein wesentlicher Unterschied zu den Maßstäben der direkten Zahlung von der Gesellschaft an Gesellschafter, bei der eine positive Rückzahlungsprognose dazu führt, dass der Zahlung an den Gesellschafter ein vollwertiger Gegenanspruch gegenübersteht, sodass eine „verbotene Auszahlung" i.S.d. § 30 GmbHG ausscheidet. Ein Gegenanspruch der Gesellschaft gegen den Gesellschafter, sie von der Inanspruchnahme der Sicherheit bei Fälligkeit des Darlehens freizustellen, verhindert eine verbotene Auszahlung. Vollwertig ist dieser Freistellungsanspruch dann, wenn zum Zeitpunkt der Sicherheitenbestellung der Ausfall des Darlehensrückzahlungsanspruchs des Sicherungsnehmers gegen den Gesellschafter unwahrscheinlich ist (BGH ZIP 2017, 971 Rn. 18 f.).

Frage 59 Ist unter dem Begriff Auszahlung i. S. d. § 30 Abs. 1 S. 1 GmbHG auch ein Verkehrsgeschäft erfasst, das das Gesellschaftsvermögen mindert?
Antwort Ja, der Begriff „Auszahlung" ist (wie bei § 172 Abs. 4 S. 1 HGB; s. KG Frage 12) weit zu verstehen. Hierunter fallen nicht nur Geldzahlungen, sondern Leistungen aller Art, die das Gesellschaftsvermögen mindern und dem Gesellschafter wirtschaftlich zufließen.

Frage 60 Was ist die Rechtsfolge eines Verstoßes gegen § 30 Abs. 1 S. 1 GmbHG?
Antwort Der Gesellschafter muss gem. § 31 Abs. 1 GmbHG das zur Deckung des Stammkapitals erforderliche Vermögen durch Rückzahlung wieder auffüllen. Die Rückzahlung ist zudem begrenzt auf die Höhe des ausgezahlten Betrages.

Frage 61 Bestehen neben dem Anspruch aus § 31 Abs. 1 GmbHG auch bereicherungsrechtliche Ansprüche?
Antwort Nein. Im Gegensatz zum Aktienrecht (vgl. §§ 57, 62 AktG) schützt § 30 GmbHG nicht die gegenständliche Zusammensetzung des Gesellschaftsvermögens, sondern nur dessen Wert. Bereicherungsrechtliche Ansprüche kommen daher nicht neben § 31 Abs. 1 GmbHG zum Zuge.

Frage 62 Erlischt der Anspruch aus § 31 Abs. 1 GmbHG, sofern das Stammkapital auf andere Weise als durch Rückzahlung seitens des Gesellschafters nachhaltig aufgefüllt wurde?
Antwort Dies ist umstritten. Nach heute ganz überwiegender Ansicht lässt eine anderweitige Auffüllung, etwa durch Gewinne, den einmal entstandenen Anspruch aus § 31 Abs. 1 GmbHG unberührt. Dies wird teils (rein pragmatisch) damit begründet, dass der Anspruch nicht durch Abtretung wirtschaftlich verwertbar wäre, wenn der Zessionar mit seinem Erlöschen rechnen müsste. Gewichtiger erscheint das Argument, dass sich in dem Anspruch aus § 31 Abs. 1 GmbHG der Einlageanspruch aus §§ 14, 19 GmbHG funktional fortsetzt. Auch jener Einlageanspruch wird jedoch durch anderweitige Zuflüsse in das Gesellschaftsvermögen nicht in Frage gestellt.

Frage 63 Kann der Gesellschafter gegen den Anspruch aus § 31 Abs. 1 GmbHG die Aufrechnung erklären?
Antwort Nach ganz überwiegender Ansicht war dies nach altem Recht in analoger Anwendung des § 19 Abs. 2 S. 2 GmbHG a. F. nicht möglich. Die Gegenansicht beruft sich auf den unterschiedlichen Wortlaut von § 31 Abs. 4 GmbHG und § 19 Abs. 2 S. 2 GmbHG a. F. Diese Abweichung beruhte nach h. M. allerdings lediglich auf einem redaktionellen Versehen. Nach dem nunmehr geltenden Wortlaut des § 19 Abs. 2 S. 2 GmbHG hat sich an der Aufrechnungsmöglichkeit des Gesellschafters nichts geändert. Daher dürfte auch nach der aktuellen Gesetzeslage eine Aufrechnung unzulässig sein.

6. Eigenkapitalersatzrecht

Frage 64 Was versteht man unter den sog. Rechtsprechungsregelungen zu den §§ 30, 31 GmbHG a. F.?
Antwort Vor Einführung der §§ 32a, 32b GmbHG a. F. hatte die Rechtsprechung zur Sicherung der Kapitalerhaltung in Bezug auf eigenkapitalersetzende Gesellschafterdarlehen die §§ 30, 31 GmbHG a. F. analog angewandt.

Frage 65 Gelten diese Rechtsprechungsregelungen seit Abschaffung der §§ 32a, 32b GmbHG noch?
Antwort Die Rechtsprechungsregeln finden gem. § 30 Abs. 1 S. 3 GmbHG keine Anwendung mehr.

Frage 66 Besteht noch die Rechtsfigur des eigenkapitalersetzenden Darlehens?
Antwort Nein; infolge der Abschaffung der Rechtsprechungsregeln sowie der §§ 32a, 32b GmbHG besteht diese Rechtsfigur nicht mehr.

Frage 67 Werden Gesellschafterdarlehen nunmehr wie Darlehen gesellschaftsfremder Personen behandelt?
Antwort Nein. Vielmehr gilt jetzt, dass sämtliche Gesellschafterdarlehen in der Insolvenz nur nachrangig geltend gemacht werden können (§ 39 Abs. 1 Nr. 5 InsO). Eine Ausnahme gilt nur für geschäftsführende Gesellschafter mit einer geringen Beteiligung (§ 39 Abs. 5 InsO) sowie bei Sanierungsdarlehen (§ 39 Abs. 4 S. 2 InsO).

Frage 68 Kann ein Gesellschafter ein der Gesellschaft mietweise überlassenes Grundstück vor bzw. in der Insolvenz zurückfordern?
Antwort Soweit die Voraussetzungen eines Herausgabeanspruchs gegeben sind, kann der Gesellschafter vor Eröffnung des Insolvenzverfahrens seinen Herausgabeanspruch geltend machen. Dies ergibt sich nunmehr aus der Abschaffung des § 32a Abs. 3 S. 1 GmbHG a. F. sowie der Einfügung des § 30 Abs. 1 S. 3 Fall 2 GmbHG. In der Insolvenz ist der Aussonderungsanspruch gem. § 47 InsO durch § 135 Abs. 3 S. 1 InsO für die Zeit des Insolvenzverfahrens, maximal aber für ein Jahr ausgeschlossen.

7. Organisationsverfassung

Frage 69 Welche Organisationsstruktur hat die GmbH?
Antwort Oberstes Organ der GmbH ist die Gesellschafterversammlung, darunter stehen die Geschäftsführer. Darüber hinaus kann die Satzung weitere (fakultative) Organe vorsehen, etwa einen Beirat, der die Geschäftsführer berät.

Frage 70 Kennt die Organisationsverfassung der GmbH das Organ des Aufsichtsrates?
Antwort Ja, gem. § 52 GmbHG kann im Gesellschaftsvertrag ein *fakultativer Aufsichtsrat* bestellt werden. Zahlreiche aktienrechtliche Vorschriften gelten dann analog, z. B. das Verbot der Personenidentität zwischen Aufsichtsrat und Geschäftsführung gem. § 105 AktG. Neben diesem fakultativen Aufsichtsrat können bestimmte Mitbestimmungsgesetze die Gesellschafter dazu verpflichten, einen Aufsichtsrat zu bestellen *(obligatorischer Aufsichtsrat)*. Anknüpfungspunkt ist die Betriebsgröße. Exemplarisch sei § 1 Abs. 1 Nr. 3 des Drittelbeteiligungsgesetzes (DrittelbG) genannt, wonach ab 500 Arbeitnehmern auch in der GmbH ein Aufsichtsrat zu bilden ist. In obligatorischen Aufsichtsräten ist – je nach Mitbestimmungsgesetz – ein bestimmter Anteil der Sitze mit Arbeitnehmervertretern zu besetzen.

Frage 71 Vergleichen Sie die Kompetenzen der Gesellschafterversammlung einer GmbH mit denjenigen der Hauptversammlung einer AG!
Antwort Die Zuständigkeit der Gesellschafterversammlung reicht weiter als diejenige der Hauptversammlung; es gilt der Grundsatz der Allzuständigkeit der Gesellschafterversammlung (vgl. § 46 GmbHG gegenüber §§ 118 ff. AktG). Hervorzuheben ist die Abhängigkeit der Geschäftsführer von den Weisungen der Gesellschafterversammlung (vgl. noch Frage 88). Zudem können die Gesellschafter die Reichweite ihrer Geschäftsführungsbefugnisse in der Satzung selbst festlegen (s. § 45 Abs. 1 GmbHG gegenüber § 23 Abs. 5 AktG).

Frage 72 Bedarf eine Satzungsänderung der einfachen Mehrheit der Gesellschafterversammlung?
Antwort Nein. Nach § 53 Abs. 2 S. 1 GmbHG bedarf es einer qualifizierten Mehrheit von ¾ der abgegebenen Stimmen.

Frage 73 In die Kompetenz der Gesellschafterversammlung fällt auch die Entlastung der Geschäftsführer. Ist diese so zu verstehen wie in § 120 AktG für die AG?
Antwort Nein, im Gegensatz zum Aktienrecht hat die Entlastung der Geschäftsführer eine gewisse Präklusionswirkung. Mit ihr billigt die Gesellschafterversammlung die bisherige Geschäftsführung und verzichtet jedenfalls insoweit auf Ersatzansprüche gegen die Geschäftsführer, als deren Bestehen für die Gesellschafter erkennbar ist.

Frage 74 Kann ein nur gesamtgeschäftsführungs- und vertretungsberechtigter Geschäftsführer wirksam eine Gesellschafterversammlung einberufen?
Antwort Ja, da es sich nicht um eine Maßnahme der Geschäftsführung oder Außenvertretung handelt.

Frage 75 Die Einberufung der Gesellschafterversammlung der ABC-GmbH erfolgt per einfachem Brief. A, B und C beschließen einstimmig eine Kapitalerhöhung. Ist der Beschluss nichtig?
Antwort Nein. Zwar hätte die Einberufung gem. § 51 Abs. 1 GmbHG per eingeschriebenem Brief erfolgen müssen. Ein Verstoß führt grundsätzlich zur Nichtigkeit des Beschlusses. Die gilt jedoch gem. § 51 Abs. 3 GmbHG dann nicht, wenn – wie hier – alle Gesellschafter anwesend waren.

Frage 76 Erklären Sie bitte den Unterschied zwischen Satzungs- und Verwaltungssitz einer GmbH! Müssen die Sitze am gleichen Ort sein oder kann einer der Sitze sogar im Ausland liegen?
Antwort Nach dem Satzungssitz der GmbH bestimmt sich die örtliche Zuständigkeit des Handelsregisters (§ 7 Abs. 1 GmbHG), der allgemeine Gerichtsstand (§ 17 ZPO) und die Zuständigkeit des Insolvenzgerichts (§ 3 Abs. 1 S. 1 InsO). Der Satzungssitz legt zudem den Erfüllungsort für Rechte und Pflichten der GmbH fest. Der Satzungssitz einer deutschen GmbH ist zwingend in Deutschland (§ 4a GmbHG). Der nicht im Gesetz genannte Verwaltungssitz (= tatsächlicher Sitz) spielt bei grenzüberschreitenden Sitzverlegungen eine Rolle. Satzungs- und Verwaltungssitz dürfen auseinanderfallen. Auch wenn sich der Verwaltungssitz im EU-Ausland befindet, richten sich die gesellschaftsrechtlichen Anforderungen nach dem deutschen Recht. Umgekehrt können deutsche Gerichte solchen GmbHs, die im Ausland gegründet wurden, ihren tatsächlichen Verwaltungssitz jedoch in Deutschland haben, nach der Rechtsprechung des EuGH nicht die deutschen gesellschaftsrechtlichen Anforderungen auferlegen (näher Baumbach/Hueck/*Fastrich*, GmbHG, Einl. Rn. 64 ff.).

8. Stimmverbote/Stimmrechtsmissbrauch

Frage 77 In welchen Fällen ordnet das Gesetz einen Stimmrechtsausschluss an?
Antwort

- Entscheidungen über die Entlastung oder über die Befreiung von Verbindlichkeiten (§ 47 Abs. 4 S. 1 GmbHG);
- Beschlüsse über Rechtsgeschäfte zwischen Gesellschafter und GmbH (§ 47 Abs. 4 S. 2 Fall 1 GmbHG);
- Beschlüsse über Prozesse gegen den Gesellschafter (§ 47 Abs. 4 S. 2 Fall 2 GmbHG).

Frage 78 Welche Prinzipien liegen diesen Verboten zu Grunde?
Antwort Das Verbot des Insichgeschäfts (§ 181 BGB) und das Verbot, Richter in eigener Sache zu sein.

Frage 79 In welchen gesetzlich nicht geregelten Fällen ist der Gesellschafter vom Stimmrecht ausgeschlossen?
Antwort Ergänzend zu § 47 Abs. 4 GmbHG ist ein Gesellschafter auch dann vom Stimmrecht ausgeschlossen, wenn Maßnahmen aus wichtigem Grund gegen ihn beschlossen werden sollen.

Frage 80 Nennen Sie Beispiele für solche Maßnahmen!
Antwort Wegen wiederkehrender Verfehlungen soll über Prüfungsmaßnahmen gegen den Gesellschafter und Geschäftsführer nach § 46 Nr. 6 GmbHG beschlossen werden. Oder: Die Gesellschafterversammlung will über die Erhebung der Ausschließungsklage gegen einen Gesellschafter beschließen (§ 47 Abs. 4 S. 2 GmbHG).

Frage 81 Erfasst § 47 Abs. 4 GmbHG auch Beschlüsse über Sozialakte, wie etwa die Abberufung eines Geschäftsführers?
Antwort Nein. Nimmt ein Gesellschafter lediglich seine mitgliedschaftlichen Rechte wahr, so darf er hiervon nicht ausgeschlossen werden.

Frage 82 Kann die Befreiung von einem Stimmverbot auch durch die Satzung erfolgen?
Antwort Dafür spricht, dass § 45 Abs. 2 GmbHG auch § 47 GmbHG grundsätzlich zur Disposition der Gesellschafter stellt. Allerdings differenziert der BGH: Demnach ist § 47 GmbHG für Entlastungsbeschlüsse zwingend; hingegen kann die Satzung vom Verbot des Insichgeschäfts befreien (vgl. hierzu im Einzelnen BGH NJW 1989, 2694, 2695 f.).

Frage 83 Unterliegt auch der Alleingesellschafter eines herrschenden Unternehmens bei Beschlüssen der abhängigen Gesellschaft über Geschäfte mit dem herrschenden Unternehmen einem Stimmverbot?
Antwort Ja. In einem Konzernverhältnis besteht derselbe Interessenkonflikt wie bei einem Insichgeschäft. Mithin greift § 47 Abs. 4 S. 2 Fall 1 GmbHG ein.

Frage 84 Kann eine Stimmabgabe auch in Fällen außerhalb des § 47 Abs. 4 GmbHG unwirksam sein?
Antwort Ja. Die Stimmabgabe kann im Einzelfall wegen Verstoßes gegen die gesellschaftsrechtliche Treuepflicht (vgl. hierzu AT Fragen 21 ff.) unwirksam sein.

9. Justiziabilität von Gesellschafterbeschlüssen

Frage 85 Wo im GmbHG sind Nichtigkeit und Anfechtbarkeit von Gesellschafterbeschlüssen geregelt?
Antwort Lediglich in §§ 57 j S. 2 und 57 n Abs. 2 S. 3 und 4 GmbHG sind Nichtigkeitsgründe genannt. Anfechtungsgründe kennt das GmbHG nicht.

Frage 86 Sind demnach Anfechtung und Nichtigkeitsklage in anderen Fällen nicht möglich?
Antwort Doch. Nach ganz herrschender Ansicht sind die §§ 241 ff. AktG analog anwendbar, soweit nicht Besonderheiten des GmbH-Rechts etwas anderes gebieten.

Frage 87 Nennen Sie Voraussetzungen der Zulässigkeit und Begründetheit einer Anfechtungsklage!
Antwort Zulässigkeit:

- Parteifähigkeit, §§ 50 Abs. 1 ZPO, 13 Abs. 1 GmbHG;
- Prozessfähigkeit, §§ 51 Abs. 1 ZPO, 35 Abs. 1 GmbHG;
- Zuständiges Gericht (§ 246 Abs. 3 S. 1 AktG – nicht § 22 ZPO).

Begründetheit:

- Passivlegitimation (§ 246 Abs. 1 S. 1 AktG; § 13 Abs. 1 GmbHG);
- Anfechtungsbefugnis (§ 245 AktG);
- Anfechtungsfrist (§ 246 Abs. 1 AktG);
- Anfechtungsgrund (§ 243 AktG).

Frage 88 Gilt die einmonatige Anfechtungsfrist des § 246 Abs. 1 AktG entsprechend für die GmbH?
Antwort Nein. Die Monatsfrist ist als Untergrenze anzusehen. Bestehen keine besonderen Umstände, liegt die Obergrenze bei zwei bis drei Monaten.

Frage 89 Welche Klage muss ein Gesellschafter erheben, wenn sein Ziel ein bestimmtes Beschlussergebnis ist?
Antwort Die Anfechtungs- oder Nichtigkeitsklage hat lediglich die Aufhebung eines Beschlusses zur Folge. Um ein bestimmtes Beschlussergebnis zu erreichen, muss der Gesellschafter seine Anfechtungsklage um eine sog. positive Beschlussfeststellungsklage ergänzen. Das Gericht stellt dann fest, dass der von dem Gesellschafter begehrte Beschluss zustande gekommen ist, wenn sicher ist, dass dieser nur mit dem begehrten Inhalt hätte gefasst werden können (vgl. § 256 ZPO).

Frage 90 Ist auch ein Geschäftsführer zur Klage gegen einen Beschluss berechtigt?
Antwort Dies ist umstritten. Man wird seine Anfechtungsbefugnis jedenfalls analog § 245 Nr. 5 AktG für die Fälle zu bejahen haben, dass er sich in Ausführung des Beschlusses strafbar oder schadenersatzpflichtig machen würde oder wenn der Beschluss seine Abberufung zum Gegenstand hat. Gegen eine Anfechtungsbefugnis

nach § 245 Nr. 4 AktG analog spricht, dass der Geschäftsführer (anders als der Vorstand nach § 76 Abs. 1 AktG) nicht in eigener Verantwortung handelt.

10. Geschäftsführung

Frage 91 Inwiefern besteht ein Unterschied zwischen der Rechtsstellung der Geschäftsführer einer GmbH und dem Vorstand einer AG? Nennen Sie die einschlägigen Normen!
Antwort Die Geschäftsführer einer GmbH unterliegen unmittelbar den Weisungen der Gesellschafter (§§ 37 Abs. 2, 46 Nr. 5, 6 GmbHG). Der Vorstand der AG hingegen handelt eigenverantwortlich (§ 76 Abs. 1 GmbHG).

Frage 92 Worin liegt der Unterschied zwischen der Bestellung und der Anstellung eines Geschäftsführers einer GmbH?
Antwort Die Gesellschafterversammlung bestellt gem. § 46 Nr. 5 GmbHG den Geschäftsführer nach der Mehrheit der abgegebenen Stimmen (§ 47 Abs. 1 GmbHG). Mit anderen Worten: Eine Person wird zum Mitglied eines Organs – hier der Geschäftsführung – bestellt. Die Anstellung hingegen betrifft den Dienstvertrag (§ 611 BGB) zwischen der GmbH und dem Geschäftsführer.

Frage 93 Besteht in einer GmbH nach dem Gesetz Einzelgeschäftsführung und -vertretung?
Antwort Nein. Vorbehaltlich einer abweichenden Regelung bestehen Gesamtgeschäftsführung und Gesamtvertretungsbefugnis (§ 35 Abs. 2 S. 1 GmbHG). Allerdings ist eine abweichende Satzungsregelung üblich.

Frage 94 Inwieweit ist die Vertretungsmacht des Geschäftsführers beschränkbar?
Antwort Die Vertretungsbefugnis kann gem. § 37 Abs. 2 GmbHG im Außenverhältnis nicht beschränkt werden. Zulässig ist freilich eine interne Beschränkung.

Frage 95 Welche rechtlichen Folgen zieht ein Verstoß gegen die interne Vertretungsbefugnis nach sich?
Antwort Das abgeschlossene Rechtsgeschäft ist wirksam. Der Geschäftsführer macht sich lediglich, sofern das Geschäft als für die GmbH nachteilig ist, im Innenverhältnis ihr gegenüber schadensersatzpflichtig.

Frage 96 Worin liegt die Doppelfunktion des § 43 Abs. 1 GmbHG?
Antwort § 43 Abs. 1 GmbHG ist einerseits ein Haftungstatbestand für organschaftliche Pflichtverletzungen des Geschäftsführers gegenüber der Gesellschaft. Andererseits stellt die Norm einen Sorgfaltsmaßstab auf.

Frage 97 Wen trifft die Beweislast im Rahmen der Haftung gem. § 43 Abs. 2 GmbHG?
Antwort Der Wortlaut des § 43 GmbHG gibt keinen Hinweis auf die Verteilung der Darlegungs- und Beweislast. Nach der aktienrechtlichen Parallelnorm des § 93

Abs. 2 S. 2 AktG hat der Vorstand zu beweisen, dass er die Sorgfalt eines ordentlichen Geschäftsmannes angewandt hat. Diese Beweislastumkehr wird entsprechend auf die GmbH angewandt.

Frage 98 Warum wird den Geschäftsführern im Rahmen von § 43 Abs. 1 GmbHG ein Ermessensspielraum zugebilligt?
Antwort Unternehmerische Entscheidungen der Geschäftsführer bergen zwar immer auch ein wirtschaftliches Risiko, sie schaffen aber auch wirtschaftliche Chancen. Ohne einen Ermessensspielraum der Geschäftsführer wäre ein unternehmerisches Handeln nicht denkbar. Sie sollen daher nicht durch die Furcht vor einer Haftung davon abgehalten werden, auch unternehmerisch riskante Geschäfte zu tätigen.

Frage 99 Nennen Sie weitere organschaftliche Anspruchsgrundlagen der GmbH gegenüber dem Geschäftsführer!
Antwort

- § 9a Abs. 1 GmbHG: Gründungshaftung
- § 43 Abs. 3 GmbHG: Verstoß gegen Kapitalerhaltungsvorschriften
- § 823 Abs. 2 BGB i. V. m. § 15a Abs. 1 S. 1 InsO: Verletzung der Insolvenzantragspflicht

Frage 100 Setzt die Insolvenzantragspflicht des § 15a Abs. 1 S. 1 InsO (§ 64 Abs. 1 GmbHG a. F.) eine positive Kenntnis des Geschäftsführers von der Insolvenzreife voraus?
Antwort Teils wird dies bejaht. Nach der Gegenansicht hat der Geschäftsführer zu wissen, wann die GmbH überschuldet ist, da er ohnehin stets über die Vermögenslage der Gesellschaft informiert zu sein habe (§§ 41, 42 GmbHG). Die im öffentlichen Interesse liegende Insolvenzantragspflicht ist demnach nicht durch die Voraussetzung positiver Kenntnis einzuschränken.

Frage 101 Wann ist eine GmbH insolvenzreif?
Antwort Wenn sie zahlungsunfähig (§ 17 Abs. 2 S. 1 InsO) oder überschuldet (§ 19 Abs. 2 S. 1 InsO) ist.

Frage 102 Was versteht man unter dem sog. zweistufigen Überschuldungsbegriff?
Antwort Einerseits muss eine Überschuldungssituation vorliegen, andererseits eine negative Fortführungsprognose, derzufolge die Finanzkraft der GmbH mittelfristig wahrscheinlich nicht ausreichen wird, um die Gesellschaft weiterzuführen (§ 19 Abs. 2 S. 1 InsO).

Frage 103 Sind nur die Geschäftsführer zur Stellung eines Insolvenzantrages verpflichtet?
Antwort Nein. Bei Führungslosigkeit der Gesellschaft sind auch die Gesellschafter zur Stellung eines Insolvenzantrages verpflichtet (§ 15a Abs. 3 InsO).

Frage 104 Wann ist eine GmbH führungslos?
Antwort Wenn sie nicht über einen Geschäftsführer verfügt (§ 35 Abs. 1 S. 1 GmbHG).

Frage 105 Ab welchem Zeitpunkt sind Zahlungen nach § 64 S. 1 GmbHG unzulässig?
Antwort Bereits mit Eintritt der Insolvenzreife (vgl. hierzu Frage 97), und nicht erst mit Ablauf der Insolvenzantragspflicht gem. § 15a Abs. 1 S. 1 InsO (näher BGH NZG 2009, 550, 551).

Frage 106 Was versteht man unter dem sog. Abschied vom Quotenschaden?
Antwort Diese Wendung umschreibt eine Änderung der Rechtsprechung zum Schadensersatzanspruch wegen Verletzung der Insolvenzantragspflicht: Nach früherer Sichtweise des BGH konnten auch Neugläubiger aus § 823 Abs. 1 i. V. m. § 64 Abs. 1 GmbHG nur den Ersatz des Quotenschadens verlangen, also jenes Schadens, der durch die Verringerung der Haftungsmasse eingetreten ist. Nach heute nahezu einhelliger Meinung kann der Neugläubiger hingegen das volle negative Interesse beanspruchen (allgemeiner Grundsatz des Schadensersatzrechts: Naturalrestitution gem. § 249 BGB). Schließlich hätte der Geschäftspartner bei rechtzeitiger Einleitung des Insolvenzverfahrens nicht mehr mit der insolvenzreifen Gesellschaft kontrahiert (vgl. hierzu im Einzelnen BGH NJW 1994, 2220, 2222 ff.).

Frage 107 Was versteht man unter Neugläubigern?
Antwort Neugläubiger sind diejenigen Gläubiger der Gesellschaft, deren Anspruch nach Eintritt der Voraussetzungen der Insolvenzantragspflicht begründet worden ist.

Frage 108 Besteht eine Eigenhaftung des Geschäftsführers gegenüber dem Gläubiger der Gesellschaft aus §§ 311 Abs. 2 Nr. 1–3, Abs. 3, 280 Abs. 1 BGB?
Antwort Eine solche Haftung des Geschäftsführers ist grundsätzlich möglich. Sie ist allerdings an strenge Voraussetzungen zu knüpfen.

Frage 109 Liegt ein erhebliches Eigeninteresse i. S. d. §§ 311 Abs. 2 Nr. 1–3, Abs. 3, 280 Abs. 1 BGB vor, wenn der Geschäftsführer zugleich Gesellschafter ist?
Antwort Nein. Allein aus der gleichzeitigen Gesellschafterstellung des Geschäftsführers kann aufgrund der Trennung des Gesellschafts- und des Privatvermögens nicht auf ein erhebliches Eigeninteresse des Geschäftsführers geschlossen werden.

Frage 110 Nimmt ein Geschäftsführer regelmäßig ein besonderes persönliches Vertrauen des Geschäftspartners i. S. d. §§ 311 Abs. 2 Nr. 1–3, Abs. 3, 280 Abs. 1 BGB in Anspruch?
Antwort Die neuere Rechtsprechung lässt ein normales Vorgehen des Geschäftsführers bei Vertragsverhandlungen nicht für die Inanspruchnahme besonderen persönlichen Vertrauens ausreichen.

Frage 111 Muss der Jahresabschluss einer GmbH durch einen Abschlussprüfer geprüft werden?
Antwort Ja. Dies folgt aus §§ 316 Abs. 1, 317 HGB. Abschlussprüfer können grundsätzlich nur Wirtschaftsprüfer und Wirtschaftsprüfungsgesellschaften sein, bei mittelgroßen und kleineren Gesellschaften mit beschränkter Haftung (§ 267 HGB) auch vereidigte Buchprüfer oder Buchprüfungsgesellschaften, § 319 Abs. 1 HGB.

Frage 112 Muss der Jahresabschluss einer GmbH offengelegt werden?
Antwort Grundsätzlich ja. Gem. § 325 Abs. 1 HGB haben die Geschäftsführer den Jahresabschluss unverzüglich nach Vorlage an die Gesellschafter beim Betreiber des Bundesanzeigers in elektronischer Form einzureichen. Allerdings existieren für Klein- oder Kleinstkapitalgesellschaften (§§ 267 Abs. 1, 267a HGB) gem. § 326 HGB Erleichterungen.

11. Mantelkauf

Frage 113 Was versteht man unter einem Mantelkauf?
Antwort Ein Mantelkauf ist ein Kauf einer bestehenden GmbH. Dies kann entweder eine Vorrats-GmbH sein, also eine GmbH, die eigens für den Mantelkauf gegründet wurde und noch nicht werbend tätig war, oder aber eine GmbH, die bereits werbend tätig war und den Geschäftsbetrieb hat ruhen lassen.

Frage 114 Welche Gefahren bestehen beim Mantelkauf?
Antwort Die Gesellschaft erweckt im Rechtsverkehr den Eindruck, sie sei eine neu gegründete GmbH mit gerade aufgebrachtem Stammkapital. Dieses kann aber insbesondere bei einer früher werbend tätig gewesenen GmbH schon lange nicht mehr gedeckt sein.

Frage 115 Ist eine Mantelverwendung nach der neueren BGH Rechtsprechung zulässig?
Antwort Ja. Die Gesellschaft unterliegt aber einer vollen registergerichtlichen Gründungskontrolle (vgl. hierzu im Einzelnen BGH NJW 2003, 3198, 3199 ff.).

15.2 AG

1. Vergleich GmbH-AG

Frage 1 Nennen Sie die maßgeblichen Unterschiede zwischen AG und GmbH!
Antwort Die GmbH ist personalistischer organisiert als die AG, außerdem wird der Aufsichtsrat als Organ bei der AG zwingend vorausgesetzt. Die AG ist im Gegensatz zur GmbH börsenfähig.

Frage 2 Welche Gemeinsamkeiten bestehen?
Antwort Beide Gesellschaftsformen haben eine korporative Struktur, sind also unabhängig von ihrem Mitgliederbestand und entstehen mit ihrer Registereintragung als

juristische Personen. Außerdem haftet bei beiden Gesellschaften den Gläubigern nur das Stamm- bzw. Grundkapital (§ 13 Abs. 2 GmbHG; § 1 Abs. 1 S. 2 AktG).

2. Gründung

Frage 3 Was ist unter dem originären und derivativen Erwerb der Mitgliedschaft in einer AG zu verstehen?
Antwort Originärer Erwerb meint den Erwerb der Aktionärsstellung bei Gründung der Aktiengesellschaft, derivativer Erwerb durch Ankauf von Aktien oder durch Gesamtrechtsnachfolge (z. B. Erbfall).

Frage 4 Unterscheiden Sie zwischen den Begriffen „Sacheinlage" und „Sachübernahme" bei der AG!
Antwort Die Sacheinlage dient der Aufbringung des Grundkapitals durch einen anderen Vermögenswert als Bargeld. Bei der Sachübernahme handelt es sich jenseits der Kapitalaufbringung um ein Geschäft über einen Vermögensgegenstand (vgl. zur GmbH dort Frage 12).

Frage 5 Wieso muss nach § 27 Abs. 1 S. 1 Fall 2 AktG auch bei der Sachübernahme eine Festsetzung in der Satzung erfolgen?
Antwort Weil auch hier, wie bei der Sacheinlage, die Gefahr der Überbewertung und damit einer Schmälerung des zur Deckung des Grundkapitals erforderlichen Vermögens besteht. Außerdem kann ein Interesse der Gesellschaftsgläubiger und Aktionäre daran bestehen zu wissen, wer derartige Geschäfte mit der AG abschließt und ggf. einen wirtschaftlichen Einfluss auf die AG ausübt.

Frage 6 Welche Rechtsfolge hat die fehlende Festsetzung einer Sacheinlage bzw. Sachübernahme in der Satzung?
Antwort Die Verträge über die Sacheinlage (d. h. das obligatorische und das dingliche Geschäft) sind nach § 27 Abs. 3 S. 2 AktG n. F. nicht unwirksam. Die sog. Anrechnungslösung des GmbH-Gesetzes (§ 19 Abs. 4 GmbHG: s. auch Fall 6) korrespondiert nunmehr mit § 27 Abs. 3 S. 2 AktG n. F.

Frage 7 Spielt die Sachübernahme auch außerhalb des Gründungsstadiums eine Rolle?
Antwort Ja, und zwar bei der sog. Nachgründung gem. § 52 AktG.

3. Organisationsverfassung

Frage 8 Aus welchen Organen besteht eine AG?
Antwort Aus Vorstand, Aufsichtsrat und Hauptversammlung.

Frage 9 Welches ist das oberste Organ in der AG?
Antwort Die Hauptversammlung. Allerdings hat sie nur vergleichsweise begrenzte Kompetenzen (s. § 119 AktG).

Frage 10 Wer wählt den Vorstand bzw. Aufsichtsrat?
Antwort Der Aufsichtsrat wird von der Hauptversammlung gewählt, der Vorstand vom Aufsichtsrat.

Frage 11 Sind Vorstandsmitglieder stets nach § 93 Abs. 2 AktG ersatzpflichtig, wenn sie verlustbringende Geschäfte abschließen?
Antwort Nein. Der Vorstand muss ebenso wie der Geschäftsführer der GmbH (vgl. GmbH-Recht Frage 94) unternehmerische Entscheidungen treffen, die auch das Risiko eines Verlusts bergen. Nur so kann auch ein angemessener Gewinn für die AG erwirtschaftet werden. Jedoch muss sich der Vorstand über die individuellen Risiken seiner Entscheidung hinreichend informieren (§ 92 Abs. 1 S. 2 AktG).

Frage 12 Kann die Regelung des § 93 Abs. 2 AktG zu Gunsten oder auch zu Lasten eines Vorstandsmitgliedes abgeändert werden?
Antwort Eine Abbedingung der Norm zu Gunsten des Vorstandsmitgliedes ist nicht möglich. Dasselbe gilt nach überwiegender Ansicht auch für Regelungen zu Lasten des Vorstandmitgliedes. Zur Begründung wird angeführt, dass § 93 Abs. 2 AktG als organisationsrechtlicher Haftungstatbestand eine abschließende Regelung beinhaltet, vgl. § 23 Abs. 5 S. 2 AktG. Die Norm ist also zwingend.

Frage 13 Was ist unter einer unternehmerischen Entscheidung i. S. d. § 93 Abs. 1 S. 2 AktG zu verstehen?
Antwort Von einer unternehmerischen Entscheidung ist dann auszugehen, wenn unternehmerische Zweckmäßigkeitsgesichtspunkte maßgeblich sind und verschiedene Handlungsalternativen bestehen. Weitere Merkmale sind, dass die Entscheidung zukunftsbezogen und dass sie regelmäßig risikobehaftet ist.

Frage 14 Sind unternehmerische Entscheidungen von Vorstandsmitgliedern gerichtlich voll nachprüfbar?
Antwort Unternehmerische Entscheidungen unterliegen nur einer begrenzten gerichtlichen Kontrolle (sog. Business judgment rule, § 93 Abs. 1 S. 2 AktG). Dem Vorstandsmitglied wird hierdurch ein sog. unternehmerischer Ermessensspielraum zugebilligt (vgl. GmbH-Recht Frage 94). Grund hierfür ist, dass eine übertriebene Risikoscheu von Vorstandsmitgliedern – wodurch Chancen des Unternehmens vertan werden könnten – verhindert werden soll. Außerdem wird durch die Zubilligung eines Ermessensspielraums berücksichtigt, dass unternehmerische Entscheidungen typischerweise mit gewissen Risiken sowie Unsicherheiten verbunden sind (näher BGH NJW 1997, 1926, 1927 [ARAG/Garmenbeck]; s. dazu auch Fall 12).

Frage 15 Beschreiben Sie die Rechtsqualität und den Zweck des Deutschen Corporate Governance Kodex (DCGK).
Antwort Der DCGK ist kein staatliches Recht, sondern ein Regelwerk *sui generis*. Er enthält teils Wiederholungen gesetzlicher Bestimmungen, insbesondere aber Empfehlungen („soll") und Anregungen („sollte") für das „gute" Verhalten der Organwalter einer AG. Im Gesetz erwähnt wird der DCGK im Rahmen einer Vorschrift

zur sog. Entsprechenserklärung, nämlich des § 161 AktG. Der Kodex wird von einer Regierungskommission in regelmäßigen Abständen überprüft und ggf. geändert.

Frage 16 Worum handelt es sich beim Deutschen Nachhaltigkeitskodex (DNK)?
Antwort Nicht zu verwechseln ist der DCGK mit dem „Deutschen Nachhaltigkeitskodex" (DNK). Dabei handelt es sich um eine Empfehlung des von der Bundesregierung eingesetzten Rates für Nachhaltige Entwicklung. Der DNK wurde im Oktober 2010 zur freiwilligen Anwendung empfohlen. *Rechtsformunabhängig* dient er der Verwirklichung von Anliegen des Gemeinwohls, namentlich in den Bereichen Umweltschutz und Soziales.

Frage 17 Kann ein Verstoß gegen den DCGK zur Schadensersatzpflicht eines Vorstandsmitgliedes führen?
Antwort Nach teils vertretener Ansicht soll der DCGK bindende Wirkung hinsichtlich der Verhaltenspflichten von Vorstandsmitgliedern haben. Überwiegend wird jedoch bei einem Verstoß gegen den Kodex eine Pflichtverletzung verneint. Dafür spricht, dass der DCGK keine Gesetzesqualität und aufgrund der fehlenden Mitwirkung der Hauptversammlung keine satzungsgleiche Wirkung hat. Allerdings führt eine unrichtige Entsprechenserklärung dazu, dass wegen des darin liegenden Gesetzesverstoßes i.S.v. § 243 Abs. 1 AktG ein gleichwohl gefasster Entlastungsbeschluss anfechtbar ist (BGHZ 182, 274 = NZG 2009, 1270 Rn. 16).

Frage 18 Was ist Inhalt der Treuepflicht eines Vorstandsmitgliedes gegenüber der AG?
Antwort Ein Vorstandsmitglied hat sich bei der Ausführung der ihm als Organwalter übertragenen Aufgaben allein am Interesse der AG zu orientieren und Eigeninteressen zurückzustellen.

Frage 19 Nennen Sie gesetzlich kodifizierte Beispiele der Treuepflicht zwischen Vorstandsmitglied und AG!
Antwort Dazu zählen das Wettbewerbsverbot gem. § 88 AktG sowie die Verschwiegenheitspflicht gem. § 93 Abs. 1 S. 3 AktG.

Frage 20 Woraus ergeben sich die Pflichten eines Vorstandsmitgliedes?
Antwort Die von einem Vorstandsmitglied zu erfüllenden Pflichten können auf Gesetz, auf der Satzung, einer Geschäftsordnung oder dem Anstellungsvertrag beruhen.

Frage 21 Nennen Sie die gesetzliche Grundlage der allgemeinen Sorgfaltspflicht eines Vorstandsmitgliedes!
Antwort Die allgemeine Sorgfaltspflicht ist in § 93 Abs. 1 S. 1 AktG gesetzlich geregelt. Demnach hat ein Vorstandsmitglied die Sorgfalt eines ordentlichen und gewissenhaften Geschäftsleiters anzuwenden.

Frage 22 Unterliegen Vorstandsmitglieder auch Überwachungspflichten?
Antwort In einem mehrgliedrigen Vorstand mit entsprechenden Einzelzuständigkeiten (sog. Ressortprinzip) haben die jeweils nicht zuständigen Mitglieder horizontale Überwachungspflichten. Im Hinblick auf die Beschäftigung angestellter Mitarbeiter bestehen vertikale Überwachungspflichten (vgl. hierzu BGH NJW 1995, 326, 329).

Frage 23 Welchen Zweck verfolgt die vertikale Überwachungspflicht?
Antwort Hierdurch soll sichergestellt werden, dass die angestellten Mitarbeiter im Rahmen der gesetzlichen Bestimmungen handeln.

Frage 24 Haften Vorstandsmitglieder auch für das pflichtwidrige sowie schuldhafte Verhalten der bei der AG beschäftigten Mitarbeiter?
Antwort Grundsätzlich kommt eine Haftung mangels Zurechnung des Verhaltens nicht in Betracht. Sowohl § 278 BGB als auch § 831 BGB sind nicht anwendbar, da nicht das Vorstandsmitglied, sondern die AG der Geschäftsherr ist. Gleichwohl kommt eine Haftung des Vorstandsmitgliedes dann in Betracht, wenn es gegen die vertikalen Überwachungspflichten verstoßen hat (vgl. hierzu Frage 20).

Frage 25 Sind die arbeitsrechtlichen Grundsätze über den innerbetrieblichen Schadensausgleich auf die Haftung von Organmitgliedern anwendbar?
Antwort Das ist streitig. Nach h.M. finden die Grundsätze über den innerbetrieblichen Schadensausgleich keine Anwendung auf die Organhaftung. Zur Begründung wird insbesondere angeführt, dass es sich bei Organmitgliedern nicht um Arbeitnehmer handelt, mithin Organe nicht den typischen Arbeitnehmerrisiken ausgesetzt sind, für welche die Grundsätze entwickelt wurden. Organmitglieder sind vor allem nicht in die Betriebsorganisation eingebunden und auch nicht im selben Maße weisungsgebunden wie Arbeitnehmer, so dass Organmitglieder keiner Haftungserleichterung als Ausgleich für ein Direktionsrecht bedürften. Zudem seien sie aufgrund ihrer Stellung gerade nicht dem betrieblichen Risiko ausgesetzt, sondern vielmehr dessen Vertreter und Gestalter. Außerdem spielten bei der Organhaftung auch Erwägungen des Gläubigerschutzes eine Rolle. Nach einer im Vordringen befindlichen Gegenansicht geht insbesondere der formale Verweis auf die fehlende Arbeitnehmerstellung von Organmitgliedern fehl. § 254 BGB als dogmatischer Anknüpfungspunkt für die Grundsätze des innerbetrieblichen Schadensausgleichs beanspruche Geltung für jegliche Schadensersatzansprüche, also auch für solche aus § 43 GmbHG und aus § 93 Abs. 2 S. 2 AktG. Schließlich greife der Einwand der fehlenden Weisungsgebundenheit sowie des fehlenden betrieblichen Risikos (oder von dessen Beherrschbarkeit) etwa bei Geschäftsführern, die von den Gesellschaftern gesteuert werden, nicht durch (Überblicke zum Streitstand bei *Bachmann*, ZIP 2017, 841; *Wilhelmi*, NZG 2017, 681).

Frage 26 Was ist eine sog. D&O-Versicherung? Welchen Vorteil hat ihr Abschluss für die Gesellschaft? Was wird im AktG zu ihr angeordnet?
Antwort Es handelt sich um eine Vermögensschadenhaftpflichtversicherung für Geschäftsleiter. Sie hat ihren Ursprung in den USA (sog. Directors‘ and Officers‘

Liability Insurance). Es handelt sich um eine Versicherung für fremde Rechnung gem. §§ 43 ff. VVG, die durch die Gesellschaft zugunsten ihrer Organwalter genommen wird (vgl. Prölss/Martin/*Voit*, VVG, AVB-AVG 1, Rn. 6). Durch den Versicherungsschutz wird einer übertriebenen Risikoscheu der Vorstandsmitglieder entgegengewirkt. Zudem ist im Fall einer schuldhaften Pflichtverletzung eines Vorstandsmitgliedes regelmäßig eine reibungslose Abwicklung des Schadens möglich. Mit einem zwingenden Selbstbehalt in § 93 Abs. 2 S. 3 AktG soll einem zu sorglosen Verhalten versicherter Vorstandsmitglieder entgegengewirkt werden; auch dieser Selbstbehalt ist freilich (auf eigene Kosten des Organwalters) versicherbar.

Frage 27 Aufgrund welcher Vorschrift haben die Mitglieder des Vorstandes die aktienrechtliche Kompetenzverteilung einzuhalten?
Antwort Dies ergibt sich insbesondere aus § 82 Abs. 2 AktG (näher BGH NJW 2006, 374 [Mangusta/Commerzbank]).

Frage 28 Nennen Sie die nach dem AktG dem Aufsichtsrat zugewiesenen Aufgaben!
Antwort Die wesentlichen Hauptaufgaben bestehen in der Überwachung der Geschäftsführung (§ 111 Abs. 1 AktG) sowie in der Bestellung und Abberufung der Vorstandsmitglieder (§ 84 AktG). Der Aufsichtsrat vertritt zudem die AG gerichtlich und außergerichtlich gegenüber den Mitgliedern des Vorstandes (§ 112 AktG). Hinzu kommen einige spezielle Pflichten. Ein Beispiel für eine jüngere Regelung bietet die Kontrollpflicht hinsichtlich des sog. Corporate Social Responsibility-Berichts i.S.v. § 289b HGB (Umsetzung der CSR-Richtlinie); der Aufsichtsrat kann damit freilich einen externen Prüfer beauftragen (§ 111 Abs. 2 S. 4 AktG).

Frage 29 Was versteht man unter dem sog. Grundsatz der höchstpersönlichen Amtswahrnehmung eines Aufsichtsratsmitgliedes und woraus ergibt sich dieser?
Antwort Dieser Grundsatz beinhaltet, dass Aufsichtsratsmitglieder die ihnen gesetzlich zugewiesenen Tätigkeiten nicht durch Dritte, sondern nur selbst wahrnehmen können. Er kommt in § 111 Abs. 6 AktG zum Ausdruck.

Frage 30 Gibt es Ausnahmen von diesem Grundsatz?
Antwort Ja. Bereits das Gesetz sieht in § 109 Abs. 1 S. 2 AktG sowie in § 111 Abs. 2 S. 2 AktG Ausnahmen vor. Zudem ist anerkannt, dass zur Erfüllung einer konkreten Aufgabe die Hinzuziehung Dritter zulässig ist, wenn sie auch nach dem für Aufsichtsratsmitglieder geltenden Sorgfaltsmaßstab nicht allein bewältigt werden kann (näher BGH NJW 1983, 991 f.).

Frage 31 Kann ein Mitglied des Aufsichtsrates zur Stellung eines Insolvenzantrages verpflichtet sein?
Antwort Die ist nur bei der Führungslosigkeit der AG der Fall (§ 15a Abs. 3 InsO). Jedoch kann der Aufsichtsrat verpflichtet sein, auf die Stellung eines Insolvenzantrages durch die Vorstandsmitglieder (vgl. § 15a Abs. 1 S. 1 InsO) hinzuwirken, wenn dieser die Insolvenzreife der AG feststellt (näher BGH NZG 2009, 550, 551).

Frage 32 Wieso ist der Aufsichtsrat für die Geltendmachung von Schadensersatzforderungen der Gesellschaft gegenüber Vorstandsmitgliedern zuständig?
Antwort Die Zuständigkeit des Aufsichtsrates ergibt sich aus § 111 Abs. 1 AktG, als Teil der vergangenheitsbezogenen Überwachung der Geschäftsführung sowie aus der gesetzlichen Vertretungsbefugnis gegenüber den Vorstandsmitgliedern gem. § 112 AktG.

Frage 33 Ist der Aufsichtsrat verpflichtet, bestehende Schadensersatzforderungen gegenüber Vorstandsmitgliedern geltend zu machen?
Antwort Grundsätzlich ist der Aufsichtsrat hierzu verpflichtet. Eine Ausnahme soll nur dann bestehen, wenn gewichtige Interessen der AG überwiegen oder nahezu gleichwertig sind (näher BGH NJW 1997, 1926, 1928 [ARAG/Garmenbeck]; s. dazu Fall 12 und auch BGH NZG 2009, 550, 552).

Frage 34 Kann der Aufsichtsrat gegen ein rechtswidriges Verhalten des Vorstandes mit einer Unterlassungsklage vorgehen?
Antwort Dies ist umstritten. Überwiegend wird die Frage verneint, da eine Rechtsgrundlage fehlt und sowohl der Vorstand als auch der Aufsichtsrat als Organe nicht prozessfähig i. S. d. § 50 ZPO sind. Überdies lassen sich die bestehenden Regelungen z. B. in § 90 Abs. 3, 5 AktG als abschließend ansehen (s. dazu BGH 106, 54 = NJW 1989, 979; die Möglichkeit einer actio pro socio wird dort offengelassen).

Frage 35 Wie nennt man eine solche Streitigkeit zwischen Vorstand und Aufsichtsrat?
Antwort Solch ein Vorgehen wird als Interorganstreit bezeichnet.

Frage 36 Was versteht man unter einem Intraorganstreit?
Antwort Darunter versteht man den Streit innerhalb eines Organs der AG, nicht zwischen zwei Organen der AG (Interorganstreit, s. Frage 33). Beispiel: Streit über die Wirksamkeit von Aufsichtsratsbeschlüssen.

Frage 37 Wie wird ein solcher Streit vor Gericht anhängig gemacht?
Antwort Zum Teil wird eine analoge Anwendung der §§ 241 ff. AktG vorgeschlagen. Überwiegend wird diese Analogie jedoch mangels Vergleichbarkeit der Interessenlagen verneint. Stattdessen soll die allgemeine Feststellungsklage gem. § 256 Abs. 1 ZPO zu erheben sein (vgl. hierzu im Einzelnen BGH NJW 1997, 1926 [ARAG/Garmenbeck]).

Frage 38 Sind die Kompetenzen der Hauptversammlung im AktG abschließend geregelt?
Antwort Die enumerative Aufzählung im § 119 Abs. 1 AktG suggeriert dies. Jedoch sind auch sog. ungeschriebene Kompetenzen der Hauptversammlung anerkannt. Eine ungeschriebene Zuständigkeit der Hauptversammlung besteht insbesondere, wenn eine Maßnahme des Vorstands so tief in die Vermögens- und Mitgliedschaftsrechte

der Aktionäre eingreift, dass der Vorstand nicht von seiner alleinigen Zuständigkeit ausgehen konnte.

Frage 39 Nennen Sie ein Beispiel!
Antwort Ausgliederung eines wesentlichen Unternehmensteils auf eine Tochtergesellschaft (vgl. dazu BGH NJW 1982, 1703, 1705 [Holzmüller]; s. auch BGH NJW 2004, 1860, 1862 ff. [Gelatine]).

Frage 40 Woraus wird in einem solchen Falle die Kompetenz der Hauptversammlung hergeleitet?
Antwort Zum einen wird auf die Vermögensinteressen der Aktionäre verwiesen, denn mit der Ausgliederung des Unternehmensteils können sie nicht mehr über den vom ausgegliederten Unternehmensteil erwirtschafteten Gewinn und dessen Verwendung beschließen (vgl. §§ 119 Abs. 1 Nr. 2, 174 Abs. 1 S. 1 AktG). Außerdem droht ihre Beteiligungsquote zu verwässern, wenn in der Tochtergesellschaft bei einer Kapitalerhöhung unter Bezugsrechtsausschluss neue Aktionäre in die AG aufgenommen werden. Dogmatisch lässt sich die Kompetenz der Hauptversammlung daraus herleiten, dass sich das dem Vorstand in § 119 Abs. 2 AktG eingeräumte Ermessen zu einer Vorlagepflicht verdichtet. Nach anderer Ansicht folgt die ungeschriebene Zuständigkeit aus einer Analogie zu §§ 179, 179a AktG. Der BGH sieht derartige ungeschriebene Kompetenzen der Hauptversammlung ohne nähere dogmatische Begründung als Ergebnis offener richterlicher Rechtsfortbildung an (näher BGH NJW 2004, 1860, 1863 [Gelatine]).

4. Stimmbindung

Frage 41 Sind Stimmbindungsverträge mit Aktionären wirksam?
Antwort In gewissen Grenzen ja. Auch das AktG geht von ihrer grundsätzlichen Wirksamkeit aus, arg. §§ 136 Abs. 2, 405 Abs. 3 Nr. 6 und 7 AktG. Nichtig ist freilich insbesondere ein Stimmbindungsvertrag, durch den ein Aktionär sich den Weisungen der AG, eines abhängigen Unternehmens, des Vorstands oder des Aufsichtsrats unterwirft (§ 136 Abs. 2 S. 1 AktG). Dasselbe gilt für eine Verpflichtung, für die jeweiligen Vorschläge von Vorstand oder Aufsichtsrat zu stimmen (§ 136 Abs. 2 S. 2 AktG). Die Ordnungswidrigkeitstatbestände zum Stimmenkauf (405 Abs. 3 Nr. 6 und 7 AktG) führen gem. § 134 BGB zur Nichtigkeit entsprechender Abreden.

Frage 42 Kann der Verstoß gegen einen Stimmbindungsvertrag zur Anfechtbarkeit eines Hauptversammlungsbeschlusses führen?
Antwort Nein. Der Verstoß gegen einen Stimmbindungsvertrag kann lediglich im Innenverhältnis der Vertragspartner zu Sanktionen führen. Die Wirksamkeit der Stimmabgabe wird dadurch nicht berührt.

Frage 43 Wie kann eine wirksame Durchsetzung einer Stimmbindung erreicht werden?
Antwort Durch die Vereinbarung hoher Vertragsstrafen.

Frage 44 Besteht eine weitere Möglichkeit, um bei mehreren Aktionären eine einheitliche Stimmabgabe zu gewährleisten?
Antwort Es kann ein sog. Stimmrechts-Pool gebildet werden; dabei handelt es sich um eine GbR. Diese kann einen Treuhänder beauftragen, der auf der Hauptversammlung nach den Weisungen der Aktionäre abstimmt.

5. Rechte und Pflichten der Aktionäre

Frage 45 Welche zwei Arten von Aktionärsrechten unterscheidet man?
Antwort Verwaltungs- und Vermögensrechte.

Frage 46 Welches sind die wichtigsten Vermögensrechte?
Antwort

- Anspruch auf Dividende, § 58 Abs. 4 AktG;
- Bezugsrecht, § 186 AktG;
- Anteil am Liquidationserlös, § 271 AktG.

Frage 47 Nennen Sie die wichtigsten Verwaltungsrechte!
Antwort

- Recht auf Teilnahme an der Hauptversammlung, § 119 AktG;
- Stimmrecht, § 118 Abs. 1 AktG;
- Auskunftsrecht, § 131 AktG;
- Recht zur Anfechtung von Hauptversammlungsbeschlüssen, § 245 AktG.

Frage 48 Welches sind die bedeutsamsten Pflichten eines Aktionärs?
Antwort Die Pflicht zur Erbringung der Einlage (§ 54 Abs. 1 und 2 AktG) und die Treuepflicht gegenüber der Gesellschaft sowie den Mitgesellschaftern. Daneben können sich weitere Nebenverpflichtungen aus der Satzung ergeben (s. dazu § 55 AktG).

Frage 49 Gegenüber wem besteht die Treuepflicht eines Aktionärs?
Antwort Die Treuepflicht besteht grundsätzlich nicht nur im Verhältnis zur AG, sondern auch gegenüber den übrigen Aktionären (s. bereits AT Frage 23)

Frage 50 Kann auch ein Minderheitsaktionär der Treuepflicht unterliegen?
Antwort Ja. Auch ein Minderheitsaktionär kann über eine Sperrminorität und damit über hinreichende Rechtsmacht verfügen, um die Verbands- oder Mitgliederinteressen zu beeinträchtigen (eingehend BGH NJW 1995, 1739, 1741 [Girmes], auch zur treupflichtwidrigen Stimmabgabe nach Stimmrechtsbündelung).

Frage 51 Welche Rechtsfolgen kann der Verstoß eines Aktionärs gegen die Treuepflicht nach sich ziehen?
Antwort Ein Hauptversammlungsbeschluss, der aufgrund eines Verstoßes gegen die Treuepflicht zustande gekommen ist, ist anfechtbar. Ist durch die

Treuepflichtverletzung ein Schaden entstanden, macht sich der Aktionär, sofern er die Verletzung zu vertreten hat, zudem schadensersatzpflichtig.

6. Kapitalerhaltung

Frage 52 Woraus besteht das Gesellschaftsvermögen einer AG?
Antwort Es besteht aus der Summe aller Rechte und Vermögenswerte (Barmittel, Guthaben, Eigentum, Forderungen etc.).

Frage 53 Was versteht man unter dem Börsenwert?
Antwort Dies ist der Betrag, der sich aus der Multiplikation des aktuellen Kurswertes mit der Anzahl der ausgegebenen Aktien ergibt.

Frage 54 Worin besteht der Unterschied zwischen Inhaber- und Namensaktien?
Antwort Eine Inhaberaktie ist ein Wertpapier, das einen Bruchteil des Grundkapitals einer Aktiengesellschaft (oder einer KGaA) verkörpert. Der Inhaber des Wertpapiers kann das darin verbriefte Recht geltend machen. Bei Namensaktien hingegen muss der Inhaber im Aktienregister der Gesellschaft eingetragen sein, um seine Rechte geltend machen zu können (vgl. § 67 Abs. 1 AktG).

Frage 55 Was ist eine vinkulierte Namensaktie? Ist daran ein gutgläubiger Erwerb möglich?
Antwort Bei einer vinkulierten (lat. *vinculum*: Band, Fessel) Namensaktie handelt es sich um eine Sonderform der Namensaktie. Eine vinkulierte Namensaktie bedarf zu ihrer Übertragung der Zustimmung der ausgebenden Aktiengesellschaft (§ 68 Abs. 2 AktG). Die Ausgabe vinkulierter Namensaktien empfiehlt sich, wenn der Aktionärskreis überschaubar gehalten und das Eindringen unerwünschter Aktionäre verhindert werden soll. Ein gutgläubiger Erwerb ist nicht möglich; das dingliche Rechtsgeschäft wird von der Vinkulierung erfasst. Lediglich für Fälle der Gesamtrechtsnachfolge (z. B. Erbfall) gilt dies nicht.

Frage 56 Definieren Sie den Begriff des Grundkapitals!
Antwort Das Grundkapital ist der in der Satzung festgesetzte Kapitalbetrag, zu dessen Aufbringung sich die Gründer verpflichtet haben. Im Gegensatz zum Gesellschaftsvermögen und dem Börsenwert ist dies eine feste Rechengröße (vgl. zum Stammkapital einer GmbH dort Frage 7).

Frage 57 Wozu dient das Grundkapital?
Antwort Es soll im Interesse des Gläubigerschutzes gewährleisten, dass die Aktionäre die AG tatsächlich mit einem entsprechenden Vermögen ausstatten und ihr dieses auch dauerhaft belassen. Freilich genügt ein dem Grundkapital als Rechnungszahl entsprechendes Vermögen – ebenso wenig wie dies beim Stammkapital der GmbH der Fall ist – meist nicht, um die bestehenden Verbindlichkeiten zu bedienen, zumal da es sich durch die reguläre Geschäftstätigkeit reduzieren kann. Daher lässt sich das Grundkapital eher als eine Seriositätsgewähr der Gesellschafter auffassen.

Frage 58 Wodurch wird dieses Ziel abgesichert?
Antwort Durch das Verbot der Unterpariemission (§ 9 AktG), durch das strikte Gebot der Kapitalaufbringung (§§ 27, 36a, 66 AktG) und das Verbot der Einlagenrückgewähr (§ 57 AktG).

Frage 59 Was versteht man unter einer Unterpariemission?
Antwort Das Verbot der Ausgabe von Aktien unter dem Nennbetrag (§ 9 Abs. 1 AktG).

Frage 60 Wie wird der Begriff der „Einlagenrückgewähr" i. S. d. § 57 Abs. 1 S. 1 AktG ausgelegt?
Antwort Hierunter fällt nicht nur die Rückgewähr der Einlage als solche, sondern auch jede andere Leistung aus dem Vermögen der AG an den Aktionär ohne adäquate Gegenleistung (vgl. zur GmbH dort Frage 54).

Frage 61 Was versteht man unter einer verdeckten Gewinnausschüttung?
Antwort Eine verdeckte Gewinnausschüttung liegt vor, wenn einem Aktionär ohne einen entsprechenden Gewinnverwendungsbeschluss ein wirtschaftlicher Vorteil aus dem Gesellschaftsvermögen zugewandt wird.

Frage 62 Wie wird eine verdeckte Gewinnausschüttung typischerweise vollzogen?
Antwort Durch den Abschluss eines Verkehrsgeschäftes zwischen AG und Aktionär, wobei der Leistung der AG keine adäquate Gegenleistung gegenübersteht.

Frage 63 Ist ein solches Drittgeschäft zwischen der AG und dem Aktionär stets unzulässig?
Antwort Nein. Das Geschäft ist zulässig, wenn es einem sog. Drittvergleich standhält. Dies ist der Fall, wenn die AG dieses Geschäft auch mit einem beliebigen Dritten abgeschlossen hätte.

Frage 64 Gegen welche Prinzipien verstößt eine verdeckte Gewinnausschüttung, abgesehen vom Kapitalerhaltungsprinzip?
Antwort Häufig verstößt es zugleich gegen das Prinzip der Gleichbehandlung aller Aktionäre, § 53a AktG. Vor allem aber verstößt es gegen die Kompetenzordnung der AG, denn nach § 119 Abs. 1 Nr. 2 AktG ist für die Entscheidung über die Verwendung des Bilanzgewinns die Hauptversammlung und nicht der Vorstand zuständig. Überdies liegt regelmäßig ein Verstoß des begünstigten Aktionärs gegen die gesellschaftsrechtliche Treuepflicht (gegenüber den Mitaktionären, s. Frage 47) vor.

Frage 65 Welche Rechtsfolgen hat eine verdeckte Gewinnausschüttung für den begünstigten Aktionär?
Antwort Er ist einem Rückgewähranspruch der AG aus § 62 Abs. 1 S. 1 i. V. m. § 57 Abs. 1 S. 1 AktG ausgesetzt. Außerdem macht er sich bei einem Verstoß gegen § 53a AktG und gegen die Treuepflicht schadensersatzpflichtig.

Frage 66 Welche Konsequenzen drohen dem die verdeckte Gewinnverwendung veranlassenden Vorstandsmitglied?
Antwort Das Vorstandsmitglied macht sich wegen des Verstoßes gegen die interne Kompetenzordnung und aufgrund der verbotenen Einlagenrückgewähr gegenüber der Gesellschaft gem. § 93 Abs. 2 und 3 Nr. 1 AktG schadensersatzpflichtig.

7. Aktionärsdarlehen

Frage 67 Gelten im Hinblick auf Aktionärsdarlehen spezielle Vorschriften?
Antwort Wie im Recht der GmbH ist auch im AktG die Rechtsfigur des eigenkapitalersetzenden Aktionärsdarlehens abgeschafft worden (§ 57 Abs. 1 S. 4 AktG). Gleichwohl können Aktionärsdarlehen – unabhängig von ihrem eigenkapitalersetzenden Charakter – nur nachrangig in der Insolvenz geltend gemacht werden (§ 39 Abs. 1 Nr. 5 InsO).

8. Kapitalmaßnahmen

Frage 68 Was versteht man unter einer effektiven Kapitalerhöhung bzw. Kapitalherabsetzung?
Antwort Eine effektive Kapitalerhöhung hat den Zweck, durch die Erbringung von Einlagen der AG neues Eigenkapital zuzuführen. Eine effektive Kapitalherabsetzung dient hingegen der Reduzierung des Eigenkapitals.

Frage 69 Erklären Sie, was eine nominelle Kapitalerhöhung bzw. Kapitalherabsetzung ist!
Antwort Eine nominelle Kapitalerhöhung ist die Kapitalerhöhung aus Gesellschaftsmitteln und soll Rücklagen der AG in Eigenkapital umwandeln. Eine nominelle Kapitalherabsetzung dient dazu, das Soll-Kapital dem Ist-Kapital anzupassen.

Frage 70 Wozu dient ein sog. Kapitalschnitt? Welche Schritte sind dafür erforderlich?
Antwort Ein Kapitalschnitt dient der Sanierung einer unter Liquiditätsproblemen leidenden AG. Er setzt sich aus einer nominellen Kapitalherabsetzung und einer effektiven Kapitalerhöhung zusammen. Durch diese Maßnahme wird zunächst das Grundkapital dem tatsächlich noch vorhandenen Vermögen angepasst und sodann der AG durch die Kapitalerhöhung frisches Eigenkapital zugeführt.

Frage 71 Definieren Sie den Begriff „genehmigtes Kapital"!
Antwort Darunter versteht man die befristete Ermächtigung an den Vorstand zur Durchführung einer Kapitalerhöhung bis zu einem bestimmten Nennbetrag (§§ 202 ff. AktG).

Frage 72 Was ist eine bedingte Kapitalerhöhung?
Antwort Dabei wird das Grundkapital nur insoweit erhöht, als von einem Umtausch- oder Bezugsrecht Gebrauch gemacht wird (§§ 192 AktG ff.).

Frage 73 Welches Recht steht einem Aktionär bei einer Kapitalerhöhung grundsätzlich zu?
Antwort Das Bezugsrecht gem. § 186 Abs. 1 AktG.

Frage 74 Erklären Sie, welche Nachteile ein Bezugsrechtausschluss für Altaktionäre hat!
Antwort Der Ausschluss führt hinsichtlich des Stimmrechts zu einem sog. Verwässerungseffekt, d. h. die prozentuale Beteiligung und damit der Einfluss auf die Beschlussfassung in der AG werden geringer. Außerdem besteht bei börsennotierten AGs die Gefahr, dass durch die Ausgabe der neuen Aktien zu einem Ausgabebetrag unter dem Börsenkurs der Wert der eigenen Beteiligung durch Kursverluste sinkt.

Frage 75 Was kann ein Aktionär tun, wenn der Ausgabebetrag der neuen Aktien unangemessen niedrig ist?
Antwort Er kann den dem Bezugsrechtsausschluss zugrunde liegenden Hauptversammlungsbeschluss gem. § 255 Abs. 2, 3 AktG anfechten.

Frage 76 Sind die Anforderungen an den Beschluss, mit dem das Bezugsrecht ausgeschlossen wird, in § 186 Abs. 3 AktG abschließend benannt?
Antwort Nein. Der Beschluss muss neben den im Gesetz genannten formellen auch materiell-rechtlichen Anforderungen standhalten (näher BGH NJW 1978, 1316, 1317 [Kali und Salz]).

Frage 77 Woraus folgt dieses ungeschriebene Tatbestandsmerkmal?
Antwort Aus der Schwere des Eingriffs in die mitgliedschaftlichen Rechte der Aktionäre (vgl. hierzu Frage 43). Der Gesetzgeber hat mit Einführung der Berichtspflicht gem. § 186 Abs. 4 S. 2 AktG das Erfordernis einer sachlichen Rechtfertigung indirekt bestätigt.

Frage 78 Welche materiell-rechtlichen Anforderungen werden an solch einen Beschluss gestellt?
Antwort Dies ist umstritten. Nach einer Ansicht findet eine Verhältnismäßigkeitsprüfung statt, d. h. das Interesse der AG an einem Bezugsrechtsausschluss muss dringend sein und schwerer wiegen als die Interessen der Aktionäre. Nach anderer Ansicht muss der Bezugsrechtsausschluss lediglich im wohlverstandenen Interesse der AG liegen (vgl. hierzu im Einzelnen BGH NJW 1997, 2815 [Siemens/Nold]).

Frage 79 Nennen Sie Beispiele, in denen das Interesse der AG gegenüber den Interessen der Aktionäre vorrangig ist!
Antwort Ermöglichung der Zulassung der Aktien der AG an ausländischen Börsenplätzen (vgl. hierzu im Einzelnen BGH NJW 1994, 1410 [Deutsche Bank]);

Kapitalerhöhung gegen Sacheinlagen (vgl. § 183 AktG und dazu im Einzelnen BGH NJW 1978, 1316 [Kali und Salz]), um die neuen Aktien beim Erwerb von Unternehmen oder Unternehmensbeteiligungen einzusetzen (näher BGH NJW 1997, 2815 [Siemens/Nold]).

9. Gerichtliche Verfahren

Frage 80 Welche Möglichkeiten hat ein Aktionär, dem auf der Hauptversammlung die zur Beurteilung einer Beschlussvorlage erforderlichen Informationen verweigert wurden?
Antwort Er kann ein Auskunftserzwingungsverfahren nach § 132 AktG einleiten. Daneben ist ihm aber auch die Anfechtung des gefassten Beschlusses gem. § 246 AktG möglich. Das Anfechtungsverfahren ist nämlich nicht durch § 132 AktG präkludiert, zumal sich die Verfahrensgegenstände unterscheiden: Bei § 132 AktG geht es um die Pflicht zur Auskunftserteilung; bei der Anfechtung dagegen um die Unwirksamkeit eines Beschlusses aufgrund fehlender Informationen.

Frage 81 Was versteht man unter einem „räuberischen" Aktionär?
Antwort Es handelt sich um einen Aktionär, der gegen Zahlung von Geld bereit ist, von einer Anfechtungsklage abzusehen oder eine bereits erhobene Klage zurückzunehmen. Hintergrund ist, dass die Anfechtungsklage die Eintragung der dem Beschluss zugrunde liegenden Maßnahme verhindert (vgl. §§ 189, 211, 294 Abs. 2 AktG). Die Verzögerung der Eintragung verursacht der AG in der Regel Kosten.

Frage 82 Wie ist die Anfechtungsklage eines „räuberischen" Aktionärs rechtlich zu behandeln?
Antwort Dies ist umstritten. Nach einer Auffassung führt das missbräuchliche Verhalten des Aktionärs zur Unzulässigkeit, nach anderer, auch vom BGH vertretener Ansicht zur Unbegründetheit der Klage (näher BGH NJW-RR 1992, 1388, 1389). Dies gilt auch, wenn der Beschluss tatsächlich unter einem zur Anfechtbarkeit führenden Mangel leidet, der Aktionär dies aber nur zum Vorwand für die Klage nimmt, aus deren späterer Rücknahme er einen materiellen Vorteil erzielen will.

Frage 83 Hat die AG selbst die Möglichkeit, gegenüber einem „räuberischen" Aktionär Ansprüche geltend zu machen?
Antwort Bei einer rechtsmissbräuchlich erhobenen Anfechtungsklage kommt ein Schadensersatzanspruch der Gesellschaft gegenüber dem Aktionär gem. § 826 BGB in Betracht (vgl. hierzu im Einzelnen OLG Frankfurt a. M. NZG 2009, 222, 223 ff.; Nichtzulassungsbeschwerde vom BGH zurückgewiesen).

Frage 84 Besteht für eine AG eine Alternative zur Zahlung des geforderten Geldbetrages, um den Beschluss trotz des Anfechtungsprozesses eintragen zu lassen?
Antwort Ja, und zwar in Gestalt des sog. Freigabeverfahrens (§§ 246a Abs. 1, 319 Abs. 6 AktG, §§ 16 Abs. 3, 198 Abs. 3 UmwG).

Frage 85 Ist jeder Beschluss der Hauptversammlung anfechtbar, der unter einem Verfahrensfehler leidet?
Antwort Nein. Nach einer früher vor allem in der Rechtsprechung verbreiteten Formel war der Beschluss anfechtbar, wenn sein Inhalt auf dem Mangel beruhen

kann (potenzielle Kausalität; näher BGH NJW 1983, 878, 879). Nunmehr wird nach überwiegender, auch vom BGH vertretener Ansicht unter Hinweis auf den Rechtsgedanken des § 243 Abs. 4 AktG auf die Wesentlichkeit des Verfahrensfehlers für die Beschlussfassung abgestellt (sog. Relevanztheorie). Es wird also danach gefragt, ob ein durchschnittlicher Aktionär ohne den Verfahrensfehler anders entschieden hätte (näher BGH NJW 2002, 1128, 1129; NJW 2005, 828, 829 f.).

Frage 86 Wann ist ein Hauptversammlungsbeschluss gesetzmäßig?
Antwort Ein Beschluss der Hauptversammlung ist immer dann gesetzmäßig, wenn er weder anfechtbar (§ 243 ff. AktG) noch nichtig (§ 241 AktG) ist.

Frage 87 Kann in einem Prozess neben der Anfechtungs- auch eine Nichtigkeitsklage erhoben werden?
Antwort Mittlerweile hat sich die Ansicht durchgesetzt, dass beide Klagen zugleich erhoben werden können; selbst wenn nur eine erhoben wird, ist der Sachverhalt umfassend auf Anfechtungs- und Nichtigkeitsgründe hin zu prüfen (näher BGH NJW 1999, 1638). Das materielle Ziel beider Klagearten, nämlich die richterliche Klärung der Nichtigkeit des Beschlusses mit Wirkung für und gegen jedermann, ist nämlich identisch. Dies bedeutet zugleich, dass nach rechtskräftiger Entscheidung die Erhebung einer weiteren Anfechtungs- oder Nichtigkeitsklage mit identischem Sachverhalt unzulässig ist.

Frage 88 Nennen Sie Fälle, in denen das Spruchverfahrensgesetz anwendbar ist!
Antwort Der Anwendungsbereich dieses besonderen gerichtlichen Verfahrens ist in § 1 SpruchG geregelt. Als wesentliche Anwendungsfälle sind hierbei insbesondere die Fälle des sog. Squeeze Out gem. § 327a ff. AktG (§ 1 Nr. 3 SpruchG) sowie der Umwandlungen nach dem UmwG (§ 1 Nr. 4 SpruchG) zu nennen. Über diesen Katalog hinaus hat die Rechtsprechung das Verfahren etwa auch auf das Delisting erstreckt (BGHZ 153, 47 = NJW 2003, 1032 [Macrotron]).

Frage 89 Was ist Gegenstand eines solchen Verfahrens?
Antwort Bei Verfahren nach dem Spruchverfahrensgesetz soll die Angemessenheit eines Abfindungs-oder Ausgleichsbetrags in den gesetzlich zugewiesenen Fällen gerichtlich überprüft und ggf. bestimmt werden (vgl. etwa §§ 305 Abs. 5 S. 2, 327 f S. 2 AktG; §§ 15 Abs. 1 S. 2, 34 UmwG).

15.3 KGaA

Frage 1 Worin besteht die rechtliche Konstruktion einer KGaA?
Antwort Die KGaA ist eine Mischform aus Kapital- und Personengesellschaft, nämlich AG und KG, mit korporativer Struktur. Sie ist gem. § 278 Abs. 1 AktG eine

juristische Person; damit ist sie rechts-, partei- und insolvenzfähig. Ihr Grundkapital ist in Aktien zerlegt. Es gibt zwei Gesellschaftertypen.

Frage 2 Nennen Sie die beiden Gesellschaftertypen und deren Haftung!
Antwort Die KGaA besteht aus mindestens einem persönlich haftenden Gesellschafter (Komplementär), und den Kommanditaktionären, die wie Aktionäre an einer AG beteiligt sind, ohne persönlich für die Verbindlichkeiten der Gesellschaft zu haften (§ 278 AktG).

Frage 3 Wie entsteht eine KGaA?
Antwort Eine KGaA kann auf zweierlei Arten entstehen: Neugründung und Umwandlung. Bei der Neugründung sind aktienrechtliche Vorschriften maßgebend (s. §§ 280 bis 282 AktG sowie die Verweisung in § 278 Abs. 3 AktG auf das Recht der AG). In der Praxis bedeutsamer ist die Umwandlung einer anderen Gesellschaftsform in eine KGaA (§§ 221, 233 Abs. 3 UmwG).

Frage 4 Kann die KGaA auch als eingliedrige Gesellschaft bestehen?
Antwort Ja. Seit der Neufassung des § 280 Abs. 1 AktG durch das UMAG im Jahr 2005 ist dies möglich; zuvor hieß es in jener Norm, dass die Satzung von „mindestens fünf Personen“ festgestellt werden muss. Dieser Liberalisierung, die dem § 2 AktG entspricht, steht auch nicht entgegen, dass die KGaA zwei verschiedene Gesellschaftertypen vereint.

Frage 5 Worin liegt der grundlegende Unterschied zwischen dem Vorstand der AG und den Komplementären der KGaA?
Antwort Der Vorstand einer AG wird vom Aufsichtsrat bestellt (§ 84 AktG) und ist damit „gekorenes Vertretungsorgan“. Die Komplementäre der KGaA werden hingegen in ihrer vorstandsähnlichen Rolle (vgl. § 283 AktG) nicht vom Aufsichtsrat bestellt, sondern gem. § 281 Abs. 1 AktG durch Satzung bestimmt („geborenes Vertretungsorgan“; näher BGHZ 134, 392, 393 = NJW 1997, 1923).

Frage 6 Ergeben sich darüber hinaus Unterschiede hinsichtlich der Vertretungsmacht und Geschäftsführungsbefugnis zwischen dem Vorstand der AG und den vorstandsähnlichen Komplementären der KGaA?
Antwort Ja. Die personalistischere Prägung der KGaA kommt hier ebenso wie bei der Haftung der Komplementäre zum Tragen: Während die AG gem. §§ 77 Abs. 1, 78 Abs. 2 AktG durch den Vorstand als Kollegialorgan vertreten wird, ist nach § 278 Abs. 2 AktG i. V. m. §§ 161 Abs. 2, 114 ff., 125 ff. HGB jeder Komplementär der KGaA geschäftsführungs- und vertretungsbefugt.

Frage 7 Worin liegen die wesentlichen Unterschiede der KGaA und AG hinsichtlich der Kapitalaufbringung und Gewinnverteilung?
Antwort Die Haftungsmasse der KGaA wird Gesamtkapital – nicht: Grundkapital – genannt. Es besteht aus der Summe der Komplementäreinlagen und dem durch Ausgabe von Kommanditaktien vereinnahmten Kapital. Hinsichtlich der

Gewinnverteilung gilt zwischen den Komplementären und Kommanditaktionären das Recht der KG (§ 278 Abs. 2 AktG i. V. m. §§ 121, 168 HGB). Für das Verhältnis der Kommanditaktionäre untereinander ist hingegen § 60 AktG maßgebend.

Frage 8 Ist eine GmbH & Co. KGaA zulässig?
Antwort Seit BGHZ 134, 392 ist die Zulässigkeit einer GmbH & Co. KGaA anerkannt. Der Gesetzgeber hat diesem Grundsatzurteil in § 279 Abs. 2 AktG Rechnung getragen.

Frage 9 Welche Regelungen sind bei der Beendigung der KGaA einschlägig?
Antwort § 289 Abs. 1 AktG verweist auf §§ 131 ff. HGB. Hier wird einmal mehr eine Parallele von Personen- und Kapitalgesellschaftsrecht deutlich. § 289 Abs. 2 AktG hingegen führt Auflösungsgründe auf, die für Kapitalgesellschaften typisch sind.

Konzernrecht (Grundzüge) 16

Frage 1 Wo ist das Konzernrecht geregelt?
Antwort Zunächst in den §§ 15–19 AktG. Dort ist geregelt, unter welchen Bedingungen verbundene Unternehmen einen Konzern bilden. Ergänzende Regelungen enthalten die §§ 291–337 AktG; hier werden sowohl der Vertragskonzern (§§ 291 ff. AktG) als auch der faktische Konzern (§§ 311 ff. AktG) behandelt.

Frage 2 Gibt es daneben noch konzernrechtliche Regelungen außerhalb des AktG?
Antwort Nein. Die für das Aktienrecht geschaffenen Regelungen finden allerdings nicht nur Anwendung auf die abhängige AG. Vielmehr hat der BGH die Regeln für den GmbH-Konzern und den Personengesellschaftskonzern in Analogie zum Konzernrecht des AktG entwickelt; insbesondere sind die §§ 291 ff. AktG entsprechend anwendbar (näher BGH NJW 1989, 295 f. [Supermarkt]).

Frage 3 Betreffen die §§ 15–19 AktG allein die AG?
Antwort Nein. Diese Vorschriften sind bewusst rechtsformneutral formuliert und finden damit unabhängig von der Rechtsform Anwendung; sogar eine Einzelperson kann herrschendes Unternehmen sein.

Frage 4 Definieren Sie den Konzern i. S. v. § 18 AktG!
Antwort Konzern zum einen ist ein Verbund rechtlich selbstständiger abhängiger Unternehmen unter einheitlicher Leitung (Unterordnungskonzern, § 18 Abs. 1 AktG). Werden Unternehmen, ohne voneinander abhängig zu sein, unter einheitlicher Leitung zusammengefasst, so bilden auch sie einen Konzern (Gleichordnungskonzern; § 18 Abs. 2 AktG).

Frage 5 Was ist unter dem Begriff der „einheitlichen Leitung" zu verstehen?
Antwort Eine Legaldefinition fehlt. Dennoch finden sich im Gesetz selbst Hinweise. Nach § 291 AktG steht ein Unternehmen unter einheitlicher Leitung, wenn es einen

C. Armbrüster, *Fallsammlung zum Gesellschaftsrecht*, Juristische ExamensKlausuren,
https://doi.org/10.1007/978-3-662-56192-8_16

Beherrschungsvertrag abgeschlossen hat. Im Falle der Eingliederung (§ 319 AktG) werden die Unternehmen als unter einheitlicher Leitung zusammengefasst angesehen (§ 18 Abs. 1 S. 2 AktG). Neben diesen unwiderlegbaren Vermutungen gibt es eine widerlegbare Vermutung für abhängige Unternehmen, also solche, auf die ein anderes Unternehmen einen herrschenden Einfluss ausüben kann (§ 17 Abs. 1 AktG): Von einem solchen Unternehmen wird vermutet, dass es mit dem herrschenden Unternehmen einen Konzern bildet (§ 18 Abs. 1 S. 3 AktG).

Frage 6 Welche Doppelvermutung führt zur Annahme eines Konzerns?
Antwort Nach § 17 Abs. 2 AktG wird von einem im Mehrheitsbesitz stehenden Unternehmen vermutet, dass es abhängig ist. An die Abhängigkeit wiederum knüpft § 18 Abs. 1 S. 3 AktG die Vermutung, dass die beiden Unternehmen einen Konzern bilden. Mit anderen Worten: Im Mehrheitsbesitz stehende Unternehmen werden einheitlich geleitet, bilden also einen Konzern.

Frage 7 Wie kann diese Vermutung widerlegt werden?
Antwort Indem der Mehrheitsgesellschafter nachweist, dass er trotz seines beherrschenden Einflusses tatsächlich keine Leitungsmacht besitzt, etwa weil er das ihm zustehende Stimmrecht nicht umfassend ausüben kann.

Frage 8 Was versteht man unter wechselseitig beteiligten Unternehmen?
Antwort Nach § 19 AktG sind wechselseitig beteiligte Unternehmen Kapitalgesellschaften, von denen jede mehr als 25 % der Anteile der jeweils anderen hält, ohne dass ein Unternehmen von dem anderen abhängig ist.

Frage 9 Welche Pflicht folgt aus einer solchen Beteiligung und welche Rechtsfolge droht im Falle der Nichterfüllung?
Antwort Steht einem Unternehmen eine Beteiligung an einer anderen Kapitalgesellschaft i.H.v. mehr als 25 % zu, so hat sie dies der anderen Gesellschaft mitzuteilen (§§ 20 Abs. 1, 21 Abs. 1–3 AktG). Unterbleibt diese Mitteilung, so kann das Unternehmen aus den gehaltenen Anteilen keine Rechte herleiten, und zwar für die Zukunft wie auch für die Vergangenheit (§§ 20 Abs. 7, 21 Abs. 4 AktG). Ausgenommen sind bei unvorsätzlich unterbliebener Mitteilung allein das Recht auf die Dividende (§ 58 Abs. 4 AktG) und das Recht auf den Abwicklungsüberschuss (§ 271 AktG). Praktisch bedeutsam ist diese Sanktion vor allem hinsichtlich des Stimmrechts.

Frage 10 Was ist in den §§ 291, 292 AktG mit einem „Unternehmensvertrag" gemeint?
Antwort In der Regel geht es um Beherrschungs- und Gewinnabführungsverträge.

Frage 11 Nennen Sie Normen außerhalb des Konzernrechts, wo das Bestehen eines Beherrschungs- oder Gewinnabführungsvertrages von Bedeutung ist!
Antwort Entscheidend ist das Bestehen eines solchen Vertrages etwa bei der Kapitalerhaltung in der GmbH oder AG im Rahmen des sog. cash-pooling (§ 30 Abs. 1 S. 2 GmbHG; § 57 Abs. 1 S. 3 AktG). Zudem wird regelmäßig ein

Gewinnabführungsvertrag zur Bildung einer steuerlichen Organschaft geschlossen, vgl. § 14 Abs. 1 KStG.

Frage 12 Kann der Geschäftsführer einer GmbH diese bei Abschluss eines Gewinnabführungs- und Beherrschungsvertrages wirksam vertreten?
Antwort Grundsätzlich schon, denn der Geschäftsführer besitzt kraft Gesetzes eine unbeschränkte und unbeschränkbare Vertretungsmacht (vgl. §§ 35 ff. GmbHG). Allerdings hat ein solcher Vertrag satzungsüberlagernde Wirkung, so dass es zur Wirksamkeit des Vertrages einer Zustimmung der Gesellschafter bedarf.

Frage 13 Worin besteht diese satzungsüberlagernde Wirkung?
Antwort Durch den Abschluss des Unternehmensvertrages ändert sich der Zweck der abhängigen Gesellschaft. Bei der abhängigen Gesellschaft fällt aufgrund der Gewinnabführung faktisch das Gewinnbezugsrecht der außenstehenden Gesellschafter weg. Außerdem kann die herrschende Gesellschaft nunmehr an Stelle der Gesellschafterversammlung Weisungen erteilen (§ 308 Abs. 1 S. 1 AktG analog). Aufgrund der nachteiligen Wirkung des Verlustausgleichs für die herrschende Gesellschaft (§ 302 AktG analog) bedarf es auch bei dieser eines Gesellschafterbeschlusses.

Frage 14 Welches Mehrheitserfordernis gilt für die Zustimmung der Gesellschafter der abhängigen GmbH zu einem Unternehmensvertrag?
Antwort Dies ist umstritten. Nach einer Ansicht bedarf es einer ¾-Mehrheit, nach anderer Ansicht der Zustimmung sämtlicher Gesellschafter (ausdrücklich offengelassen bei BGH NJW 1989, 295, 297 [Supermarkt]).

Frage 15 Welche Argumente sprechen für die jeweilige Ansicht?
Antwort Dafür, dass sämtliche Gesellschafter zustimmen müssen, spricht der Rechtsgedanke des § 33 Abs. 1 S. 2 BGB sowie des § 53 Abs. 3 GmbHG. Für eine ¾-Mehrheit lässt sich auf die analoge Anwendung des § 293 Abs. 1 AktG sowie auf das Schutzsystem der §§ 304, 305 AktG verweisen.

Frage 16 Welcher Mehrheit bedarf es bei der herrschenden GmbH?
Antwort Hier bedarf es in analoger Anwendung des § 293 Abs. 1, 2 AktG lediglich einer ¾-Mehrheit der Gesellschafter (näher BGH NJW 1989, 295, 298 [Supermarkt]).

Frage 17 Sind Nichtigkeitsgründe des Vertrages stets beachtlich?
Antwort Nein. Sofern nicht höherrangige Interessen entgegenstehen, ist die Lehre von der fehlerhaften Gesellschaft (s. dazu AT Fragen 7 ff.) heranziehbar.

Frage 18 Was versteht man unter einem sog. Vorstandsdoppelmandat?
Antwort Ein Vorstandsdoppelmandat liegt dann vor, wenn ein und dieselbe Person in zwei verschiedenen AGs dem Vorstand angehört. Häufig ist dies in Konzernstrukturen der Fall, wenn ein Vorstandsmitglied sowohl in der beherrschten als auch

in herrschenden Gesellschaft tätig ist (vgl. hierzu im Einzelnen BGH NZG 2009, 744, 745).

Frage 19 Sind Vorstandsdoppelmandate zulässig?
Antwort Nach allgemeiner Ansicht sind solche Doppelmandate mit Zustimmung beider Aufsichtsräte zulässig, vgl. § 88 Abs. 1 S. 2 AktG (näher BGH NZG 2009, 744, 745).

Frage 20 Welcher Interessenkonflikt ergibt sich hierbei insbesondere innerhalb eines faktischen Konzerns und wie ist dieser aufzulösen?
Antwort Problematisch ist insoweit, dass das Vorstandsmitglied beiden Gesellschaften verpflichtet ist. Hierdurch ergibt sich regelmäßig ein Loyalitätskonflikt, der jedoch aufgrund der Einwirkungsmöglichkeit auf die abhängige Gesellschaft leicht zu Gunsten der herrschenden Gesellschaft ausgeübt werden kann. Um dies zu verhindern, hat das Vorstandsmitglied stets die Interessen des jeweiligen Pflichtenkreises zu beachten. Es besteht daher kein automatischer Vorrang für die Gesellschaft der Konzernspitze (vgl. hierzu im Einzelnen BGH NZG 2009, 744, 745).

Frage 21 Was versteht man unter einem qualifiziert faktischen Konzern?
Antwort Hierunter versteht man ein Abhängigkeitsverhältnis, bei dem den einzelnen Geschäftsführungsmaßnahmen der beherrschenden Gesellschaft nicht mehr ein einzelner Nachteil zugeordnet werden kann, da sie dauerhaft und umfassend die Geschäfte der abhängigen Gesellschaft leitet (näher BGH NJW 1993, 1200, 1201 ff. [TBB]). Das Einzelausgleichssystem des Konzernrechts läuft hier leer. Allerdings wendet der BGH die zum qualifiziert faktischen Konzern entwickelten Regeln mittlerweile nicht mehr an (Aufgabe durch BGH NJW 2001, 3622, 3623 [Bremer Vulkan].

Frage 22 Welche Rechtsfigur ist an seine Stelle getreten?
Antwort Der sog. existenzvernichtende Eingriff.

Frage 23 Was versteht man hierunter?
Antwort Ein existenzvernichtender Eingriff liegt vor, wenn durch einen oder mehrere Gesellschafter so stark in das Vermögen der Gesellschaft eingegriffen wird, dass diese nicht mehr ihren Verbindlichkeiten gegenüber den Gläubigern nachkommen kann (näher BGH NJW 2001, 3622 [Bremer Vulkan], NJW 2002, 3024 [KBV], NJW 2007, 2689 [Trihotel]).

Frage 24 Auf welcher dogmatischen Grundlage beruht die Existenzvernichtungshaftung?
Antwort Nach früher ganz überwiegend vertretener Ansicht stellte sich die Existenzvernichtungshaftung als einen Fall des Rechtsformmissbrauchs dar (näher BGH NJW 2002, 3024, 3025 [KBV]). Nach der nunmehr wohl herrschenden Ansicht ist die Existenzvernichtungshaftung eine besondere Fallgruppe der vorsätzlichen sittenwidrigen Schädigung gem. § 826 BGB (näher BGH NJW 2007, 2689, 2691 [Trihotel]).

Frage 25 Kann eine materielle Unterkapitalisierung der Gesellschaft eine Existenzvernichtungshaftung auslösen?
Antwort Nach umstrittener Ansicht des BGH ist dies nicht möglich, denn der Gesetzgeber hat bewusst von einem am jeweiligen Kapitalbedarf orientierten Mindestkapitalausstattung abgesehen (vgl. hierzu im Einzelnen BGH NJW 2008, 2437, 2438 f. [Gamma]).

Frage 26 Wem gegenüber besteht die Existenzvernichtungshaftung?
Antwort Die Existenzvernichtungshaftung gem. § 826 BGB ist eine reine Innenhaftung des Gesellschafters gegenüber der Gesellschaft. Gleichwohl besteht für die Gläubiger die Möglichkeit den Anspruch der Gesellschaft gem. §§ 829, 835 ZPO pfänden und sich zur Einziehung überweisen zu lassen (näher BGH NJW 2007, 2689, 2693 [Trihotel]).

Frage 27 Ist die Existenzvernichtungshaftung subsidiär zu ggf. bestehenden Ansprüchen aus §§ 30, 31 GmbHG?
Antwort Nein. Es besteht mit den Erstattungsansprüchen volle Anspruchsgrundlagenkonkurrenz (näher BGH NJW 2007, 2689, 2693 [Trihotel]).

Frage 28 Besteht eine Existenzvernichtungshaftung nur bei einer werbend tätigen GmbH?
Antwort Nein, diese gilt gerade auch in der Liquidationsphase der Gesellschaft. Das besondere Interesse der Gläubiger am Erhalt des Gesellschaftsvermögens kommt exemplarisch in § 73 Abs. 1 und 2 GmbHG zum Ausdruck (näher BGH NJW 2009, 2127, 2130 [Sanitary]).

Frage 29 Was versteht man unter „Cash-Pooling"?
Antwort „Cash-Pooling" ist ein Instrument der Unternehmensfinanzierung innerhalb eines Konzerns. Wesensmerkmal des „Cash-Pooling" ist die Übertragung von Liquidität von Konten von Tochtergesellschaften auf ein Konto der Konzernmutter („Upstream"), z. B. in Form eines Darlehens. Benötigt hingegen eine Tochtergesellschaft finanzielle Mittel, so kann sie von der Konzernmutter zügig damit ausgestattet werden („Downstream"). Solche wechselseitigen, konzerninternen Darlehen verstoßen dann nicht gegen Kapitalerhaltungsvorschriften wie § 30 Abs. 1 GmbHG oder § 57 Abs. 1 AktG, wenn ein Beherrschungs- oder Gewinnabführungsvertrag oder ein vollwertiger Rückzahlungs- oder Gegenleistungsanspruch besteht (vgl. § 30 Abs. 1 S. 2 GmbHG sowie § 57 Abs. 1 S. 3 AktG).

Teil III

Rechtsprechung

17 Aktuelle höchstrichterliche Rechtsprechung

Neben der Kenntnis klassischer höchstrichterlicher Grundsatzentscheidungen und wichtiger Literaturmeinungen ist es unabdingbar, auch aktuelle Entscheidungen im Blick zu haben. Hierfür bieten sich zusammenfassende Überblicke in Fachzeitschriften an (s. etwa *Hirte*, NJW 2016, 1216 ff.; 2017, 1213 ff.). Im Folgenden sind einige besonders wichtige jüngere Entscheidungen zusammengestellt.

1) BGH NZG 2017, 658

Eine verbotene Auszahlung i.S.v. § 30 Abs. 1 S. 1 GmbHG zu Lasten des zur Erhaltung des Stammkapitals erforderlichen Vermögens liegt mit der Bestellung einer dinglichen Sicherheit für einen Darlehensrückzahlungsanspruch eines Sicherungsnehmers gegen den Gesellschafter vor, wenn der Gesellschafter voraussichtlich nicht zur Rückzahlung in der Lage ist und zudem eine Unterbilanz entsteht oder vertieft wird. Damit und nicht erst mit der Verwertung der Sicherheit beginnt die Verjährung der Erstattungsansprüche der Gesellschaft nach § 31 Abs. 5 S. 2 GmbHG.

2) EuGH NZG 2017, 22

Art. 8 Abs. 1 sowie die Art. 25 und 29 der Zweiten Richtlinie 77/91/EWG des Rates vom 13.12.1976 zur Koordinierung der Schutzbestimmungen, die in den Mitgliedstaaten den Gesellschaften i.S.d. Art. 54 Abs. 2 AEUV im Interesse der Gesellschafter sowie Dritter für die Gründung der Aktiengesellschaft sowie für die Erhaltung und Änderung ihres Kapitals vorgeschrieben sind, um diese Bestimmungen gleichwertig zu gestalten, sind dahin auszulegen, dass sie einer Maßnahme wie der im Ausgangsverfahren in Rede stehenden Anordnung nicht entgegenstehen, die in einer Situation, in der durch eine gravierende Störung der Wirtschaft und des Finanzsystems eines Mitgliedstaats die finanzielle Stabilität der Union bedroht ist, getroffen wird und zur Folge hat, dass das Kapital einer Aktiengesellschaft ohne Zustimmung ihrer Hauptversammlung durch die Ausgabe neuer Aktien zu einem unter dem Nennbetrag liegenden Betrag und ohne ein vorzugsweises Bezugsrecht der bisherigen Aktionäre erhöht wird.

C. Armbrüster, *Fallsammlung zum Gesellschaftsrecht*, Juristische ExamensKlausuren,
https://doi.org/10.1007/978-3-662-56192-8_17

3) BGHZ 207, 190 = NJW 2016, 1236

1. Das Recht zur Herabsetzung der Bezüge gem. § 87 Abs. 2 AktG ist ein einseitiges Gestaltungsrecht der Aktiengesellschaft, das durch eine Gestaltungserklärung ausgeübt wird, die der Aufsichtsrat in Vertretung der Gesellschaft gegenüber dem Vorstandsmitglied abgibt.
2. Eine Verschlechterung der Lage der Gesellschaft im Sinne von § 87 Abs. 2 AktG tritt jedenfalls dann ein, wenn die Gesellschaft insolvenzreif wird. Die Weiterzahlung der Bezüge ist unbillig im Sinne des § 87 Abs. 2 S. 1 AktG wenn der Vorstand pflichtwidrig gehandelt hat oder ihm zwar kein pflichtwidriges Verhalten vorzuwerfen ist, die Verschlechterung der Lage der Gesellschaft jedoch in die Zeit seiner Vorstandsverantwortung fällt und ihm zurechenbar ist.
3. Die Herabsetzung der Bezüge muss mindestens auf einen Betrag erfolgen, dessen Gewährung angesichts der Verschlechterung der Lage der Gesellschaft nicht mehr als unbillig angesehen werden kann. Die Vorschrift erlaubt andererseits keine Herabsetzung der Bezüge des Vorstandsmitglieds, die weiter geht, als es die Billigkeit angesichts der Verschlechterung der Lage der Gesellschaft erfordert.

4) BGH NZG 2016, 1417

Die formalen Anforderungen einer erneuten Aufforderung mittels eingeschriebenen Briefs gem. § 21 Abs. 1 S. 2 GmbHG werden durch ein Einwurf-Einschreiben der Deutschen Post AG gewahrt.

5) BGH NZG 2016, 552

Gesellschafterbeschlüsse, die in Räumen eines verfeindeten Gesellschafters gefasst werden, sind in der Regel wirksam, aber anfechtbar, sofern ein bestimmtes Beschlussergebnis festgestellt ist.

6) BGH NZG 2016, 823

Bewilligen sich zwei Geschäftsführer einer Komplementär-GmbH, die alleinige Gesellschafter der GmbH und alleinige Kommanditisten der KG sind, gegenseitig von der KG zu zahlende Tätigkeitsvergütungen, die ihnen nach dem Gesellschaftsvertrag der Kommanditgesellschaft dem Grunde nach zustehen, während die Bestimmung der genauen Höhe dem Beschluss der Gesellschafterversammlung überlassen ist, so ist diese Absprache grundsätzlich wirksam, auch wenn die Geschäftsführer nicht vom Verbot des § 181 BGB befreit sind.

7) BGH NJW 2016, 3597

Der Abfindungsanspruch des aus einer Gesellschaft bürgerlichen Rechts Ausgeschiedenen richtet sich umfassend gegen die Gesellschaft. Für einen von dem Abfindungsanspruch zu trennenden Ausgleichsanspruch gegen die in der Gesellschaft verbliebenen Gesellschafter ist kein Raum.

8) BGHZ 206, 143 = NZG 2015, 1227

1. Die Einberufung der Hauptversammlung einer AG kann grundsätzlich von dem Organ, das die Versammlung einberufen hat, wieder zurückgenommen werden. Dass eine Hauptversammlung vom Vorstand aufgrund eines Verlangens von Aktionären gemäß § 122 Abs. 1 S. 1 AktG einberufen worden ist, ändert an der grundsätzlichen Kompetenz des Vorstandes zur Rücknahme der Einladung nichts.
2. Die von ihm einberufene Hauptversammlung kann der Vorstand nicht mehr wirksam absagen, wenn sich die am Versammlungsort erschienenen Aktionäre nach dem in der Einberufung für den Beginn der Hauptversammlung angegebenen Zeitpunkt im Versammlungsraum eingefunden haben.
3. Die dem Vorstand als Organ wegen seiner Aufgabe, für die Rechtmäßigkeit des Korporationshandelns zu sorgen, im Interesse der Gesellschaft zustehende Anfechtungsbefugnis ist nicht dadurch ausgeschlossen, dass er die Anfechtbarkeit des Beschlusses mitverursacht hat.

9) BGH NJW-RR 2015, 988

Ein Vertrag, der die Vergütung eines Vorstandsmitglieds betrifft, fällt auch dann in die Zuständigkeit des Aufsichtsrats, wenn der Vertrag von der Gesellschaft nicht mit dem Vorstandsmitglied selbst, sondern mit einem Dritten abgeschlossen und mit diesem Dritten eine Vergütung über die Vorstandstätigkeit vereinbart wird (z. B. Beratervertrag), auch wenn ein Vorstandsmitglied nur vorübergehend tätig wird. Schließt ein Vorstandsmitglied entgegen dieser Grundsätze einen Beratervertrag mit einem Dritten, kann es sich aufgrund eines Rechtsirrtums entlasten, wenn die gewählte Konstruktion Gegenstand eines rechtlichen Prüfauftrags war.

10) BGH NJW 2015, 3786

Bei einer nicht zeitnah durchgeführten Kapitalerhöhung steht dem die neuen Anteile zeichnenden Übernehmer (Inferenten) ein Lösungsrecht vom Übernahmevertrag nach den Grundsätzen über den Wegfall der Geschäftsgrundlage nach § 313 Abs. 3 S. 1 BGB zu, wenn keine Befristung oder Bedingung vereinbart wurde. Eine stille Beteiligung kann als Sacheinlage in eine GmbH eingebracht werden. Sie erlischt durch die Übertragung auf die GmbH. Die Gesellschaft trifft eine (Treue-) Pflicht, für eine zügige und ordnungsgemäße Durchführung der Kapitalerhöhung zu sorgen, jedenfalls dann, wenn sie sich im Übernahmevertrag unter Mitwirkung aller Gesellschafter und Geschäftsführer ausdrücklich zur Durchführung einer Kapitalerhöhung verpflichtet.

11) BGH NZG 2015, 225

1. Bei der GmbH Co. KG ist eine Zahlung aus dem Vermögen der KG an einen Gesellschafter der Komplementär-GmbH oder an einen Kommanditisten eine nach § 30 Abs. 1 GmbHG verbotene Auszahlung, wenn dadurch das Vermögen

der GmbH unter die Stammkapitalziffer sinkt oder eine bilanzielle Überschuldung vertieft wird. Wenn der Zahlungsempfänger (auch) Gesellschafter der Komplementär-GmbH ist, ist es für seine Haftung nach § 30 Abs. 1 GmbHG grundsätzlich ohne Bedeutung, ob daneben eine natürliche Person als Komplementär unbeschränkt haftet.
2. Der Geschäftsführer einer Komplementär-GmbH haftet nach § 43 Abs. 3 GmbHG für nach § 30 Abs. 1 GmbHG verbotene Auszahlungen aus dem Vermögen der KG an einen Gesellschafter der Komplementär-GmbH gegenüber der KG.

12) BGHZ 204, 231 = NJW 2015, 1121

1. Eine qualifizierte Rangrücktrittsvereinbarung stellt einen Schuld- oder Schuldänderungsvertrag dar, nach dessen Inhalt die Forderung des Gläubigers nicht mehr passiviert wird und nur im Falle eines die Verbindlichkeiten übersteigenden Aktivvermögens befriedigt werden darf. Als Vertrag zu Gunsten der Gläubigergesamtheit kann die Vereinbarung ab Eintritt der Insolvenzreife nicht durch eine Abrede des Schuldners mit dem Gläubiger der Forderung aufgehoben werden.
2. Wird eine mit einem qualifizierten Rangrücktritt versehene Verbindlichkeit trotz Insolvenzreife beglichen, kann die Zahlung mangels eines Rechtsgrundes kondiziert werden.
3. Eine trotz eines qualifizierten Rangrücktritts im Stadium der Insolvenzreife bewirkte Zahlung kann als unentgeltliche Leistung angefochten werden.

13) BGHZ 204, 83 = NJW 2015, 1109

Nach Wegfall des Eigenkapitalersatzrechts besteht kein Anspruch des Insolvenzverwalters auf unentgeltliche Nutzung von Betriebsanlagen, die der Gesellschafter seiner Gesellschaft vermietet hat.

14) BGHZ 203, 218 = NZG 2015, 149

Die Ersatzpflicht des Organs für Zahlungen nach Insolvenzreife entfällt, soweit die durch die Zahlung verursachte Schmälerung der Masse in einem unmittelbaren Zusammenhang mit ihr ausgeglichen wird. Der als Ausgleich erhaltene Gegenstand muss nicht noch bei Eröffnung des Insolvenzverfahrens vorhanden sein. Maßgeblich für die Bewertung ist der Zeitpunkt, in dem die Masseverkürzung durch einen Massezufluss ausgeglichen wird.

15) EuGH NJW 2016, 223

Die Geltendmachung von Ersatzansprüchen wegen Verstoßes z. B. gegen § 64 Abs. 2 S. 1 GmbHG a.F. unterfällt dem Insolvenzstatut des Art. 4 EUInsVO. Die Artt. 49, 54 AEUV stehen der Anwendung einer nationalen Vorschrift wie § 64 Abs. 2 S. 1 GmbHG a.F. auf den Geschäftsleiter einer im Ausland begründeten Gesellschaft, über deren Vermögen in Deutschland das Insolvenzverfahren eröffnet wurde, nicht entgegen.

16) BGH NJW 2016, 2660 (in Anwendung von EuGH NJW 2016, 223)

Auf den Direktor einer private company limited by shares, über deren Vermögen in Deutschland das Insolvenzverfahren eröffnet worden ist, kommt § 64 S. 1 GmbHG zur Anwendung.

17) BGH NJW 2015, 1012

Kundenschutzklauseln, die zwischen einer GmbH und einem ihrer Gesellschafter anlässlich des Ausscheidens aus der Gesellschaft vereinbart werden, sind nichtig, wenn sie in zeitlicher Hinsicht das notwendige Maß übersteigen, das in der Regel zwei Jahre beträgt.

18) BGHZ 203, 303 = NJW 2015, 1385

Der Beschluss über die Einziehung eines GmbH-Geschäftsanteils ist nicht deshalb nichtig, weil die Gesellschafterversammlung nicht gleichzeitig Maßnahmen ergriffen hat, um ein Auseinanderfallen der Summe der Nennbeträge der nach der Einziehung verbliebenen Geschäftsanteile und dem Stammkapital der Gesellschaft zu verhindern.

19) BGH NJW-RR 2015, 245

Der Insolvenzverwalter ist befugt, den mit der Eröffnung des Insolvenzverfahrens neu beginnenden Geschäftsjahresrhythmus zu ändern. Das kann geschehen durch eine Anmeldung zur Eintragung im Handelsregister, aber auch durch eine sonstige Mitteilung an das Registergericht.

20) BGH NZG 2015, 269

Einem mittelbar über einen Treuhänder beteiligten Gesellschafter, der auf Grund der Regelungen im Gesellschafts- und Treuhandvertrag im Innenverhältnis einem unmittelbaren Gesellschafter gleichgestellt ist, steht nicht nur gegen die Gesellschaft, sondern gegen jeden Mitgesellschafter, der die Auskunft unschwer erteilen kann (hier: den das Anlegeregister führenden Treuhänder), ein Anspruch auf Auskunft über Namen und Anschriften der anderen Anleger (Treugeber und unmittelbare Gesellschafter) zu.

21) BGH NJW 2015, 2882

Der Gesellschaftsvertrag einer Publikumspersonengesellschaft muss für eine Zustimmungspflicht des Gesellschafters zu seinem Ausscheiden aus gesellschaftlicher Treuepflicht in besonders gelagerten Ausnahmefällen keine ausdrückliche Regelung enthalten, weil diese Treuepflicht jedem Gesellschaftsverhältnis ohne ausdrückliche Regelung immanent ist. Ein Gesellschaftsvertrag kann allerdings diese Treuepflicht ausdrücklich oder im Wege der Auslegung konkretisierende Regelungen enthalten, die insbesondere die aus der Treuepflicht folgenden Zustimmungspflicht für bestimmte Sachverhalte einschränken oder an weitere Voraussetzungen knüpfen.

22) BGH NJW 2015, 3789

1. Tilgen Treugeberkommanditisten ohne Verpflichtung im Innenverhältnis zur Gesellschaft Gesellschaftsverbindlichkeiten, können sie von der Gesellschaft jedenfalls dann nach § 110 HGB Aufwendungsersatz verlangen, wenn sie im Innenverhältnis zur Gesellschaft, den anderen Treugebern und Gesellschaftern eine einem unmittelbaren Gesellschafter entsprechende Rechtsstellung haben.
2. Leistet ihnen die Gesellschaft keinen Aufwendungsersatz, können Treugeberkommanditisten, die im Rahmen eines Sanierungskonzepts Verbindlichkeiten der Gesellschaft getilgt haben, von Mit-Treugebern, soweit diese für die getilgten Gesellschaftsverbindlichkeiten (mittelbar) hafteten und sich nicht durch Tilgungszahlungen an der Sanierung beteiligt haben, entsprechend § 426 Abs. 1 BGB einen deren Beteiligung an der Gesellschaft entsprechenden anteiligen Ausgleich verlangen. Den Mit-Treugebern ist es nach § 242 BGB verwehrt, sich gegenüber den zahlenden Treugeberkommanditisten darauf zu berufen, dass sie lediglich mittelbare Gesellschafter sind und deshalb im Außenverhältnis nicht (unmittelbar) haften.

23) BGH NJW 2015, 1956

Die Kündigung der stillen Gesellschaft führt zu deren Auflösung und zur Auseinandersetzung zwischen dem Inhaber des Handelsgeschäfts und dem stillen Gesellschafter, bei der die wechselseitigen Ansprüche grundsätzlich unselbstständige Rechnungsposten der Gesamtabrechnung werden und vor Beendigung der Auseinandersetzung nur ausnahmsweise geltend gemacht werden können, wenn dadurch das Ergebnis der Auseinandersetzung (teilweise) in zulässiger Weise vorweggenommen wird und insbesondere die Gefahr von Hin- und Herzahlungen nicht besteht.

Literatur

Armbrüster, Gesellschaftsrecht und Verbraucherschutz, 2005, Berlin
Baumbach/Hopt, Kommentar zum Handelsgesetzbuch, 37. Aufl. 2016, München
Baumbach/Hueck, Kommentar zum GmbH-Gesetz, 21. Aufl. 2017, München
Bürgers/Körber, Kommentar zum Aktiengesetz, 4. Aufl. 2017, München
Emmerich/Habersack, Konzernrecht, 10. Aufl. 2013, München
Erman, BGB, 15. Aufl. 2017, Köln
Godin/Wilhelmi, Kommentar zum Aktiengesetz, Bd. 1 (§§ 1–178), 4. Aufl. 1971, Berlin
Goette/Habersack, Das MoMiG in Wissenschaft und Praxis, 2009, München
Großkomm-AktG, Großkommentar zum Aktiengesetz, Bd. 3 (§§ 76–94), 4. Aufl. 2009; Bd. 4/1 und 4/2, 5. Aufl. 2015, Bd. 4 (§§ 95–117), 4. Aufl. 2007, Berlin
Großkomm-GmbHG, Großkommentar zum GmbHG, Bd. 1 (§§ 1–28), 2. Aufl. 2013; Bd. 2 (§§ 29–52), 2. Aufl. 2014, Tübingen
Grunewald, Gesellschaftsrecht, 10. Aufl. 2017, Tübingen
Hachenburg/Ulmer, Kommentar zum GmbHG, 8. Aufl. 1992, Berlin
Heckschen, Das MoMiG in der notariellen Praxis, 2009, München
Hüffer/Koch, Kommentar zum Aktiengesetz, 12. Aufl. 2016, München
Kölner Komm-AktG, Kölner Kommentar zum Aktiengesetz, Bd. 1 (§§ 1–75), 2. Aufl. 2011; Bd. 2/1 (§§ 76–94), 3. Aufl. 2010, Köln
Koller/Kindler/Roth/Morck, Kommentar zum Handelsgesetzbuch, 8. Aufl. 2015, München
Lutter/Hommelhoff, Kommentar zum GmbH-Gesetz, 19. Aufl. 2016, Köln
MünchHdb-GesR, Münchener Handbuch des Gesellschaftsrechts, Band 4 Aktiengesellschaft, 4. Auflage 2015, München
MünchKomm-AktG, Münchener Kommentar zum Aktiengesetz, Bd. 2 (§§ 76–117), 4. Aufl. 2014, München
MünchKomm-BGB, Münchener Kommentar zum Bürgerlichen Gesetzbuch, Bd. 6 (§§ 705–853); Bd. 7 (§§ 854–1296), 7. Aufl. 2017, München
MünchKomm-GmbhG, Münchener Kommentar zum GmbH-Gesetz, Bd. 1 (§§ 1-34), 2. Aufl. 2015, München
MünchKomm-HGB, Münchener Kommentar zum Handelsgesetzbuch, Bd. 2 (§§ 105–160), 4. Aufl. 2016; Bd. 3 (§§ 161–237), 3. Aufl. 2012, München
MünchKomm-InsO, Münchener Kommentar zur Insolvenzordnung, Bd. 2 (§§ 80–216), 3. Aufl. 2013, München
Palandt, Kommentar zum Bürgerlichen Gesetzbuch, 76. Aufl. 2017, München
Prölss/Martin, Kommentar zum VVG, 29. Aufl. 2015, München
Raiser/Veil, Das Recht der Kapitalgesellschaften, 6. Aufl. 2015, München
Roth/Altmeppen, Kommentar zum GmbHG, 8. Aufl. 2015, München
Rowedder/Schmidt-Leithoff, Kommentar zum GmbHG, 5. Aufl. 2013, München
Saenger, Gesellschaftsrecht, 3. Aufl. 2015, München
K. Schmidt, Handelsrecht, Unternehmensrecht I, 6. Aufl. 2014, Köln

C. Armbrüster, *Fallsammlung zum Gesellschaftsrecht*, Juristische ExamensKlausuren,
https://doi.org/10.1007/978-3-662-56192-8

K. Schmidt, Gesellschaftsrecht, 4. Aufl. 2002, Köln
K. Schmidt/Lutter, Kommentar zum Aktiengesetz, Bd. 1 (§§ 1-149), 3. Auflage 2015, Köln
Scholz, Kommentar zum GmbH-Gesetz, Bd. 1 (§§ 1–34), 11. Aufl. 2012; Bd. 2 (§§ 35–52), 11. Aufl. 2014; Bd. 3 (§§ 53–85), 11. Aufl. 2015, Köln
Schröder, Die Reform des GmbH-Rechts, 2009, Berlin
Spindler/Stilz, Kommentar zum Aktiengesetz, Bd. 1 (§§ 1-149 AktG), 3. Aufl. 2015, München

Printed in Poland
by Amazon Fulfillment
Poland Sp. z o.o., Wrocław

75941960R00121